핀란드에서 찾은

우리의 미래

핀란드에서 찾은
우리의 미래

맥스media

춥고 가난했던 변방의 사람들

1cm, 그 무한의 깊이

핀란드 친구 티모(Timo Korpela) 교수의 가족과 함께 여행을 떠났을 때의 일이다. 헬싱키 외곽에 있는 그의 별장으로 가는 길에 우리는 아주 오래된 목재 공장을 둘러보기 위해 잠시 멈추었다. 백년 넘는 역사를 가진 벨라 제재 · 판지 공장(Verla Groundwood and Board Mill)이었다. 유네스코 세계문화유산으로도 지정된 곳이어서 그의 어린 딸 교육도 겸해서 들른 것이다. 안내원은 제조 공정 순서대로 공장 안팎을 보여주었다. 나무를 이용한 목재 가공 산업이 발달한 나라답게 원목을 가공하여 두꺼운 판지를 만드는 기계 장치들이 잘 보존되어 있었다. 그런데 돌아보던 중 아주 인상적인 것이 있었다. 마룻바닥에 패인 작은 발자국 흔적이었다.

작업대를 마주 보고 선 듯 아담한 발자국 두 개가 있었고 위쪽에는 나이든 여인의 흑백 사진이 걸려 있었다. 그녀는 마리아였다. 그들은 '벨라의 마리아(Verla's Maria)'라고 불렀다. 벨라 공장에서 51년 6개월

(1884~1936) 동안 그녀는 이 자리를 지켰다고 한다. 마지막 공정인 판지 두께를 확인하고 개수를 세는 작업이 그녀의 일이었다. 한 자리에 오래 서서 일하다 보니 51년 세월의 무게가 마루를 파고들었다. 그녀가 섰던 자리가 닳고 닳아 움푹 파여 그 깊이가 1cm나 되었다. 그녀의 오랜 경험은 누구보다 그리고 무엇보다 정확했다. 나중에 들여온 측정용 기계도 그녀를 이기지 못했다. 77세가 될 때까지 그 자리는 마리아의 삶이었고 의지였다.

마리아가 51년 동안 일했던 자리(1cm 패인 마룻바닥)

벨라의 마리아

회사는 그녀의 경험과 기술이 아까워 정년 연장을 권했다. 나중에는 건강이 염려되어 급한 일이 생기면 꼭 다시 부르겠다고 약속한 후 마리아를 떠나 보냈다고 한다. 그녀가 남긴 1cm는 무한의 깊이가 되어 그곳에 남아 있었다. 77세의 벨라의 마리아가 남긴 1cm 깊이의 작은 발자국, 그것이 바로 핀란드의 시수(sisu) 정신이다. 시수 즉, 은근과 끈기는 핀란드의 다른 이름이자 오늘의 핀란드를 만든 저력이었다.

소나무 속껍질로 빵을 만들어 먹던 최빈국 핀란드

핀란드를 옛날부터 잘사는 나라로 알고 있는 사람을 가끔 만난다. 풍부한 산림 자원을 가졌으니 그럴 것이라고 추측한다. 반은 맞고 반은 틀렸다. 숲이 울창한 것과 목재를 이용한 가공업과 제지 산업이 핀란드 주요 산업의 하나인 것은 맞다. 국토의 70% 정도가 숲이고 거기서 자라는 나무들을 잘 활용하고 있다. 그런데 숲과 나무가 많다고 다 부자 나라가 되는 것은 아니다. 우리나라도 비슷하게 7할이 산림이지만 임가공업이 우리 경제에 큰 비중을 차지하지는 않는다. 나무가 떼돈을 벌어다 줄 수 있는 고부가 가치 자원은 아니기 때문이다. 나무는 한 번 자르면 적어도 10년은 기다려야 한다. 울창한 숲에서 생산된 목재와 제지 산업이 핀란드 경제에 도움을 준 것은 20세기 전반 즉, 제1차 세계대전 이후 딱 거기까지였다.

핀란드에서 천연자원으로 손꼽을 수 있는 것은 나무뿐이다. 우리같이 석유가 한 방울도 나지 않는다. 인구는 우리의 11% 정도인 550

만 명, 국토는 남한의 3배이니 인구 밀도가 낮다. 땅이 넓으니 농업이 발달했을 것 같지만 그렇지도 못하다. 너무 춥고 땅도 척박해 농사지을 곳은 아주 적다. 더욱이 북쪽은 북극권이라 겨울에는 영하 40도까지 기온이 떨어진다. 농경 기술이 발달한 지금도 경작 가능한 땅은 전 국토의 6.5%뿐이다. 우리나라가 16.6%나 되니 핀란드보다는 훨씬 나은 편이다.

선사시대부터 핀란드는 버려진 땅이었다. 빙하기가 끝나고 얼음이 녹기 시작한 기원전 8000년부터 사람들이 정착했지만 인구는 아주 적었다. 땅은 얼어붙어 경작할 수 없는 데다가 숲에는 맹수까지 득실거려 도저히 사람 살 곳이 되지 못했다. 사람들은 상대적으로 덜 추운 남쪽 해안에 모여 살았다. 그러니 먹거리는 항상 부족했다. 물고기를 잡아먹고, 추운 지방에서 자랄 수 있는 귀리나 호밀 정도를 작물로 심었다. 그래도 수확량은 늘 모자라 배고프고 추웠다. 근대화가 시작되었던 20세기 초까지 곡물의 40%를 남부 러시아에서 수입해야 했다. 들판에 소를 키워 우유와 치즈를 만들어 러시아의 곡식과 교환했다.

지금도 핀란드 사람들은 귀리와 호밀로 만든 빵을 즐겨 먹는다. 대형 마트의 식품 코너에 가면 호밀 빵, 귀리 빵들이 많이 진열되어 있다. 잘 진열된 빵들은 먹음직스러워 보이지만 속지 마시라. 우리 제과점의 검은 빵은 부드럽지만 핀란드 빵은 거칠고 딱딱하다. 섬유소가 풍부해서 다이어트와 건강에는 좋겠지만 어떤 것은 너무 단단해

핀란드 사람들이 즐겨 먹는 호밀 빵

몇 입 베어 물면 이가 뻐근해질 정도이다. 그런데도 핀란드 사람들은 신기할 정도로 이 빵을 즐긴다.

백여 년 전까지만 해도 핀란드 사람들은 이런 거칠고 딱딱한 빵조차 배불리 먹을 수 없었다. 보릿고개란 말이 있다. 지금은 먼 추억으로 여겨지나 몇십 년 전만 해도 우리에겐 혹독한 현실이었다. 농민들은 가을걷이가 끝나도 가혹한 세금과 공출로 다 뺏기고 봄이 올 즈음이면 남은 곡식마저 동이나 이 집 저 집에서 쌀독 긁는 소리가 들려왔다. 이런 춘궁기면 들판에 파릇파릇 돋아나는 보리 싹을 뜯어 먹으며 배고픔을 넘겼다. 보리가 모자라면 산과 들에서 나물을 뜯고 풀 뿌리를 캐고 소나무 속껍질까지 뜯어 죽을 쑤었다.

그런데 흥미로운 사실은 핀란드 사람들도 소나무 속껍질을 뜯어 먹었다는 것이다. 평소에도 먹거리가 부족한데 냉해까지 덮치면 그야말로 대재앙이었다. 300여 년 전에는 3년 동안 계속된 한파(1697~1699)로 인구의 30%가 굶어 죽는 참사를 겪기도 했다. 식량이 떨어지면 소나무 속껍질과 곳간 밑바닥에 남은 곡식을 섞어 빵으로 만들어 먹었다. 페툴에이파라는 이름의 소나무 속껍질로 만든 빵은 호밀 빵보다 더 거칠어서 먹기가 정말 힘들지만 핀란드 사람들에겐 가난한 시절을 일깨우는 추억의 빵이다. 지금은 농업 기술의 발달로 밀 농사도 가능해 식량 자급률이 100%를 상회하고 있어 페툴에이파는 이제 지방 특산물로 남아 있을 뿐이다.

단네브로와 노르딕 5개국

핀란드는 노르딕 국가(Nordic countries)에 속한다. 노르딕 국가는 스웨덴, 덴마크, 노르웨이, 핀란드 그리고 아이슬란드 다섯이다. 그밖에 덴마크 자치령인 그린란드와 북해의 페로 제도, 그리고 핀란드와 스웨덴 사이에 있는 핀란드 자치령 올란드 제도까지 포함한다. 흔히 핀란드를 북유럽 국가라고 하는데 이는 잘못된 표현이다. 북유럽은 말 그대로 유럽의 북쪽을 가리켜 영국과 아일랜드 그리고 발트 3국도 포함된다. 더 넓게는 네덜란드, 폴란드 그리고 독일도 북유럽이라 할 수 있어 유럽 사람들은 북유럽이란 표현을 잘 안 쓴다. 선을 긋고 구분하기가 애매해서 그런 것 같다. 흔히 복지국가 모델을 스칸디나비아 모델이라고도 부르는데 이 역시 정확하지 않다. 발트해를 끼고 있는 스칸디나비아 반도(Scandinavia Peninsula)는 노르웨이, 스웨덴 그리고 덴마크를 일컫는데 핀란드와 아이슬란드는 포함되지 않는다. 덴마크는 지정학적으로 유럽 대륙에 속하지만 스칸디나비아 국가라고 하는 이유는 역사·문화적으로 오히려 더 가깝기 때문이다.

핀란드는 오래전부터 북유럽이 아닌 노르딕 국가라 불렀다. 노르딕 국가들은 동질감이 강해 나라를 상징하는 국기도 다섯 나라 모두 색깔만 다를 뿐 모양이 같다. 중앙에서 왼쪽으로 약간 치우친 십자가 이른바 '단네브로(Dannebrog)' 문양을 같이 쓰고 있다. 언어도 비슷하다. 각자 나랏말이 따로 있지만 모두 고대 노르드어로부터 나온 현재의 북게르만어 권역이다. 배우지 않아도 기본적인 의미 전달 정도는 할 수 있을 정도로 유사하다. 단 핀란드어만은 다르다. 핀란드는 우랄어족의 핀-우그르어(Finno-Ugric language)에 속한다. 하지만 핀란드 사람들은 스웨덴어를 공용어로 같이 사용하고 있다.

노르딕이란 단어가 국제 무대에 본격적으로 등장한 것은 노르딕 의회(Nordic Council)가 설립되면서부터이다. 노르딕 의회는 다섯 나라가 1952년에 설립한 국가 협력 기구이다. 덴마크 코펜하겐에 의사당을 두고 다섯 나라를 대표하는 87명의 의원이 각종 현안을 논의, 공동 이익을 추구했다. 노르딕 의회 설립은 오랜 역사적 동질성도 있지만 무엇보다 경제적인 이유가 컸다. 이들 다섯 나라는 모두 인구 1,000만 명 이하의 소국들이다. 가장 큰 스웨덴이 1,000만 명에 가깝고 나머지는 500만 명 내외이다. 오랫동안 덴마크 속국이었던 섬나라 아이슬란드는 25만 명의 소국이다.

경제 발전을 위해서는 일정 규모 이상의 시장이 뒷받침되어야 한다. 따라서 다섯 나라의 최우선 공동 관심사는 경제 활성화를 위한 협력과 시장 규모 확대였다. 노르딕 의회 구성 2년 만인 1954년에 자

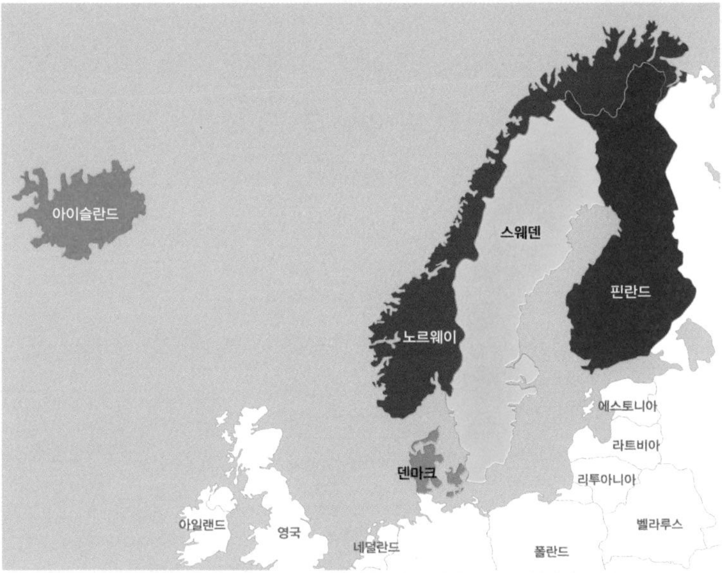

노르딕 5개국: 노르웨이, 스웨덴, 덴마크, 핀란드, 아이슬란드

덴마크 스웨덴 아이슬란드

노르웨이 핀란드

유로운 이동과 취업이 가능한 '여권조약'을 발효했고, 이로써 2,600만 인구의 노동 시장을 갖게 되었다. 이 협정은 국제 정치사에서 의미가 크다. 노르딕 여권조약은 여권 제도가 생긴 이후 세계 최초의 국가 간 개방 조약이었다. 31년이 지난 1985년에 다른 유럽 국가들은 솅겐조약(Schengen Agreement)을 맺어 유럽 간 통행 제한을 없앴다. 솅겐조약은 이후 유럽연합의 초석이 되었다.

노르딕 5개국은 역사 문화적 공통점을 갖고 비슷한 국기를 쓰며 같은 경제권을 형성하고 있으나 나라마다 고유한 특수성이 있어 국제사회의 위상은 서로 다르다. 다섯 나라 모두 UN, OECD(경제협력개발기구), WTO(세계무역기구)에 가입해 있지만 그 밖의 국제기구에는 각기 다른 입장을 견지했다. 노르딕 5개국 중에 핀란드만 유로화를 국가 통화로 쓴다. 그리고 핀란드와 스웨덴은 서방 군사 협약인 NATO(북대서양조약기구) 가입국이 아니다. 스웨덴은 제2차 세계대전 때 중립 국가 선포를 했고, 냉전 시대에 소련(Union of Soviet Socialist Republics, 소비에트사회주의연방공화국으로 러시아를 중심으로 1922년 탄생함.)과 접해 있던 핀란드도 NATO에 가입하지 않았다. 같은 노르딕이라 해도 자국의 입장에 따라 다를 수밖에 없다.

핀란드는 유럽연합에서 가장 동쪽에 자리잡은 나라로 유럽연합 확대에 누구보다 적극적이다. 유럽연합의 안정과 확대는 핀란드 대외 정책의 주요 기조이다. 발트 3국을 포함한 다른 동유럽 국가들의 가입도 적극 지지해왔다. 핀란드가 적극적인 이유는 시장 확대 때문이다. 핀란드는 수출 주도형 개방 경제로 해외 시장 확대에 사활을 걸고 있는 나라이다. 또한 강대국 러시아와 국경을 맞대고 있는 입장에서 정치적 안정도 필요하다. 지금도 노르딕 국가 중에서 핀란드가 가장 개방적이고 확대 지향의 유럽연합을 주창하고 있다.

노르딕이면서 뿌리가 다른 나라

핀란드가 대표적인 복지국가 모델인 노르딕 국가 중의 하나지만 이들과 다른 점도 꽤 많다. 핀란드는 호수와 섬의 나라라고 불릴 정도로 18만 개의 호수와 섬을 갖고 있다. 어찌 보면 노르딕이란 큰 호수에 떠 있는 섬 같은 나라가 핀란드이다.

우선 핀란드는 민족부터 다르다. 다른 노르딕 국가들은 바이킹으로 유명한 노르만족인데 핀란드는 핀족(Finn)이다. 노르만족과 핀족은 근본이 다르다. 노르만족은 유럽계 인종인데 반해 핀족은 우랄–중앙아시아계에 속한다. 수천 년 동안 혼혈이 거듭되면서 인종적 경계가 많이 희석되었지만 아직도 우랄–중앙아시아계의 유전자 특징인 검은 머리카락 색깔 등 그 흔적이 남아 있다.

두 번째, 민족의 고유 특성을 가름하는 가장 중요한 잣대인 언어가 다르다. 핀란드를 제외한 노르딕은 넓게는 인도–유럽어족(Indo–European languages), 좁게는 영어를 포함한 게르만어(German languages)에 속한다. 그런데 핀란드는 핀족어(Finns Languages)이다. 핀족어는 발트 3국과 동유럽의 헝가리어, 시베리아 북부권에 남아 있는 우랄어계이다. 더 넓은 포괄적 범주로 우리와 같은 우랄알타이어계에 속한다.

세 번째, 정치 시스템도 다르다. 덴마크, 스웨덴 그리고 노르웨이는 입헌군주제인데 비해 핀란드는 대통령제와 의회내각제를 결합한 이원집정제다. 독립 직후인 1919년부터 1980년대까지 핀란드는 강력한 대통령제를 유지했으나 부작용을 겪으면서 1990년대 이후 차츰 대통령의 권한을 축소했다. 2000년 개헌을 통해 의회 권력을 강화한 이원집정제를 정착시켰다.

끝으로, 정치 세력 분포와 역사적 경험이다. 노르딕 국가들은 모두 사민주의, 즉 사회민주주의를 강령으로 하는 사회민주당(Social Democratic Party, SDP 이하 '사민당')이 득세하는 좌파 국가라고 알려져 있다. 특히 스웨덴은 전 세계를 통틀어 대표적 사민주의 국가이다. 1917년 보통선거로 근대적 의회가 성립된 이래 사민당은 100년 가까이 정권을 놓친 적이 거의 없다. 단독 아니면 최소한 연정의 형태로 정권을 이어갔다. 스웨덴 100년 정당 역사에서 84년간 사민당은 다수파로 정국을 이끌며 노르딕 복지 모델을 설계하고 현실에 적용, 발전시키면서 세계적 표준(Global standard)을 제시해왔다. 스웨덴에서 노르딕 복지 모델이 시작되고 완성되었다고 해도 과언이 아니다.

노르웨이도 비슷하다. 제2차 세계대전 이후 사민주의 정당인 노동당이 총선에서 계속 최다 득표를 얻어 좌파 연립 정권을 구성해왔다. 1969년 노르웨이 북쪽 영해에 대규모 유전이 발견되면서 보호주의 대외정책을 강화했고 국가 주도 경제 민족주의를 가미한 사민주의 좌파 정권 기반을 강화했다. 덴마크도 스웨덴만큼은 아니지만 좌파와 우파가 번갈아가면서 연정을 형성해 사민당이 정권의 변두리로 밀려난 적이 없다.

그런데 핀란드는 다르다. 좌파 정당인 사민당이 주요 정당인 것은 분명하나 스웨덴이나 노르웨이처럼 주도권을 쥐고 지배한 것은 아니다. 제1차 세계대전과 러시아혁명의 혼란기였던 1916년에 정국을 잠깐 주도했을 뿐, 이듬해인 1917년 선거에서 과반을 잃었다. 과반 이상을 차지하고 의회를 장악한 것은 1916년이 처음이자 마지막이었다. 핀란드 정치사를 통틀어 한 정당이 과반수를 차지했던 기록은 그때 이후로는 없다.

이렇듯 핀란드는 노르딕 5개국에 속해 있으면서도 이웃 나라들과는 많이 다르다. 노르웨이나 스웨덴, 덴마크와 달리 핀족은 늘 춥고 배고팠던 민족이었다. 자원도 인구도 보잘것없는 변방의 소국으로 '핀란드화(Finlandization)'라는 비아냥까지 감수해야 했던 민족이었다. 핀란드화는 냉전 당시 소련과 서방 자유세계 사이를 오가며 박쥐처럼 이익을 취한다는 의미로 경멸의 단어였다. 그런 사람들이 어떻게 이토록 빨리 국가 경쟁력 1위, 세계 행복지수 1위의 국가 핀란드를 만들 수 있었는지 그 저력이 궁금하지 않을 수 없다.

차례

◆ ◆

chapter 1

핀란드의 저력, 그 첫 번째 이야기

혁신→성장→복지→다시 혁신

– 끊임없이 도는 선순환 사이클

"핀란드는 복지와 경제 지표를 언급할 때 거론되는 세계 Top 국가들 중 하나입니다. 우리의 복지는 세계 시장 경쟁력을 기반으로 합니다. 혁신이 구조 개혁과 생산성 · 경쟁력 향상을 이끌고 있습니다. 성공한 기업들이 핀란드 복지를 증대시키고 보다 많은 일자리를 만듭니다. …(중략)… 향상된 경쟁력은 투자를 늘리고 복지를 지속시켜 주며 높은 수준의 교육과 보육, 노후 보장 그리고 청년들에게 보다 나은 기회를 제공합니다."[1]

핀란드 정부 기관인 기술혁신지원청(National Agency for Technology, TEKES)의 소개글이다. 핀란드 스스로 복지는 글로벌 경쟁력이, 경쟁력은 혁신(Innovation)이 뒷받침하고 있다고 평가한다. 복지, 성장, 혁신은 핀란드를 상징하는 단어로 이 셋은 한 몸과 같이 연결되어 끊임없이 선순환한다. 혁신이 글로벌 경쟁력을 만들어 성장을 이루면, 성장의 열매는 국민 골고루 누릴 수 있는 통합된 복지국가 완성에 기여해 유효 수요를 창출하고 노후 걱정 같은 미래 불안을 없앤다. 또한 글로벌 경쟁력을 유지하는 혁신의 엔진이 된다.

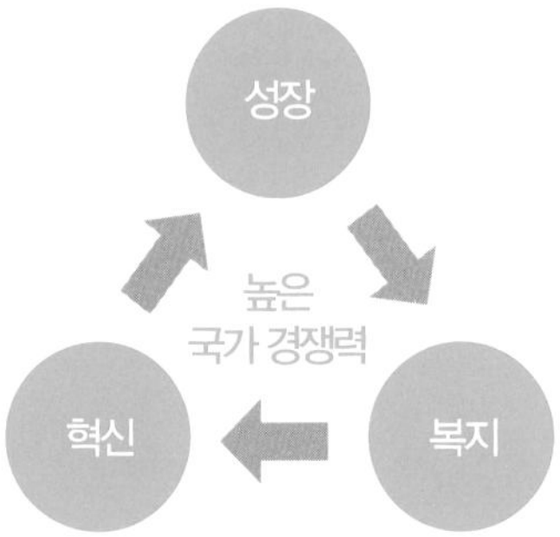

복지, 혁신과 성장의 선순환

누구에게나 어려움은 닥친다. 항상 좋을 수는 없다. 좋은 시절에는 눈에 보이지 않던 작은 문제들과 그동안 쌓였던 모순들이 어느 순간 위기로 폭발할 수 있다. 미국발 금융 위기처럼 갑자기 경제 위기가 닥치고 불황이 길어지면 많은 사람들이 일자리를 잃고 소비 활동은 위축된다.

핀란드에도 위기가 있었다. 오히려 다른 나라보다 더 많은 위기를 겪었다. 1990년 초에는 주요 교역국이었던 소련이 몰락하면서 그 여파로 거품경제가 붕괴되었고, 2008년에는 노키아 신화가 무너졌다. 그러나 핀란드는 위기를 기회로 전환시키는 비결을 갖고 있었다. 바로 복지였다. 완벽한 복지라는 시스템이 저변에 깔려 있었기 때문에 핀란드는 위기를 혁신으로 돌파하고 새로운 성장 동력을 갖추는 데 성공했다.

한국을 포함한 세계 모든 나라가 혁신과 성장을 강조하고 있다. 성장을 위해서는 혁신이 필수적이다. 혁신이 없으면 경쟁력을 잃고 곧 도태된다. 기업과 공공기관 모두 살아남기 위해, 남들보다 한발 앞서 성장하기 위해 각종 혁신 프로그램을 도입하고 있다. 성장의 상승 곡선 위에서 번영을 누리고 있어도 혁신을 게을리하면 경쟁력을 잃기에 또 다른 혁신을 준비한다.

그런데 핀란드의 다른 점은 성장과 혁신 사이에 복지가 있는 것이다. '혁신–성장–복지–다시 혁신'이란 선순환 구조다. 반면에 한국은 복지가 빠져 있다. 한국은 '혁신–성장–다시 혁신'이라는 단순 반복 모델이다. 두 가지 중 어느 쪽이 더 생산적이고 경쟁력이 있을까?

성장과 혁신은 시간과의 싸움이다. 오늘의 경쟁력이 내일의 경쟁력으로 지속될 것이라는 믿음은 환상이다. 오늘의 최신 기술은 내일이면 낡은 것이 되어 순식간에 잊혀진다. 경쟁력을 잃지 않고 살아남기 위해서는 매 순간 혁신이 필요하다. 그런데 혁신은 성장통이 따른다. 혁신은 낡은 살을 잘라내고 새살로 바꾸는 과정이다. 낡은 살과 뼈를 도려내는 수술과 같기에 고통과 출혈이 따른다. 혁신 과정에서는 뒤처지는 낙오자가 생기기 마련이다. 낙오자들 즉, 잘려나간 뼈와 살은 어떻게 될까?

냉혹한 자본주의 세계의 음지에서 그들은 곧 잊혀진다. 복지가 빈약한 사회에서 그들은 소멸된다. 성장과 혁신 과정에서 어쩔 수 없는 성장통이라고 간과할 수도 있다. 하지만 국가 전체로 볼 때는 손실이다.

그런데 복지 시스템이 있어 낙오자들에게 인큐베이터와 영양소를 공급하면 그들은 다시 살아날 수 있다. 세상에 쓸모없는 것은 없다.

낡은 것도 재생과 재도전의 기회가 주어지면 더 강력한 경쟁력으로 돌아올 수 있다. 복지가 뒷받침되어 있는 사회는 손실을 최소화하고 경쟁력을 재충전해 선순환의 구성원으로 돌아올 수 있게 한다.

1960년대 이후 산업화 시대에 대한민국은 '혁신–성장–다시 혁신'이라는 단순 반복 모델이 가능했다. 노동집약, 자본집약적 경제 구조에서 고속 성장했고 그 결과물이 빨리 만들어져 수확된 열매는 재투자를 하고도 창고 바깥까지 넘쳤다. 일반 서민도 낙숫물 효과를 누렸다. 온돌방 윗목 냉기도 빠르게 빠질 수 있었다. 빠른 성장 덕에 수혜자 폭은 넓었고 다시 혁신으로 바로 넘어갈 수 있었다.

그런데 시대가 달라졌다. 치열한 글로벌 경쟁, 미래 먹거리 산업의 부재 그리고 불확실성의 증가로 저성장이 계속되고 있다. 대한민국은 20년 가까이 저성장 상황이다. 1인당 국민소득도 3만 달러대 턱걸이에 계속 실패하며 제자리걸음이다. 저성장과 미래 불확실성은 투자도 위축시켜 이익을 남기는 기업도 사내 유보금을 쌓고만 있다. 서민들은 갈수록 더 어렵다. 고속 성장 시대는 조금만 참으면 없는 서민들에게도 낙숫물이 떨어졌다. 냉골 윗목도 좀 참고 견디면 따뜻한 온기를 느낄 수 있었다. 그러나 저성장 시대에는 줄어드는 일자리와 소비 감소, 경기 침체 등 악순환이 거듭되면서 혁신 동력까지 소멸시킨다.

저성장과 불확실성 시대에는 혁신을 한다 해도 그 열매가 돌아온다는 보장이 없다. 저성장은 낙숫물을 넉넉히 만들지 않는다. 반짝 경기 회복이 와도 아랫목 온기가 윗목까지 가기도 전에 다시 아랫목

마저 식어버린다. 혁신이란 이름으로 구조 조정이 반복되지만 저성장은 그대로고 생활은 더 팍팍해진다. 아무리 국가 경제와 산업 현장이 '혁신–성장–다시 혁신'을 요구해도 동력은 계속 떨어지고 미래는 막막하다.

특히 일용직이나 비정규직, 청년 알바들의 삶은 더 쫓기니 그런 삶에서 창조적 아이디어가 나올 수 없다. 혁신은 미래 불확실성에 대한 도전이다. 그런데 서 있는 곳이 높은 사다리 위처럼 아슬아슬하니 혁신에 동참하기 어렵다. 복지 시스템이 완성된 나라의 젊은이들은 미래에 대한 불안감과 불확실성이 없어 자유로운 환경에서 창조력을 발휘한다. 혁신을 위해 과감히 도전할 수 있는 조건이 마련된 핀란드와 비교할 때 지금의 대한민국은 근본적으로 경쟁 상대가 되지 못한다.

핀란드처럼 성장과 혁신 사이에 복지가 있으면 혁신 동력이 달라진다. 혁신에 적극 참여하여 성장을 이루면 그 성과물이 복지 혜택으로 돌아옴을 경험으로 알고 있다. 혁신을 하면 기업이 발전하고 나라가 성장한다는 공동 목표와 함께, 지금 누리고 있는 복지가 더 단단해질 것이라는 믿음이 있다. 이런 경험과 믿음은 열린 마음으로 창의적 아이디어를 내게 하고 생산성을 높이고 새로운 활력을 만들어낸다. 구성원 모두 혁신에 동참할 수 있어 갈등이 최소화된다. 이런 과정에서 국가 경쟁력은 자연스럽게 강화된다. 복지는 사람을 혼란스럽게 만드는 포퓰리즘이 아니라 혁신과 성장을 위한 디딤돌이다. 복지 사회는 미래 불확실성을 최소화시키고 나라 전체가 맘놓고 혁신을 추구할 수 있는 환경을 만들어준다.

핀란드는 국가혁신시스템(National Innovation System, NIS)을 세계 최초로 도입해 국가 차원의 혁신 시스템으로 글로벌 경쟁력을 꽃피웠다. 이는 '혁신→성장→복지'라는 선순환 사이클이 끊임없이 돌며 만든 결과물이고 지금 이 순간도 이 사이클은 돌고 있다. 핀란드는 공공과 민간을 막론하고 어디서나 혁신이 일상화되어 있다. 연구개발(R&D, Research & Development)이란 말 대신 핀란드는 연구혁신(R&I, Research & Innovation)이란 말을 많이 쓴다. 바깥에서 핀란드를 바라보는 시선들도 마찬가지여서 세계경제포럼(World Economic Forum, WEF), 포브스(Forbes), 인시아드(INSEAD)의 세계혁신지수(Global Innovation Index)등 많은 국제적인 평가 기관들이 너나 할 것 없이 핀란드를 모범적인 혁신 선도 국가로 꼽고 있다.

추격형 모델의 한계

과거, 핀란드는 춥고 배고픈 유럽 변방의 소국이었다. 스웨덴 650여 년, 러시아 108년의 지배도 겪었다. 독립하자마자 우리의 6·25전쟁 같은 이념 내전을 20세기 초에 겪었고, 제2차 세계대전 중에도 소련과 두 번에 걸친 전쟁을 치렀다. 하지만 기적같이 경제 부흥에 성공해 복지 선진국으로 도약했다.

1980년대까지 핀란드에 번영을 가져다 준 성장 모델은 선진국 추격형(catching up)이었다. 추격형은 선진국 과학기술을 흡수, 모방하면서 성장하는 모델이다. 미국과 영국 등 다른 선진국들을 따라잡으면서 핀란드는 성장을 거듭했다. 그런데 핀란드는 소규모 개방 경제(small open economy)를 추구한다. 인구가 고작 550여 만 명의 작은 나라여서 내수 경제만으로는 한계가 있다. 따라서 임가공, 기계 산업 등을 주력으로 키우면서 수출 위주의 개방형 성장 모델을 추구했다. 수출 주력 산업들은 선진국을 따라잡는 빠른 추격자(fast follower)였다.

핀란드식 수출 주도형 소규모 개방 경제는 우리와 비슷하다. 1960년대 이후 한국도 정부가 주도하는 수출 주도형 개방 경제 모델이었다. 중화학 공업을 수출 산업으로 육성하면서 선진국을 따라잡아 '한강의 기적'이란 경제 성장을 이뤘다. 그러나 선진 기술을 흡수, 모방하는 추격형 모델은 한계를 가질 수밖에 없다. 선진국을 따라갈 수는 있지만 추월은 어렵다. 수출 주도형 소규모 경제 구조는 해외 특히 인접한 나라들의 경기 영향도 많이 받는다.

핀란드 또한 주변 유럽 국가들과 소련의 경기 변동에 영향을 받아 왔다. 핀란드는 제2차 세계대전 이후 1980년대까지 서유럽과 소련 사이에서 구상무역(compensation trade)을 하면서 경제 성장을 이루었다. 소련의 원자재를 임가공하여 서유럽에 팔고 서유럽의 최신 제품을 소련에 중개하면서 많은 수익을 남겼다. 그런데 독일 통일에 이어 소련이 붕괴되면서 핀란드가 누려왔던 수익 구조에도 변화가 생겼다. 소련의 몰락은 핀란드 경제에 직격탄이 되었다. 거기에 세계적으로 신자유주의 물결이 일면서 금융계에도 격랑이 닥쳤다. 핀란드도 유럽의 다른 나라와 마찬가지로 금융 자유화 정책을 도입했는데,

이는 외형적 확장으로 이어졌고 부동산 거품이 터지면서 위기가 겹쳤다. 1991년의 경제 성장률은 마이너스 6.0%, 실업률은 1994년에 16.6%까지 치솟았다. 위기 극복을 위해서는 커다란 변화가 필요했다. 이때 핀란드 국민이 선택한 것이 국가혁신시스템(NIS)이었다.

국가혁신시스템이란 개념은 1980년대 후반 영국의 경제학자인 프리만(C. Freeman)이 처음 사용했다(1987년).[2] 이전의 경제 정책이 노동 · 자본 투입의 효율성과 공급 수요 그리고 통화 정책에 중점을 두었다면, 국가혁신시스템은 기술 혁신과 과학 정책을 우선시하는 지식 경제를 추구한다. 이 용어는 프리만이 일본의 경제 발전을 분석하면서 일본 전체에 혁신이 이뤄졌다는 뜻으로 처음 사용했으나 일본의 경우는 정부 주도로 혁신을 했다기보다 산업계가 먼저 시작했다. 정부가 혁신을 기획, 주도한 나라는 핀란드가 최초라고 평가되고 있다.

핀란드는 1990년 초반에 심각한 경기 불황과 실업률 급증으로 위기를 맞자, 이대로 있다간 공멸할 것이라는 전 국민적 공감대가 형성되었다. 이에 정부는 국가 차원의 혁신을 시작했다. 국가 미래 비전과 목표, 중장기 전략을 세우고 정책과 제도를 바꾸었다. 국민 모두 혁신 대열에 참여해 토론을 거치면서 한 사람도 빠지지 않고 잠재 역량까지 끌어 당기는 방안을 찾아 나섰다.

먼저 교육개혁부터 시작했다. 교육 분야 혁신은 처음이 아니었다. 이미 1968년부터 학제 개혁 등 18년 동안 진행되어 1986년에 끝났지만 다시 교육 분야부터 착수했다. 위기를 극복하고 추격형 모델에서 벗어나기 위해서는 창의력이 뛰어난 인재 육성이 가장 시급하다는 공감대를 형성, 교육 분야부터 다시 개혁했던 것이다. 혁신의 대상은 국민 모두였다. 단 한 명도 낙오하지 않고 창의력이 뛰어난 엘리트로 키우기 위한 혁신이 시작되었다. 교육 현장에서의 협동과 팀워크를 더욱 강화했다. 초 · 중등 교육과 대학을 혁신형으로 바꾸고, 300여 개 직업 관련 기관과 전문대를 29개의 4년제 폴리텍대학(Polytechnics)으로 통폐합했다. 폴리텍대학에는 산업계 엔지니어들의 교수 겸직을 가능하게 해 현장 교육과 산·학·연 교류를 더 활발하게 했다. 가사 노동에 묶여 있는 여성 참여를 의무화한 여성 쿼터제도 도입했다.

공공 부문, 금융계, 산업계 등 사회 전체에 혁신 프로그램을 도입했다. 중앙 정부에서 지원을 아끼지 않았으나 자율성은 철저히 보장했다. 중앙 정부가 큰 그림을 그려 목표를 제안하면 지역 자치 단체와 산·학·연이 중심이 되어 자신들에 맞는 혁신을 디자인하고 실행할 수 있게 했다.

핀란드 혁신의 3가지 특징: 위험 감수, 고용 연계, 파급효과

핀란드 혁신은 세 가지 특징을 갖고 있다.[3] 먼저 혁신의 기본 속성을 충분히 반영했다. 혁신은 낡은 것을 바꾸는 것이므로 속성상 파격적일 수밖에 없다. 보다 실험적이고(more experimentation), 위험을 감수하고(risk-taking), 실패를 감수해야

(acceptance of failure) 혁신이라고 말할 수 있다. 위험과 실패를 감수하는 실험 정신을 가져야 진짜 참신한 아이디어가 나오고 혁신이 이뤄진다. 혁신은 새가 알껍데기를 깨고 나오는 과정이다. 추격자 모델을 극복하려면 추격자 모델을 부수면서 시작해야 한다. 세계 최초여야 하고 급진적이며 파괴적이어야 혁신이라 할 수 있다.

둘째, 핀란드 혁신은 일자리라는 결과물을 내놓아야 한다. 혁신 결과물로 매출과 수익을 내야 하고 거기에 일자리 창출은 필수다. 치열한 글로벌 경쟁 시대에서 살아남기 위해서는 남들보다 뛰어난 경쟁력을 가진 일자리를 만들어야 한다. 혁신이 넘치는 일터와 일자리가 있어야 성장을 이루고 복지도 확대된다. 아무리 참신한 아이디어도 일자리 창출과 관계가 없으면 혁신이라 말할 수 없다.

셋째, 혁신이 가져야 할 마지막 요소는 파급효과이다. 한 분야에서 결실을 맺었다 해도 거기서 만족하면 안 된다. 혁신은 조용한 호수에 던져져 파문을 일으키는 돌멩이처럼 파급효과를 가져야 한다. 그들은 한 분야에서 얻어진 혁신이 사회 전체에 좋은 영향을 미치도록 혁신 네트워크를 강화해갔다. 하나의 혁신이 파장을 이루고 또 다른 혁신과 융합하면서 나라 전체에 혁신 생태계를 만들어 갔다.

위험 감수, 고용 연계, 파급효과, 이 세 가지 원칙은 핀란드 국가혁신시스템이 지켜온 기본 이념이라 할 수 있다.

핀란드는 국가혁신시스템을 도입해 '투자주도형(investment-driven), 추격형(catching-up)'에서 벗어났다. 그리고 '혁신주도형(innovation-driven), 지식기반형(knowledge-based)' 국가로 전환했다.

과거 핀란드 주류 산업은 임업 가공 · 제지 공업, 조선업 등 기계 산업이었다. 모두 선진국 추격형이었다. 그러나 국가혁신시스템으로 산업 구조를 근본부터 개편하고 지식 경제 분야에서 글로벌 경쟁력을 키우면서 1980년에 70%에 달했던 임업 · 기계 제품 수출량이 1999년에는 52%로 줄었다. 반면 지식기반형 정보통신기술(ICT) 제품이 28%로 상승했다.[4] 정보통신 중심의 지식기반 하이테크 국가로 진화하는 데 성공했던 것이다.

핀란드가 임가공, 기계 산업 등을 주력 수출 산업으로 키웠다면 한국은 중화학 공업을 수출 산업으로 육성하며 한강의 기적을 이뤘다. 한국은 산업 기반이 취약했던 1960년대에는 봉제, 가발 같은 노동집약적 수출 산업을, 1970년대부터는 중화학 공업을 육성하며 자본집약적 수출 산업으로 확대했다. 1990년대에 들어서면서 개량형, 자립형 기술 개발에 눈을 돌렸지만 모두 선진 기술을 흡수, 모방하는 추격형 모델이어서 한계가 있었다. 그런데 다행스럽게도 선진국을 추격하는 과정에서 혁신의 토대라고 할 수 있는 과학기술 기반을 조금씩 갖추었다.

한국의 혁신 시스템의 초석은 1966년에 세워졌다. 한국과학기술연구원(KIST)의 전신인 한국과학기술연구소가 설립되면서 첫발을 내디뎠고, 다음 해에 과학기술처를 신설하여 과학기술 행정 체계를 갖추었다. 1970년대엔 정부가 지원하는 연구소가 세워졌는데 표준, 기계, 화학, 전자, 생명 등 전문 분야별로 설립되었다. 출연 연구소가 만들어지면서 산업계와 협력하는 산·연 연구개발이 시작되었다.

1990년대부터 대학이 참여하는 본격적인 산·학·연 연구개발 시대가 열렸다.

국가 차원의 혁신 시스템이 도입된 것은 핀란드보다 10년쯤 늦은 2004년부터다. 선진국 모방, 개량 수준의 추격형을 극복하고 창조형 과학기술 중심 사회 건설을 목표로 세웠다. 부처별로 분산되어 있던 각종 과학기술 정책의 통합이 시작되었고 과학기술부 부총리를 신설하는 등 과학기술 인프라를 강화했다.[5] 1990년 이후 연구개발 투자도 활발히 이뤄졌다. 1991년에는 국민총생산(GDP) 대비 R&D 투자 비율이 1.7%에 불과했지만 이후 급속도로 증가했다. 1994년에 2.0%를 넘어섰고 2007년 3.0%, 2016년에는 4.2%로 OECD 국가 중에 간발의 차로 이스라엘에 이어 2위였다. 2015년에는 1위였다. 핀란드는 OECD 통계가 시작된 1981년 이후 꾸준히 상위권을 유지해왔으나 노키아 사태가 벌어진 2010년 이후부터 한국에 추월당했다.

R&D 투자 1위, 특허출원 세계 5위 대한민국의 현실

한국은 핀란드보다 훨씬 많은 돈을 연구개발에 투자하고 있다. 금액도 1990년 3.3조 원, 2000년 13.8조 원, 2010년 43.9조 원, 2016년 69조 원으로 급증했다. 매년 대폭 증액 투자를 해왔으니 그만큼의 성과도 기대할 만하다. 우리나라 정부 지원 연구개발(R&D) 성공률은 92~98%에 이른다는 보고도 있다.[6] 정부가 지원한 연구개발 과제들이 목표치를 실패 없이 대부분 달성했다는 결과다. 학점으로 치면 A^+로 최고다. 또 다른 통계로 특허출원을 보자. 우리나라 특허출원 건수는 2017년에 세계 4위였다. 2010년 이후 줄곧 세계 4위 또는 5위를 지키고 있다. 국내총생산과 인구를 감안한 특허 생산성은 세계 1위다. 한국에 이어 중국, 일본이 2, 3위이며 핀란드는 7위다.[7] 연구개발에 지속적으로 투자한 결과라 할 수 있다.

이처럼 국민소득 대비 연구개발 투자 세계 1, 2위와 연구개발 성공률 90%대 그리고 최고 수준의 특허출원 성과를 보면 한국이 세계 원천 기술과 시장을 장악해야 당연하다. 그런데 현실은 과연 그럴까?

먼저 연구개발의 최종 목적지인 사업화를 보자. 사업화 성공률이 20% 수준이다. 여기서 20%란 수치는 이익을 내는 사업화 성공률이 아니다. 이익이 아닌 약간의 매출이라도 기록하거나 단순한 기술 이전 즉, 대학이나 출연 연구소에서 기업에 기술을 이전하는 계약을 맺는 것도 성공에 포함한 수치다. 특히 연구개발 예산의 65%가 집중되는 대학 연구소의 사업화 성공률은 4.4%에 불과하다.[8] 핀란드 자료를 찾아보면 과학기술 투자의 중추 역할을 맡고 있는 핀란드의 기술혁신지원청(TEKES)이 투자한 프로젝트들의 사업화 성공률은 46%에 이른다.

다른 결과물인 기술무역수지는 어떨까? 기술무역수지는 특허 기술을 수출해 로열티 수익을 얻거나, 반대로 해외 특허 기술을 이용하면서 지급하는 금액을 합산해 계산한다. 앞선 기술을 갖고 있으면 특허 기술 사용료인 로열티 수입을 올릴 수 있다. 거꾸로 기술이 부족하면 특허 보유자에게 비용을 내야 한다. 한마디로 기술무역수지는 선진국 추격형인가 아니면 창의적 선도형인가를 구분할 수 있는 잣대가 된다. 그런데 한국은 한 번도 기술무역수지 적자에서 벗어난 적이 없다. 현재 스마트폰, 반도체, 자동차 등 주력 산업도 핵심 원천기술을 선진국에 의존해 매년 거액의 로열티를 내고 있다. 많이 수출할수록 특허 사용료를 많이 지출하는 구조다.

한국이 만성적인 기술무역수지 적자인 반면에 미국, 일본을 비롯한 기술 선진국은 모두 흑자다. 결국 대한민국은 아직 선진국 추격형을 벗어나지 못하고 있다는 결론이다. 2015년에는 6조 원이 넘는 거금을 기술 사용료로 지급했다. 반면에 핀란드는 기술무역수지 흑자이며 기술 수출국이다. 2015년에는 6조 원에 가까운 기술 사용료 수익을 냈다.[9] 핀란드는 국가혁신시스템을 도입한 후, 2000년대 중반부터 효과가 나타나 기술무역수지 흑자 국가로 변모했다. 2010년 이후 한국보다 국민소득 대비 상대적으로 적은 연구개발비를 투자했지만 핀란드는 선진국 추격형 모델에서 탈피, 기술 선도형 국가로 진화하는 데 성공한 것이다.

국민총소득(GNI) 대비 연구개발 투자 비율 세계 1위, 특허 생산성 세계 1위, 정부 지원 연구개발 성공률 92~98%인 대한민국이 왜 아직 기술무역수지 적자이고 선진국 추격형을 벗어나지 못할까? 국가혁신시스템을 핀란드에 비해 10년 정도 늦게 시작했어도 물량 면에서는 월등하게 많은 투자가 이뤄졌고, 기술 선도형 지식 경제 국가로

주요국 기술무역수지(2015)

(단위: 백만 달러)

항목	한국	핀란드	미국	일본	독일
기술 수출 금액	10,408	10,781	130,843	32,631	71,836
기술 도입 금액	16,409	5,022	88,981	4,979	53,734
기술무역수지	−6,001	5,759	41,943	37,610	18,120
기술무역수지비	0.63	2.14	1.47	6.55	1.34

출처: OECD, Main Science and Technology Indicators, 2017.

한국과 핀란드 기술무역수지

(단위: 백만 달러)

항목		1985	1995	2002	2008	2010	2015
한국	기술 수출	11.3	112.4	638	2,530.0	3,581.9	10,408
	기술 수입	295.5	1,947.0	2,721.0	5,670.0	10,234.3	16,409
	기술무역수지	−284.2	−1,834.6	−2,083	−3,140.0	−6,652.4	−6,001
	기술무역수지비	0.04	0.06	0.23	0.45	0.35	0.63
핀란드	기술 수출	4.4	66.2	1,555.2	10,662.5	9,502.4	10,781
	기술 수입	106.8	465.10	1,704.4	9,414.4	7,769.1	5,022
	기술무역수지	−102.4	−398.9	−149.2	1,248.1	1,733.3	5,759
	기술무역수지비	0.04	0.14	0.91	1.13	1.22	2.14

출처: OECD, Main Science and Technology Indicators, 2010, 2017.

도약하기도 했지만 아직 우리는 선진국 추격형에서 벗어나지 못하고 있다.

여러 가지 원인을 생각할 수 있으나 먼저 우리에게는 핀란드 혁신의 3가지 원칙 가운데 첫 번째인 위험을 감수하는 도전 의식이 부족했다. 98%의 성공률은 연구를 잘해서가 아니라 위험을 감수해야 하는 도전적인 혁신 과제들은 처음부터 기피했기 때문이다. 연구 목표를 세울 때 쉽게 달성할 수 있는 낮은 목표치를 세우고 연구비를 따내는 관행이 수십 년째 이어져 왔다. 예산을 집행하는 정부 부처는 이런 관행을 방기 또는 조장했다. 정부 부처에서 집행하는 연구 사업의 실패율이 높아지면 국회에서 이듬해 예산을 따내기 힘들어진다. 따라서 성공률을 높이기 위해 기획 단계부터 달성이 손쉬운 낮은 목표치를 세우고 연구팀 선정 및 심사 과정에서도 도전적 과제들이 배제되는 것이 당연하게 여겨졌다. 위험을 감수한 혁신적 과제들은 높은 점수를 받기는커녕 오히려 불리했다.

정부도 이러한 심각성을 인식, 국가과학심의회의 '국가연구개발 성과평가 개선 종합대책(2013)' 등 위험을 감수한 도전적인 혁신 과제 도출을 위한 대책들을 연이어 발표하고 있으나 아직까지 가시적인 효과는 보이지 않고 있다.

2+2 시스템과 혁신클러스터

핀란드와 한국의 어떤 차이가 추격형과 선도형이란 결과를 만들었을까? 핀란드의 혁신 구조는 '2+2'로 요약할 수 있다. 하나는 국가혁신시스템이고 다른 하나는 혁신클러스터다. '2+2'는 이해하기 쉽게 도식화한 것이고 실제로는 서로 교차, 융합되어 있다. 예를 들어 정부 기관인 핀란드의 기술혁신지원청(TEKES) 같은 곳도 아래 도식처럼 '2+2'에 깊이 참여하고 있다.

혁신클러스터는 국가혁신시스템과 함께 핀란드 혁신을 이끌어가

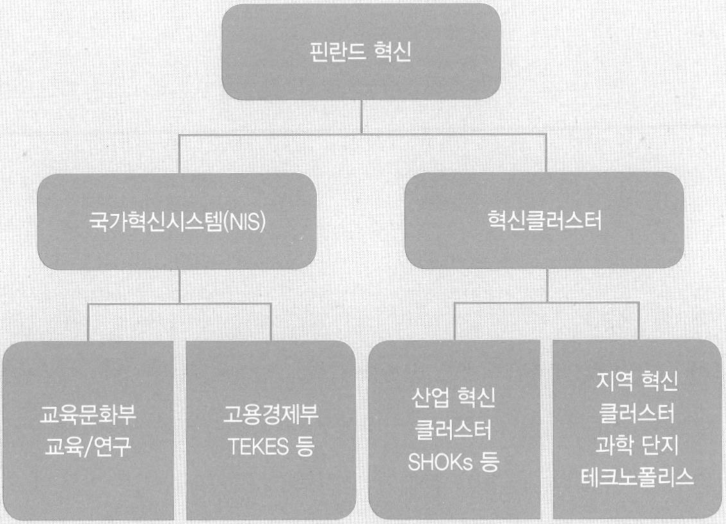

핀란드 혁신 구조 '2+2'

는 양대 축인 동시에, 국가혁신시스템의 축소판이라 할 수 있다.

혁신클러스터는 두 가지 유형으로 나뉜다. 하나는 지역 기반의 지역 혁신클러스터이고 두 번째는 핀란드 특유의 방식인 산업 혁신클러스터다. 산업 혁신클러스터는 고용경제부 산하의 과학기술혁신전략센터(Strategic Centers for Science, Technology and Innovation)가 참여하고 있다. 반면에 지역 혁신클러스터 단지는 지역별 과학단지(Science Park) 또는 테크노폴리스(Technopolis)가 이끌고 있다.

산업 혁신클러스터는 과학기술혁신전략센터가 주관하고 있는데, 기본 틀은 최상위 국가 협의체인 연구혁신위원회(Research&Innovation Council, RIC)에 의해 처음 제안되었다(2003년). 파격적인 신기술과 새로운 산업 창출에만 치우치지 않고 기존의 주력 산업에도 혁신을 이식시키고자 하는 의지가 반영되었다.

먼저 선택과 집중의 원칙 아래 주력 산업을 선정했다. 선정된 산업에는 관련 기업과 대학 및 연구기관을 네트워킹하여 차별화된 혁신 프로그램을 도입했다. 2007년 임업 부문(Forestcluster Ltd.)에서 첫 사업이 시작되었다. 이후 정보통신(TIVIT), 금속 기계(FIMECC Ltd.), 에너지 · 환경(CLEENTECH Ltd.), 건강 웰빙(SalWe Ltd.), 건설(RYM Ltd.), 바이오(FIBIC Ltd.) 등 총 6개 프로그램이 진행 중이다. 첫 사업이었던 임업 분야가 종료되면서 바이오가 새로운 클러스터로 추가되었다.[10] 에너지와 환경이 결합된 클린텍(CLEENTECH)은 우리에게 시사하는 바가 큰데 이에 대해서는 'chapter 7'에서 자세히 다루겠다.

이들 6개 프로그램에는 핀란드 수출의 80%를 차지하는 700개 기업과 40개 연구기관이 속해 있다. 각 프로그램의 운영 기간은 5~10년이고 투자는 공공과 민간이 함께 부담한다. 정부는 고용경제부 산하 핀란드의 기술혁신지원청을 통해 50%를 투자하고 기업이 40%를 출자한다. 나머지는 해외 또는 유럽연합에서 받고 있다. 핀란드의 기술혁신지원청은 2008년부터 2014년까지 총 5억 4,500만 유로를 투자, 운영해왔다.

두 번째는 지역 혁신클러스터다. 지역 혁신클러스터는 미국 실리콘밸리(Silicon valley)가 잘 알려져 있지만 핀란드 역시 많은 나라들이 벤치마킹하고 있다. 핀란드형 지역 혁신클러스터로는 오울루테크노폴리스(Oulu Technopolis)가 대표적이다. 오울루시는 헬싱키에서 600km 떨어진 서쪽 해안에 자리잡은 인구 12만 명의 소도시다. 이곳에서 시작된 지역 혁신클러스터는 노르딕 5개국 최초의 첨단과학단지(Science Park)라 할 수 있다.

사실 오울루테크노폴리스가 처음부터 유명했던 것은 아니었다. 1958년에 오울루대학이 설립되었고, 1973년에 노키아연구소가, 다음 해인 1974년에 정부 연구기관인 핀란드의 기술연구센터(Technical Research Center of Finland, VTT)가 설립되면서 주목을 받기 시작했다. 여러 기업의 연구소가 모이면서 클러스터의 초기 모습이 갖춰졌던 것이다.

그러자 1982년에 오울루시 정부와 지역 기업들이 오울루테크노폴리스를 세웠다. 오울루시가 출자해 설립한 공공 유한기업(Public Limited Company)이었다. 이어 HP(휴렛패커드), SUN(썬 마이크로시스템즈) 같은 유명 정보통신 기업들이 입주해 들어와 세계적인 정보통신 첨단과학 단지로 자리잡았다. 테크노폴리스는 오울루를 시작으로 투르크(1985년 설립), 헬싱키(1992년 설립) 등 다른 지역으로 확산되어 현재 31개에 이르고 있다.

테크노폴리스는 사이언스파크(Science Park)라고도 불리는데 핀란드 과학기술의 중추 역할을 담당한다. 지역별 특성에 맞게 대학과 연구소, 기업들이 가깝게 밀집해 있어 산·학·연 시너지 효과도 내고 있다. 대학이나 연구소에서 아이템이 개발되면 상용화와 마케팅까지 빠르게 진행하는 패스트트랙(Fast Track) 구조여서 어느 곳보다 경쟁력이 있다.

한국의 지역 혁신클러스터

우리나라에도 지역 혁신클러스터가 많이 조성되어 있다. 1960년대의 산업단지는 지역 혁신클러스터의 기본 요건인 산·학·연에서 '학'과 '연'이 빠져 있는 전 단계라 할 수 있다. 산업단지는 1964년 구로공단을 시작으로 한국 경제 발전의 견인차 역할을 해왔다. 울산 석유화학단지, 포항 철강단지, 구미 전자단지와 진해 기계단지 등 지역별로 특성화하여 추격형 모델로 발전했던 고성장 시기에 이들 산업단지는 핵심 거점이었다. 2017년 현재 전국에 1,189개의 산업단지가 있는데 유형별로 보면 국가 산업단지 44개(3.7%), 일반 산업단지 650개(52.8%), 도시첨단 산업단지 27개(1.5%),

농공단지(42.0%) 468개가 있다.[11] 그러나 다른 차원의 경쟁력이 요구되는 21세기에 들어오면서 이들 또한 과학기술을 접목한 지식기반형 혁신클러스터로의 전환을 시도하고 있다.

산업단지와 달리 대학과 연구소가 포함된 학·연 클러스터로는 연구개발 특구 또는 과학연구 단지가 있다. 연구개발 특구는 총 5개 특구로 대덕연구개발 특구를 포함해 광주, 대구, 부산, 전북 연안에 있고 과학연구 단지는 이와 중복되는 곳도 있지만 전국에 11곳이 지정되어 있다. 대덕연구단지는 연구와 교육이 결합된 국내 최초의 과학기술 거점 클러스터라고 할 수 있다. 정부 출연 연구소들이 이곳에 모였고, 서울에 있던 한국과학기술원(KAIST)이 충남대학교 옆으로 이사해 연구 두뇌 집적지로 완성되었다. 기업 부설연구소들이 입주하면서 산·학·연의 모습을 갖추기 시작했다. 1997년 IMF(국제통화기금) 사태 이후 벤처 육성 정책에 힘입어 벤처 산업의 메카로 발전했다. 2000년 9월, 배후 지역에 새로운 산업단지인 대덕밸리가 조성되면서 명실상부한 산·학·연 혁신클러스터의 모습을 갖추었고, 2005년 '대덕연구개발 특구 등의 육성에 관한 특별법'이 통과되면서 연구개발 특구로 출범했다.

2004년에 국가혁신시스템과 국가균형발전정책이 시작되면서 정부 기관 이전과 함께 지역 혁신클러스터 조성에 박차를 가했고 한국형 혁신 도시라는 대규모 사업도 추진해왔다. 2014년 공포된 '공공기관 지방 이전에 따른 혁신도시 건설 및 지원에 관한 특별법'에 의해 공기업을 포함한 115개 공공기관의 지방 이전이 진행 중이고, 부산,

광주 등 10개 혁신형 신도시 조성을 위해 9조 9,000억 원의 예산을 집행하고 있다. 2020년까지 산·학·연 클러스터를 완료하고 2030년까지 인근 지역으로 그 영향력을 확산한다는 청사진을 갖고 지금도 대규모 예산이 투입되고 있다.

차이점 1:
지방에서 중앙, 세계로 그리고 주식회사

한국의 혁신클러스터는 핀란드와 미국 등 해외에서 벤치마킹한 것인데 핀란드와는 몇 가지 차이가 있다. 특히 지역 중심과 자립 경영이라는 점에서 많이 다르다.

첫째, 주체가 다르다. 우리나라는 중앙 정부가 지역 혁신클러스터의 모든 것을 주도하고 있다. 초기 단계의 기획에서부터 건설을 위한 예산 배정, 그리고 완공 이후에도 중앙 정부에 많이 의존하고, 일부 기능은 감독을 받는다. 대덕연구단지를 비롯해 여러 곳에 산재해 있는 혁신 도시들도 중앙 정부의 지원 없이는 시작은 물론, 유지도 힘든 실정이다. 한마디로 자생력이 부족하다.

그런데 핀란드는 지방에서 시작되어 처음부터 자생력이 강조되었다. 오울루테크노폴리스가 대표적이다. 오울루테크노폴리스는 중앙 정부가 기획하거나 대규모 예산을 투입해 만든 곳이 아니다. 오울루시는 헬싱키에서 600㎞나 떨어진 작은 어촌이고 정보통신과도 관계가 없던 곳이었다.

시작은 지방 대학인 오울루대학 부근에 몇몇 연구소가 들어서면서부터였다. 오울루시와 지방 기업들은 이를 놓치지 않았다. 오울루테크노폴리스는 1982년 3월에 낡은 우유 공장 건물에서 시작되었다. 아직 우유 냄새가 남아 있던 낡은 건물에 전자회로 기판을 만드는 작은 기업이 먼저 입주했다. 그리고 혁신과 함께 놀라운 성장을 거듭했다. 1990년대 말까지 20여 년간 23배의 성장을 이뤘고 1999년에는 헬싱키 주식 시장에 상장해 어엿한 상장 기업으로 발돋움했다.

오울루테크노폴리스는 오울루시 성공에만 만족하지 않았다. 2003년에 헬싱키 부근의 에스푸(Espoo)시에도 진출했다. 이곳은 훗날 알토대학(Alto University)이 설립되면서 세계적인 융합 대학으로 명성을 더하게 된다. 오울루테크노폴리스는 국내에서만 만족하지 않고 2010년에는 첫 해외 진출을 이룬다. 러시아 상트페테르부르크(Saint Petersburg)에 지사를 냈고, 발트해를 건너 에스토니아의 수도인 탈린(Tallinn)과 리투아니아의 수도인 빌뉴스(Vilnius) 그리고 스웨덴의 오슬로(Oslo)까지 진출해 영역을 넓혔다.

이름도 없는 작은 어촌 오울루에서 시작해 수도인 헬싱키에 지사를 세운 다음 핀란드를 포함 6개국에 17개의 캠퍼스를 가지면서 전 세계로 뻗어나가는 성공 모델을 만든 것이다. 우리나라는 지방 자치 시대를 연 지 20년이 지났지만 중앙 정부에 지나치게 의존적인 탓에 오울루테크노폴리스와 같은 성과는 아직 나타나지 않고 있다. 국가 미래 산업의 핵심 거점이 될 지역 혁신클러스터인데 국가 예산으로 건설하고 운영비도 많은 부분 국가에 의지하고 있어 자생력을 갖추지 못했다. 이 같은 차이는 어디서 시작되었을까?

먼저 역사 문화적 배경의 차이를 들 수 있다. 이는 지방 분권과 밀접하게 관련되어 있다. 핀란드는 인구 550만 명의 작은 나라지만 지방 분권이 확실하다. 중세 스웨덴 식민지 시대부터 9개 성이 각기 재판과 세금 징수 및 군사에 대해 자치권을 행사했다. 1863년 러시아 지배 아래 핀란드 의회 제도가 처음 실시되었을 때도 마찬가지였다. 의회도 중앙이 아닌 지방 의회가 먼저 만들어졌다. 지역 주민들이 지방 의회를 세우고 자치권을 먼저 행사했다. 지방 대표들이 한곳에 모여 중앙 차원의 회의체를 만든 것은 한참 후였다. 유력 정당 중의 하나인 중앙당도 1906년 지역 농민들이 만든 농민 연합에서 시작했다. 지금도 중앙당은 이념적 색깔보다 지역 균형 발전을 최우선 정책으로 두고 있다.

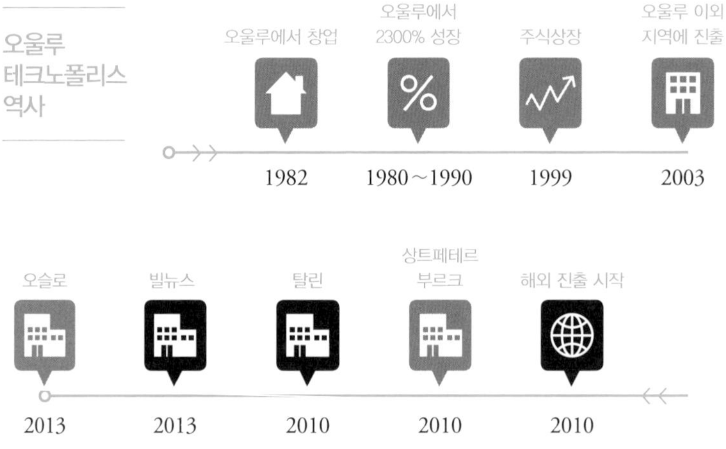

출처: http://www.technopolis.fi/en/about-us/sub-page/

오울루테크노폴리스 또한 과학 단지 모습을 갖추고 성공하기까지 주체는 지역 시민들이었다. 중앙 정부 지원이 없었던 것은 아니다. 하지만 일부였고 이 역시 무상 지원이 아니라 주주로 참여한 것이었다. 오울루시와 시민들이 대주주가 되어 시작했고 지금까지 연평균 30%씩 발전하고 있다.

모든 나라가 그렇듯 핀란드도 수도권에 인구와 자원이 집중되어 있다. 헬싱키 인근에 인구의 1/4이 살고 국민총생산의 1/3을 생산하고 있다. 그런데 전체 연구비에서 헬싱키 인근 수도권에 배분되는 연구개발비는 40%이다. 반면에 우리나라는 전체 연구비 67.4%가 수도권에 집중되어 있다.[12]

핀란드는 수도권을 포함해 탐페레, 오울루, 투르크 등 6개 지역권에 연구비의 83%가 배분되고 있고, 우리나라에 비해 지역 분배율도 높다. 그럼에도 아직도 지역 혁신 센터 활성화를 위한 여러 법적 · 제도적 장치를 개선하고 있는 중이다. 이러한 지역 균형 발전 정책은 단순히 지방 정부의 불만을 잠재우기 위한 분배 차원이 아니다. 오히려 지방이 중앙보다 나은 경쟁력을 보여주고 있고 생산성도 훨씬 높다. 지역 혁신클러스터에 적극 투자하는 이유도 판단 기준이 생산성이기 때문이다. "생산성에 대한 기여도가 혁신 정책 성공의 궁극적인 잣대[13]"라고 여긴다.

두 번째 다른 점은 필요한 자원은 자체적으로 조달한다는 것이다. 오울루테크노폴리스 설립 자금은 시 의회가 중심이 되어 모금했고 이익금으로 운영하며 재투자하고 있다. 무엇보다 중요한 자원은 인적 자원 즉, 사람이다. 혁신클러스터 최고의 핵심 자원도 창의력이 뛰어난 사람이다. 아무리 예산이 풍부해도 유능하고 혁신적인 사람들이 없으면 여기저기 헛되이 낭비되고 단기간에 소진될 수밖에 없다.

한국의 경우 지역 균형 발전을 추진하는 과정에서 가장 어려운 점을 뽑으라면 인력 충원이다. 우수한 인재들은 고등 교육 과정부터 수도권으로 다 몰리고 자기가 태어나 자랐던 고향에서 일하는 경우는 매우 드물다. 그런데 핀란드의 지역 혁신클러스터 인력 충원은 해당 지역 출신이 2/3 이상을 차지한다. 젊은이들은 태어나 자라고 공부한 그곳에서 직장을 얻어 생활하고 있다. 굳이 수도권을 부러워할 이유가 없다. 어릴 때부터 완벽한 복지와 함께 모든 시설과 교육 기관이 갖춰져 있으므로 다른 곳을 쳐다볼 필요가 없다.

대학 서열이 없는 것도 큰 요인이다. 수도권과 지방을 막론하고 학생들은 자기가 다니는 대학이 핀란드 아니 세계에서 가장 좋은 대학이라는 자부심을 갖고 공부한다. 대학은 기업과 긴밀히 산·학 공동체로 연계되어 있어 졸업 논문의 90%가 기업 현장에서 만들어진다. 졸업과 동시에 자연스럽게 현장 교육을 받아왔던 기업에 취직한다.

기업 입장에서도 학생 때부터 지켜보면서 필요한 교육을 시켰기 때문에 적응 시간을 줄이고 바로 업무에 투입할 수 있다. 한국처럼 학생 때부터 취업 활동을 위한 시간을 낭비할 필요가 없고, 기업도 인턴과 같은 실습 과정이 없으므로 경쟁력은 그만큼 더 강화된다. 요약하면, 지방 균형 발전의 오랜 전통과 수도권 · 지방 구분 없는 보편화된 복지 시스템 그리고 대학 서열 없는 교육 체계가 지금의 핀란드 혁신클러스터를 발전시킨 저력이었다고 말할 수 있다.

차이점 2 :
자본주의 원칙에 의한 기업식 경영

한국의 과학 단지나 혁신 도시들은 설립부터 운영까지 정부의 지원을 받고 있어 토지 매입부터 부지 조성을 위한 토목 공사, 건설과 입주 과정까지 대부분 중앙 정부의 예산에서 나온다. 설치 후 운영도 일부 지원을 받는다.

그런데 핀란드는 시작부터가 다르다. 수익을 목표로 한 자력형 기업으로 출발한다. 자본 시장 원리에 의해 움직이는 기업형으로 경영하고 이익이 나면 투자자에게 배당한다. 테크노폴리스에 투자한 시 정부도 똑같은 주주 입장에서 배당을 받는다. 자본주의 세계에서는 투자하면 수익을 내는 게 당연하다. 안일한 투자나 방만한 경영은 있을 수 없다. 오울루테크노폴리스는 매년 경영 목표를 세우고 이익을 주주에게 돌려주기 위해 선진 경영 기법을 동원하고 있다. 투명한 경영은 기본이다. 급변하는 환경 변화에 대응하고 글로벌 경쟁에서 뒤처지지 않으려고 구성원 스스로가 혁신을 멈추지 않는다. 투명한 경영이 있기에 시 정부가 투자해도 편법 지원 같은 비생산적인 논쟁이나 시비가 없다.

기업은 자본주의 세계를 구성하는 뼈이며 살이며 혈액이다. 좌파 국가에서는 용인되지 않는 사적 소유의 완성된 형태다. 현대 사회는 기업을 배제하고는 생각할 수 없다. 우리가 사용하는 모든 상품과 서비스는 대부분 기업이 제공하고 있다. 국가와 사회를 움직이는 대부분의 규칙과 표준도 기업에서 만들어졌다. 기업은 자본주의의 역사와 함께해왔다. 아니, 기업이 자본주의를 탄생시켰다. 특히 주식회사는 자본주의의 근간인 사적 소유의 효율성을 가장 극대화한 인류 역사상 가장 혁신적인 발명이라 할 수 있다.

핀란드식 혁신클러스터를 대표하는 오울루테크노폴리스도 주식회사에서 시작했다. 주주가 모은 자금으로 1982년에 4,000㎡의 작은 공장을 매입했고 성장을 거듭해 17년 후인 1999년에는 주식 시장에 상장했다. 그리고 2015년에는 6개국 17곳에 742,000㎡의 부동산을 소유한 대기업이 되었다. 부동산을 기준으로 보면 33년 동안 185배가 늘어났다. 연평균 30%의 성장을 했으며 2017년도 회기에는 1억 8,000만 유로(약 2,300억 원) 매출과 9,920만 유로(1,260억 원)의 이익(EBITA)을 냈다. 동구권 몰락과 금융 위기 등 경제 위기가 끊이지 않았지만 성장은 멈추지 않았다.

오울루테크노폴리스는 임대료 수익이 86%이고 나머지는 서비스 제공이다. 임대 수익이 9할이라고 해서 단순한 임대 사업이라고 여기면 착각이다. 혁신클러스터가 갖는 장점을 극대화해 고객에게 제공하는 것이 그들 사업의 핵심 경쟁력이다. 입주 기관을 유치하고 임대료를 걷는 것만으로 끝나는 것이 아니다. 핀란드 국내뿐 아니라 해외까지 진출하며 성공한 비결은 입주 고객들에게 산·학·연 혁신클러스터만이 가질 수 있는 차별성을 제공했기 때문이다.

2017년 기준으로 오울루테크노폴리스는 6개국에 1,600개 고객사와 5만 명의 인력이 입주해 있으며 분야도 매우 다양하다. 대학과 정부의 연구기관, 벤처 기업, 제조업, 유통업, 공공기관, 부동산 그리고 금융 투자 기관 등 분야를 막론하고 혁신클러스터만의 장점을 얻고자 꼬리를 물고 입주가 계속되고 있다. 입주 고객 스스로 자기들끼리 네트워킹하면서 시너지 효과를 올리기도 한다.

테크노폴리스는 고객 성공이 곧 자신들의 미래가 되고 기업 가치가 상승하는 것임을 잘 알기에 고객 성공을 위한 다양한 프로그램을 제공하고 있다. 30년 이상 쌓아온 노하우와 데이터베이스를 입주 고객과 공유하고, 건물 자체 하드웨어는 물론 각종 소프트웨어 프로그램도 고객 성공에 맞추고 있다. 건물 자체부터 정보통신 첨단 기술이 집약되어 있고 회의실 같은 각종 하드웨어 시설들은 디자인 강국답게 아이디어 창출을 위한 공간으로 설계되어 있다. 특허 관리, 자금 지원 프로그램과 업무 효율 향상을 위한 혁신 프로세스 등 각종 소프트웨어들도 지원하고 있다.

고객들이 혁신클러스터의 장점을 이용해 시장에서 성공해야 테크노폴리스의 가치가 올라가기에 220명 직원들은 단순한 부차적 서비스뿐만 아니라 고객이 만족할 수 있는 최종 목적의 서비스, 즉 고객의 성공을 위해 함께 뛰고 있다. 테크노폴리스 자사의 이익과 입주해 있는 고객사 이익을 둘이 아닌, 하나로 보는 정신이 사업 성공의 비결이라고 본다.

차이점 3:
산·학·연의 화학적 융합

전 세계 국가들이 혁신클러스터를 만드는 이유는 한마디로 '산·학·연 협력에 의한 시너지 효과의 극대화'이다. 그런데 이는 기업과 학교 그리고 연구기관을 한 지역에 모아 놓는다고 저절로 생기는 것이 아니다. 산·학·연 모두 연구개발과 연관을 갖고 있지만 주체 기능과 이해 관계는 본질적으로 다르다. 대학은 교육을, 기업은 이익을 중시하고, 연구소는 기초 연구도 해야 한다.

혁신이란 이름으로 시너지 효과를 얻으려면 무엇보다 산·학·연 사이의 경계를 허무는 것이 중요하다. 산·학·연 사이에 존재하는 벽을 깨트려야 인재 양성부터 아이디어 창출 및 상용화까지 전 과정을 아우르는 혁신이 가능하다. 그래야 집약된 공간에서 패스트트랙 효과를 높이고 인큐베이션 기간을 단축시키는 성과를 거둘 수 있다.

한국에도 대덕연구단지를 시작으로 많은 지역 클러스터들이 조성되어 있다. 그런데 이들은 대학과 출연 연구기관 등 각 기관들이 한 단지에 모여 있을 뿐, 서로 벽이 높고 유기적 협력이 부족하다.

혁신클러스터의 시너지 효과를 얻으려면 '유기적 협력' 정도로는 불충분하고 그 이상인 융합(convergence)이 필요하다. 융합은 기능 간의 단순한 조합이나 결합과는 다르다. 화학적으로 하나로 녹아 다른 차원의 모습으로 변화되는 과정이 일어나야 융합이다. 그리고 화학적 융합을 위한 첫 번째 필수 조건은 물리적 접근성이다. 일단 만나야 반응이 일어난다. 모든 화학적 반응과 융합은 물리적으로 가깝게 접근하면서부터 시작된다.

옛 수도였던 투르크시에는 투르크사이언스파크(Turku Science Park Ltd.)라는 지역 혁신클러스터가 있다. 투르크사이언스파크는 1988년에 데이터시티(DataCity)라는 기업이 설립되면서 시작되었다. 기업 형태로 시작된 것은 오울루테크노폴리스와 같다. 데이터시티가 세워지고 이웃의 섬유 공장을 개조해 일렉트로시티(ElectroCity)를 건설, 다시 옆의 3층 방적 공장을 리빌딩해 바이오시티(BioCity)를, 길 건너에는 제약 클러스터인 파마시티(PharmaCity)를 건립했다. 정보통신시티(ICT–City) 빌딩도 2006년에 세워져 지금의 투르크사이언스파크 모습이 거의 완성되었다. 바이오시티는 1992년에 완공했는데 지금 방문해도 지은 지 얼마 되지 않은 것 같은 느낌을 주는 현대적 디자인의 7층 건물이다. 높은 유리 천장을 설치해 건물 중앙은 하루 종일 햇살이 들어와 언제나 밝다. 1층에는 휴식 공간인 카페테리아가 있고 각 층마다 회의실, 휴게실이 잘 배치되어 있어 대학 연구원과 기업인, 정부 기관의 전문가 등 여러 분야의 사람들이 모여 언제든지 미팅을 할 수 있다. 오래전부터 그들은 실질적이고 생산적인 융합을 하고 있었다.

핀란드는 국토가 좁은 나라가 아니다. 우리보다 3배나 넓다. 고층 건물을 선호하는 문화도 아니다. 그런데도 투르크사이언스파크는 연면적 5㎢로 안에 지역 클러스터를 조성하면서 5~8층 현대식 건물에 집약시키고 그 건물들을 이웃해 두었다. 이유는 분명하다. 산·학·연

사이의 벽을 허물기 위해서다. 한 건물에 대학과 기업 연구소 그리고 정부 기관들을 유치했다. 산업 간 화학적 융합의 촉진을 위해 건물을 붙여 놓아 융합 효과를 극대화했다. 건물들이 붙어 있거나 길 건너에 있어 걸어서 오갈 수 있다. 구름다리 같은 이동 통로도 있고 지하 주차장도 연결되어 있다. 바이오와 IT, 전기전자 분야가 바로 융합할 수 있다. 아무리 멀어도 걸어서 10분 거리다.

이에 반해 우리나라 대덕연구단지는 투르크사이언스파크보다 약 5배 넓은 면적에 입주 연구기관 숫자도 훨씬 많다. 그런데 중요한 것은 접근성과 집약도다. 한 연구소에서 다른 곳으로 이동하려면 걸어서는 힘들고 대부분 자동차로 가야 한다. 핀란드만큼 집약되어 있지 않아 화학적 융합이 쉽지 않다.

그깟 거리가 대수냐며 외면할 수도 있다. 그런데 몸이 멀어지면 마음도 멀어진다는 말이 있다. 단순하지만 이보다 간단 명료한 진리는 없다. 물리적 거리감은 심리적 거리를 초래한다. 상대에게 전화나 이메일을 할 때도 얼굴 한 번 마주치지 않은 모르는 사람보다 한두 번이라도 만난 사이가 더 편하다. 마주 보고 커피 한잔한 사람들이 더 생산적인 대화를 한다. 물리적 거리부터 줄어야 소통과 화학적 융합이 용이하다. 그들은 30여 년 전 기획 단계부터 산·학·연 경계를 없애기 위해 집약시켰다. 바이오와 정보통신 그리고 데이터가 융합하는 미래 융합 산업 시대를 대비했던 것이다.

외부와의 교통과 물류도 편리하다. 걸어서 3분 거리에 헬싱키로 가는 기차역이 있고 고속도로가 바로 옆을 지나고 있다. 도로 건너

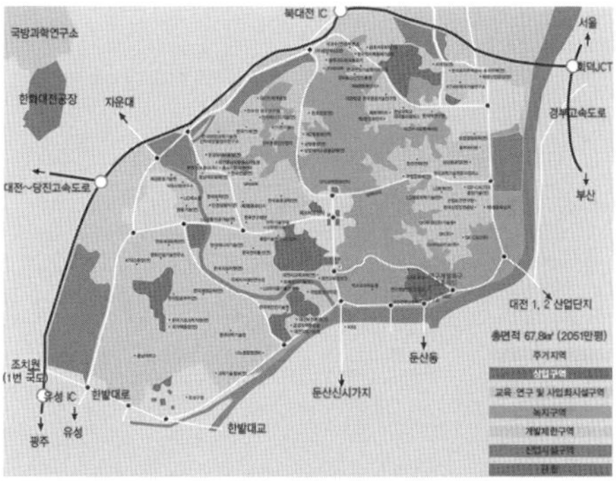

투르크사이언스파크(왼쪽)와 한국 대덕연구단지(오른쪽)의 조감도

건물을 붙여 놓아 융합 효과를 높인 투르크사이언스파크

맞은편에는 핀란드에서 가장 오래된 투르크대학(헬싱키대학이 여기서 갈려 나옴)이 있고 대학 병원도 건너편에 자리잡아 융합 연구개발이 원활하다. 반대편에는 투르크응용과학대학 등 3개의 기술대학이 있어 대학들이 이들 건물들을 양쪽에서 감싸 안고 있는 모습이다.

투르크사이언스파크에는 400명의 교수와 3만 명의 대학생 그리고 300개가 넘는 기업과 기관들이 모여 있다. 자동차로 30분 거리에는 노키아 공장이 있고 노키아 도시라고 불리는 살로시(Salo city)가 있다. 살로시에는 별도의 클러스터가 없어 투르크사이언스파크가 대신하고 있다.

차이점 4:
65 vs 9의 기업 경영 마인드

핀란드 고용경제부 산하에는 여러 정부 기관들이 있는데 그중에서 핀란드를 대표하는 기술연구센터(VTT)를 살펴보자. 핀란드의 기술연구센터는 노르딕 5개국에서 가장 큰 규모의 다기능(multi-functional) 응용 연구기관으로 1942년에 설립되었다. 헬싱키공과대학(지금의 알토대학)을 거점으로 건축, 임업, 기계, 식품 등 10개의 실험실로 시작해 제2차 세계대전 중에는 군사 연구에 주력하다 종전 후부터 핀란드 기술 개발의 핵심 역할을 해왔다. 1975년에는 오타니에미(Otaniemi) 인근 200,000㎡의 넓은 부지로 이사해 세계적 디자이너인 알바 알토(Alvar Aalto, 1898~1976)가 설계한 새로운 건물에 입주했다. 이어 오울루, 탐페레 등에 지역 분소를 설치했고 오울루테크노폴리스의 산파 역할도 했다.

다른 공공기관들과 마찬가지로 핀란드의 기술연구센터 또한 기업식으로 운영되는 고용경제부 산하 국가 연구기관이다. 우리나라 정부 출연 연구소와 같다. 그런데 그들은 스스로 '연구소'가 아닌 '연구기업'이라 부르고 있다. 정식 명칭도 연구개발유한회사(Research and Technology Ltd.)이다. 홍보용이 아니다. 실제 홈페이지에 한 해의 성과도 기업식 연도별 재무제표로 공개하고 있다. 2016년 회기를 보면 2억 7,000만 유로의 매출을 올렸다. 매출액은 연구 수주 총액을 말한다. 향후에 프로젝트 개발 결과물이 거두게 될 미래 수익과 산업 파급효과는 전혀 포함되지 않는다. 해당 연도의 정부, 민간에서 수주하는 연구비 총액을 매출로 삼고 인건비, 재료비 등을 비용으로 산정한다.

이러한 기업식 재무제표는 핀란드 공공기관 어디서나 쉽게 찾을 수 있다. 국가 기관들부터 자본주의의 근간인 기업 경영 방식을 준수하고 있다. 핀란드 정부 출연 연구소는 자본주의 원칙에 의한 기업식 경영이 기본이다. 핀란드의 기술연구센터 매출 중 많은 부분은 민간 기업에서 나온다. 정부 재원 즉, 세금보다 민간 기업 등 외부에서 받는 연구비가 크다. 전체 수입 중 정부에서 받는 지원금은 28.6%에 불과하다. 66.9%는 자체 조달이다. 기업과 해외 연구소 등이 주요 고객들이다. 반면에 우리나라 27개 정부 출연 연구기관 연간 운영 예산은 약 40조 원에 달하는데 85%를 정부 지원에 의존한다. 민간 수탁은 9%에 불과하다.[14] 핀란드 65%와 한국 9%라는 민간 수탁비율 차이는 중요한 점들을 시사하고 있다.

이제 핀란드 기술연구센터와 우리나라 출연 연구소의 차이점은 분명해진다. 바로 기업 경영 마인드를 갖고 있는가 아닌가이다. 이에 대한 반론으로 출연 연구소가 기업식 경영을 추구한다면 생길 수 있는 부작용을 들 수 있겠다. 기업형 경영은 생산성 증대에 초점을 맞추기 때문에 기업이 선호하는 응용 연구에 초점을 맞추면 기초 과학 기반이 무너질 수 있다는 주장이다.

그런데 핀란드의 기술연구센터들은 기초 연구도 게을리하지 않는다. 전체 예산의 많은 부분을 기초 연구에 투자한다. 단 미래 선도형 연구와 관련이 있어야 한다. 훗날 기업이 요구할 수 있는 기반 기술들을 앞서 예측하고 미래를 선도할 수 있는 기초 연구를 하는 것이다. 즉 기업이 요구하는 미래 기술을 미래 사회가 필요로 하는 기술로 인식하고 미래 지향적 기술을 예측, 개발하는 연구에 주력하는 것이다. 미래를 예측하고 준비하는 기업 마인드가 없으면 할 수 없는 일들이다.

65%라는 민간 수탁비율은 핀란드의 기술연구센터가 미리 기업들이 요구할 원천 기술들을 확보하고 있기 때문에 가능하다. 처음부터 정부 지원에 의존, 이미 기획된 부처별 국책 연구 사업에 따라 기업과 함께 과제를 수탁해서 진행하는 한국식과는 근본적으로 다르다.

차이점 5:
선택과 집중

앞서 보았듯 핀란드 국가혁신시스템은 두 개 부처에 의해 추진된다. 교육과 연구 기능 중심의 교육문화부와 산업계 중심의 고용경제부다. 두 개 부서가 핀란드 연구 혁신 예산의 8할 이상을 집행한다. 한국은 거의 모든 부처가 정부의 연구개발 예산을 나눠서 집행한다. 과학기술정보통신부, 산업통상자원부, 방위사업청, 보건복지부, 교육부, 국토교통부 등으로 나눠져 있다. 당연히 역량이 분산되고 중복 투자 문제가 생긴다. 매년 예산 확보를 위한 부처별 눈치 보기와 경쟁도 심하다. 부작용이 없을 수 없다. 부처는 각 기능별로 구분된다.

그런데 미래는 화학적으로 융합되는 융합 시대로 내닫고 있다. 기능 위주로 나눠진 부처들에게 화학적 융합을 기대하는 것은 어렵다. 혁신은 거창한 것이 아니다. 모두가 알고 있는 문제부터 개선하는 것이 혁신의 출발이다.

FINN VS KOREAN 서로 많이 닮은 ①

시수(Sisu), 은근과 끈기

핀란드를 상징하는 단어 하나를 고르라면 모두 시수를 꼽는다. 시수는 고난을 견디는 은근과 끈기, 불굴의 정신, 강인함, 성실 등을 뜻한다. 은근과 끈기는 우리에게도 아주 친근한 말이다. 수많은 전쟁과 가난, 식민지를 겪으며 강대국의 틈바구니에서 생존의 길을 찾았던 우리 한민족의 유전자에 새겨진 정신 역시 '은근과 끈기'였고 이 정신이 지금의 자랑스러운 대한민국을 만들어 왔다.

핀란드 사람들에게도 시수 정신이 거저 주어진 것은 아니다. 추위와 나무 이외에는 자원이라고는 없는 땅, 가난과 배고픔, 연이은 전쟁의 참화, 질병, 인구의 삼분의 일을 잃었던 대기근 등을 겪으며 견디고 이겨내는 가운데 그들의 유전자에 각인된 정신이다. 시련이 없는 민족은 위기를 이겨내지 못하고, 시련을 이겨내지 못하는 민족에게 미래는 없다.

핀란드란 이름이 세계사에 등장한 것은 15세기경부터다. 그 이전에는 핀란드라는 이름조차 없었다. 소수 민족인 핀족(Finn)이 살고 있는 춥고 쓸모없어 버려진 땅이 핀란드였다. 핀족은 핀란드 동쪽 러시아 땅인 카렐리야(Karelia)와 북쪽 라플란드(Lapland) 그리고 발트해 연안에 흩어져 살았다. 12세기경 인구는 2~4만 명에 불과해 말 그대로 소수 민족이었다. 15세기까지 핀족이 흩어져 살던 땅은 나라는 물론이고 지명조차 없던 불모지였다.

이런 불모지에 처음 발을 디딘 이는 이웃 나라 스웨덴 사람들이었다. 당시 스웨덴은 이미 유럽의 강국이었다. 12세기 중반에 바다를 누비던 바이킹 민족이 국가 기반을 다진 다음 동쪽으로 눈을 돌렸다. 스웨덴 국왕 에릭 9세(Erik IX, 1156~1160 재위)가 1157년에 십자군을 이끌고 핀란드에 상륙했던 것이다. 백여 년 후 스웨덴은 2차 십자군을 다시 보내 핀란드를 정식으로 속국으로 만들고(1249년), 투르크(Turku, 핀란드의 옛 수도)라고 명명했다. 스웨덴의 동쪽 땅이란 의미로 오스터란데트(Österlandet)라고 부르기도 했지만, 300여 년간 핀란드는 투르크로 불렸다.

투르크는 스웨덴과 바다를 사이에 두고 마주 보고 있는 항구 도시다. 오랜 시간이 흐른 뒤 핀란드란 지명으로 바뀌었을 때도 사람들은 투르크를 중심으로 한 인근 지역만을 핀란드 땅으로 인식했다. 핀란드(Finland)는 말 그대로 '핀족(Finns)'이 '사는 땅(Land)'이라는 뜻으로 투르크에 이주한 스웨덴 사람들이 붙인 것이다. 차츰 투르크를 중심으로 사람들이 모여들었다. 거주지가 발달하면서 도시 모양을 갖추기 시작했고, 15세기 들어 핀란드는 지금의 핀란드 전 지역을 이르는 고유명사가 되었다.

1249년 점령 직후부터 19세기 초까지 560년간 핀란드는 스웨덴의 일부였다. 스웨덴인들이 이주해 성을 건설했고 스웨덴 귀족들이 통치했다. 그들에게 핀족어를 쓰던 핀족은 원주민에 불과했고 통치 대상이었다. 스웨덴어는 귀족과 상류층이 쓰는 언어로 계층의 상징이었다. 시간이 흐르면서 핀족 중에서 스웨덴어를 쓰는 이들이 생겼으나 그들은 하류 귀족 대접을 받았다.

16세기 들어 크고 작은 전쟁들이 핀란드에 닥쳤다. 국력을 키워 영토를 확장하면서 유럽 강대국으로 막 부상하던 스웨덴은 발트해 패권을 놓고 계속 전쟁을 벌였다. 봉건 시대의 영토 확장은 종주국에게는 좋은 일이나 피지배층인 핀족에게는 재앙의 연속이었다.

핀족이 식민지 기간 동안 강대국 스웨덴의 보호를 받으며 평화를 누렸다고 보는 학자도 있으나 그 평화는 스웨덴에서 건너온 소수 귀족층이나 지주들에게 해당된 것이었다. 90% 이상이 농민이었던 핀족은 계속된 전쟁에 징집과 공출과 세금으로 핍박과 고난 가운데 있었다. 1560년부터 시작된 러시아, 덴마크, 폴란드 등과의 전쟁 또한 160년이나 지속되었다. 이 시기에 폭정도 극에 달했다.

마침내 1596년에 살인적 세금과 스웨덴 군인들의 횡포를 참다 못한 핀란드 농민들이 들고 일어나 반란을 일으켰다. 농기구와 곤봉

스웨덴이 핀란드를 점령한 후 세운 투르크 성

을 들고 저항했다 하여 곤봉 전쟁(Nuijasota, 누이야소타)이라고 불린다. 반란은 실패했다. 중무장한 스웨덴 정규군을 당해 낼 수 없었다. 잔인한 진압으로 2년간 3,000명이 살해당했다. 스웨덴군의 피해는 30여 명에 불과했다. 당시 핀란드 인구가 30만 명 정도였으니 백 명 중 한 명이 죽은 대학살이었다. 전쟁은 계속되어 30년 종교전쟁(1618~1648) 때도 핀란드인들이 최전선에 동원되었다. 17세기 말에는 자연까지 핀란드에 가혹한 시련을 안겨주었다. 1697~1699년 냉해로 대기근이 발생, 인구의 30%가 굶어 죽었다. 대재앙을 겪은 다음 해인 1700년부터 20년 동안 핀란드는 다시 전쟁에 휘말렸다. 유명한 북방 전쟁(1700~1721)이었다. 스웨덴과 러시아가 주축이 되어

맞붙은 전쟁이었다.

스웨덴이 전통 강국이라면 러시아는 신흥 강국이었다. 시베리아의 곰으로 불리며 유럽 동쪽 주변에 머물던 러시아가 호시탐탐 영토 확장 기회를 노렸던 것이다. 유럽 변방에서 벗어나는 가장 효과적인 방법은 북쪽에 있는 발트해 확보였다. 발트해만 손에 넣으면 바다를 통해 쉽게 서유럽으로 진출할 수 있었다. 그런데 스웨덴이 핀란드와 남쪽 발트해 연안까지 다 차지하고 있어 러시아로서는 눈엣가시였다. 표트르 1세(Pyotr I, 1672~1725)에 이르러 전쟁할 힘을 갖춘 러시아는 발트해 패권을 놓고 스웨덴과 북방 전쟁을 벌였다. 이 전쟁은 두 나라만의 전쟁이 아니었다. 영국을 포함한 모든 유럽 강대국들이 연합해 양편으로 갈려 사생결단을 벌인 전쟁이었다. 결국 스웨덴 연합군이 처참히 패해 북해 패권을 상실했다.

아무도 탐내지 않는 폐허의 땅

문제는 핀란드가 입은 피해였다. 핀란드 땅은 전 국토가 전쟁터가 되는 참화를 면치 못했다. 스웨덴을 물리친 러시아 군대는 1714년에 핀란드를 차지하고, 이후 7년 동안 온갖 살인과 약탈, 방화를 저질렀다. 후퇴할 때조차 스웨덴군의 재진입을 막는다는 구실로 수백 킬로미터에 달하는 마을과 길을 다 불태워버렸다. 수많은 사람들이 죽고 교회는 불탔으며 마을 전체가 잿더미로 변했다. 수만 명의 핀란드인이 러시아에 노예로 끌려갔다. 살아 돌아온 사람들은 수천 명에 지나지 않았다. 핀란드 역사는 이때를 '대분노'라고 기록하고 있다.

북방 전쟁에서 승리한 러시아는 스웨덴으로부터 북해 패권을 빼앗았다. 승리했지만 러시아는 핀란드를 영토로 삼거나 식민지화하지는 않았다. 전쟁이 지속되었던 7년 동안 점령했다가 다시 스웨덴에게 넘겨주고 철수했다. 그러나 마을은 이미 쑥대밭이었다. 핀란드는 전쟁과 기근과 전염병으로 인구의 절반이 죽은 땅, 아녀자의 통곡만 남은 땅이 되었다. 러시아가 자국 땅으로 삼지 않은 이유도 핀란드를 생명이 다한 땅이라고 여겼기 때문으로 짐작된다.

명목상으로는 스웨덴 영토였지만, 전쟁의 참화 후 핀란드는 아무도 탐내지 않는 땅으로 변했다. 그런데 역설적이지만 누구도 탐하지 않는 땅으로 변하자, 힘의 공백이 생기면서 이 통곡의 땅에 오히려 희망의 싹이 움트기 시작했다. 평화가 찾아왔다. 비록 공동묘지 위의 적막 같은 평화였으나 살아남은 자들은 주검과 폐허 속에서도 평화가 주는 힘으로 다시 일어났다.

패전국 스웨덴에도 변화가 일어났다. 패전의 여파로 절대 왕조가 붕괴되었고 시민의 권리가 강화되기 시작한 소위 자유시대(Frihetstiden, 1718~1772)가 찾아왔다. 이 기간에 과학과 문화가 발달하고 인구도 급속히 늘어났다. 유럽 전역에 퍼진 계몽사상의 영향이 컸다. 신분 계급이 무너지고 시민의 권리가 강화되면서 의회가 만들어졌다. 의회는 4계급 대표 즉, 세금을 납부하는 자영농, 성직자, 귀족 그리고 신흥 자본가(부르주아)로 구성되었고 의회 지도자들이 국정을 이끌었다.

핀란드인들도 스웨덴 국민의 일원으로 참여해 의회를 통해 협력과 합의 정신을 배워갔다. 의회 경험은 훗날 큰 자산이 되었다. 핀란드 땅은 핀족 사람들의 노력으로 빠르게 회복해갔다. 부흥의 지표는 인구 증가로 볼 수 있다. '대분노' 참화 직후 25만 명(1721년)에 불과하던 인구가 1750년에 43만 명으로 늘었고, 1770년엔 56만 명, 18세기 직전에는 80만 명으로 50년 만에 배 가까이 증가했다.

평화와 번영이 찾아왔으나 시련이 끝난 것은 아니었다. 왕정을 무너뜨린 스웨덴 강경 의회파가 북방 전쟁의 패배를 설욕하고자 1741년에 다시 러시아를 공격했다. 그러나 이는 무모한 도전이었다. 다시 패한 스웨덴이 퇴각하자 핀란드는 또 다시 러시아에 점령당하는 처지가 되었다. 핀란드인들은 이때를 '작은 분노(1742~1743년)'라고 부른다.

그 후 반세기 만에 다시 전쟁이 일어났다. 스웨덴의 계몽군주 구스타프 3세(Gustav Ⅲ, 1771~1792 재위)가 쿠데타에 성공한 후 러시아에게 빼앗긴 핀란드 영토를 되찾으려고 전쟁을 벌인 것이다. 그러나 또 다시 무참히 패배했다(1788~1790). 그 결과 한때 북유럽을 호령하던 스웨덴은 국경 지역의 주요 군사 요충지를 다 내주었다. 1808년에 러시아는 힘이 다 빠진 스웨덴에게 최후의 일격을 날렸고, 저항 한 번 제대로 못 한 스웨덴은 650여 년간 자신의 영토였던 핀란드를 러시아에게 완전히 내주었다. 북해의 패자라는 이름도 역사 무대에서 내렸다. 1809년 핀란드는 러시아 자치령이 되었다. 108년간 러시아 시대가 시작되면서 핀란드인들은 다시 고난의 역사를 견뎌야 했다.

chapter

2

핀란드의 저력,
그 두 번째 이야기

우리는 모두 일류

– 융합형 인재 양성을 위한 교육 혁신

핀란드 교수들과 저녁 식사를 같이 했을 때의 일이다. 맥주와 보드카를 곁들인 편안한 자리였고 모두 얼굴이 불그레해질 만큼 적당히 취해 농담도 주고받았다. 대화 중 대학 이야기가 나왔다. 한국 대학에 대해 궁금해해서 한국의 일류 대학은 이러이러하고 그 외에 대학들은 어쩌고 하며 상식선의 이야기들을 해주었다. 그러자 교수들 중 한 명이 "우리는 모두 일류인데."라고 했고 이에 다들 "맞아!" 하며 맞장구를 치며 웃었다. 편안하게 주고받은 대화였지만 그 짧은 대답 하나, "우리는 모두 일류인데." 라는 말이 내 가슴에 와 꽂혔다. 뒤통수를 맞은 기분이었다.

맞다. 핀란드 대학은 서열이 없다. 서울대도 없고 지방대도 없다. 국내에 제법 알려진 헬싱키대학도 여러 대학 중 하나일 뿐이다. 모두 일류 대학이다. 내가 다니는 대학이 일류고, 내가 가르치는 대학이 일류고, 내가 사는 동네에 있는 대학이 일류다. 따라서 그들은 일류 대학에 가기 위한 특목고도, 자율 학습도, 사교육도 없다.

우리는 태어나면서부터 일류 대학에 인생이 맞춰진다. 조기 영유아 교육, 일류 유치원, 좋은 학교와 학원이 있는 동네로 이사를 가야 하고 초등학교 때부터 학원 두셋은 기본이다. 친구란 존재도 내가 눌러야 할 경쟁자다. 친구라는 이름의 경쟁자와 우정이란 것을 쌓으며 대학을 졸업하고 사회에서 가끔 만난다. 모임과 동창회도 자존심이 상할 것 같으면 안 나가는 게 마음 편하다.

대학 서열은 교육만의 문제가 아니다. 대학 서열은 나라 전체를 서열 사회로 만든다. 일류 대학을 나와야 일류 대기업에 취직이 되고 일류 공무원이 될 확률이 높아진다. 아이뿐만이 아니다. 이미 서열 사회에 동화된 부모도 같이 뛰어들어야 한다. 영유아 교육에서 대입까지 12년간 계속되는 입시 지옥과 사교육을 위해 가족 모두의 생활과 삶을 송두리째 바쳐야 한다. 입시 관련 정보도 놓쳐서는 안 되고, 내 아이의 행복, 아니 일류 인생을 위해 매 순간 긴장해야 하고, 좋은 학군에 거주해야 하니 비싼 동네에 살아야 한다. 최상위 사교육을 받아야 하니 돈 많은 부자 아빠는 필수고 맞벌이는 당연하다.

대학 서열과 사교육이 서열 사회를 만드는 핵심인 건 분명하다. 그러면 이런 서열화와 사교육이 국가 경쟁력에 도움이 될까라는 질문을 해보자. 서열화도 장점이 없는 것은 아니다. 개인 간 경쟁으로 엘리트로 키울 수 있고 최상위층 소수 엘리트는 각 분야에 지도력을 발휘, 경쟁력 있는 국가를 만들 수 있다. 맞는 말이다. 그런데 지금은 다르다. 먼 과거에는 맞을 수 있었으나 국경이 사라진 무한 경쟁 시대인 현재는 다르다.

단적으로 OECD 통계를 보자. OECD 국제학업성취도평가(PISA)와 국가 경쟁력이 간단명료하게 답을 보여주고 있다. 한국과 핀란드를 비교하면, 대학 서열과 사교육이 없는 핀란드가 한국보다 높은 국가 경쟁력에 학업 성취도 역시 최상위권을 유지하고 있다. 이는 OECD 통계가 시작된 이래 한 번도 바뀐 적이 없다.

사교육과 국가 경쟁력은 관계가 없다. 오히려 저해 요소일 가능성이 더 크다. 국가 차원에서 볼 때 차별적 사교육은 교육 분야의 일시적 불평등에 국한되지 않는다. 서열 사회 대물림을 촉진해 계층 간 이동을 어렵게 만든다. 계층 간 이동이 어려울수록 역동성은 상실된다. 역동성이 없는 사회는 국가 경쟁력 저하를 가져와 퇴보할 수밖에 없다. 경직된 서열 사회에서는 천재로 태어나도 소용이 없다. 부모가 가난하면 재능을 꽃피우지 못하고 사장될 가능성이 크다.

지난 1960~80년대 고속 성장의 기적을 이룬 주역들은 개천에서 나온 용들이었다. 그때는 금수저나 흙수저가 따로 없이 모두 가난했다. 가난한 시골 마을 출신들이 각 분야에 도전해 성공 신화를 쓰며 눈부신 경제 발전을 이루었다. 하지만 지금은 도전 정신을 가진 어린 용들이 성장할 수 없으니 경제는 침체되고 미래 먹거리 산업도 보이지 않는다. 개천에서 난 용들이 하늘을 날고자 여기저기서 꿈틀거려야 활력이 넘치고 창조적인 나라가 되는데, 개천 자체가 사교육이라는 콘크리트에 덮여버렸다.

핀란드에서 교육은 산업이 아니다

핀란드에는 사교육이 없다. 핀란드와 우리나

라 사교육 현황을 쉽게 비교하려면 사교육 참여 시간을 보면 된다. 한국교육개발원에서 발표한 만 15세 대상의 OECD 국제학업성취도 평가 조사 결과를 보면 사교육에 투입된 시간이 핀란드는 주당 6분으로 OECD 회원국에서 가장 짧고, 한국은 3.6시간으로 가장 길다(2014년). 주당 6분은 한국의 3.6시간에 비하면 약 3%에 해당하는 수치로 사교육이 없다고 해도 좋을 정도다.

그렇다고 핀란드 교육 수준이 떨어지는 것은 아니다. OECD 국제학업성취도평가에서 핀란드와 한국 모두 최상위권에 속한다. 과학, 수학 그리고 읽기를 평가하는데 과학은 핀란드가 한국보다 계속 우위이고, 수학과 읽기는 앞서거니 뒤서거니 한다. 두 나라가 사교육 투자 시간에서는 일등과 꼴찌지만, 학업 성취도는 비슷한 수준이다. 핀란드에 사교육이 전혀 없는 것은 아니지만 체육이나 피아노, 발레 같은 취미형 예체능이고, 교과 과목은 철저히 공교육 중심이다.

핀란드에도 사교육 바람이 분 적이 없었던 것은 아니다. 인문계 고등학교 졸업 후 대학 진학 시험을 준비하는데 시험까지 대략 2~3주의 시간이 있다. 이때 일부 학생들이 사교육 학원에 다닐 수 있다. 대학 서열은 없지만 의과대학 같은 인기 학과는 있기 마련이다. 인기 학과를 지원하는 고3 학생들이 이 짧은 기간에 사설 학원에서 시험 준비를 할 수 있다. 그런데 2000년대 초반에 인기 학과 진학을 위한 사설 학원 과열 현상이 보이자 핀란드 교육계는 바로 반응했다. 헬싱키대학은 사설 학원에서 가르치는 과목과 교재들을 입시 전형에서 제외시켜버렸다. 경제적 배경에 의해 입학이 결정되는 불평등 현상을 교육 발전의 저해 요소로 간주하고, 이를 배제하는 결정을 단박에 내리자 과열 현상은 수그러들었다.

핀란드는 교육과 산업을 다른 분야로 명확하게 구별하고 있다. 물론 교육도 여러 산업 중 하나가 될 수 있다. 사교육은 한국에서 하나의 산업으로 자리잡아 학원과 인터넷 강좌 포털이 많은 부를 축적하고 있고, 사학 재단은 교육 경쟁력 강화라는 명목 아래 대기업의 재단 참여와 기업형 운영 방식까지 도입하고 있다.

그러나 핀란드는 교육을 산업으로 보지 않는다. 핀란드에서 교육은 공평한 기회를 통한 능력 향상으로 국가 경쟁력을 높이는 핵심 동력이다. 동시에 한참 성장기에 있는 학생들을 위해 복지를 우선시한다. 학생의 건강과 안전, 행복하게 공부할 수 있는 권리를 추구하는 것이다. 교육의 근본 정신은 누구에게나 고품질의 교육을 받을 기회와 복지를 공평하게 제공하는 것이다. 또한 협동과 소통 능력을 키우면서 민주주의를 배우는 현장이라는 원칙을 지키고 있다. 따라서 교육에는 상업적인 개입을 최대한 배제시킨다.

그래서 핀란드에서는 교육 사업을 하기 어렵다. 사립학교 설립은 거의 불가능에 가깝다. 사립학교를 열려면 정부와 교육문화부로부터 승인을 받아야 하는데 절차 및 심사가 워낙 까다롭기 때문이다. 현재 사립학교는 약 1.7%에 불과하다.[1] 핀란드 교육은 국가가 책임진다는 원칙을 갖고 있다. 가정이나 개인 부담을 최대한 줄이면서 모든 비용을 정부가 책임지는 무상 교육이다. 국가가 투자해 국가 경쟁력을 키운다는 원칙이 있어서다.

가방 없는 등교

티모 교수의 딸, 사라가 초등학교 다닐 때니 벌써 20여 년 전의 일이다. 필자가 핀란드에 혼자 출장을 가면 티모는 호텔에 머물지 말라며 자기 집에 묵게 했다. 사라는 내 딸과 동갑이라 더욱 관심이 갔다. 아침 식사를 한 후, 사라는 나에게 다가와 빠이빠이 손 인사를 하고 집을 나섰다. 당시에 2학년이어서 학교에 가나 보다 여겼는데 손에 책가방이 없었다. 학교 소풍을 가나 싶어 티모 부부에게 물었더니 오히려 나를 이상하다는 듯 쳐다보곤 단지 학교에 갈 뿐이라고 했다. 빈손으로 학교에 가는 게 이상해서 책이랑 연필 같은 것은 안 가지고 가냐고 다시 물었다. 돌아오는 대답은 간단했다. 학교에 다 있는데 왜 무겁게 들고 다니냐는 것이다.

당시 내 딸은 자기 키 절반 크기의 가방을 메고 다녔다. 초등학교 입학 첫날엔 가방이 거의 비어 있었지만 학년이 올라갈수록 무거워졌다. 아이가 메고 다니기에 너무 묵직해 안쓰러울 때가 많았다. 그런데 핀란드 아이들은 빈손이다. 책, 공책, 심지어 연필 한 자루까지 학교에서 준비해 놓고 있다. 물론 전부 무료다. 아이들은 집에 돌아올 때도 빈손이니 집 근처 놀이터에 옹기종기 모여 노는 모습이 자주 보였다.

핀란드는 무상 교육에 무상 급식이다. 우리에겐 논란이 많은 무상 급식도 핀란드에서는 무상 교육의 일부분일 뿐이다. 유치원부터 초 · 중 · 고, 전문기술대, 대학과 석 · 박사까지 모두 무료다. 등록금은 당연히 무료이고 배우는데 필요한 모든 것이 무상으로 제공된다. 약간의 예외라면 고등학교부터 교과서는 본인이, 대학부터 급식은 본인 부담이다. 이를 제외하고는 모두 무상이다. 거기다 유치원생부터 대학생까지 아동지원금 또는 학생지원금이란 이름으로 정부로부터 용돈도 받는다.

아동지원금은 탄생부터 만 17세까지 매달 100유로씩, 자녀 수가 늘면 172유로까지 받는다. 고등학생이 되는 17세부터 대학 졸업까지는 학생보조금을 받는데, 부모와의 동거 여부, 수입이나 본인의 결혼 여부에 따라 조금씩 달라 매월 40유로에서 최대 340유로까지 받는다. 고등학교를 졸업하면 거의 다 독립한다. 이때도 정부로부터 매월 330유로까지 주택지원금(housing allowance)을 추가로 받을 수 있다.

무상 교육은 핀란드 헌법에 명시되어 있다. 헌법 제16조에 모든 국민은 무상 교육을 받을 권리가 있음을 규정해 두었다. 개개인의 능력과 필요에 따라 동등하게 교육을 받고 자기 계발을 할 기회를 보장받는다. 기초교육법 31조에는 필요한 교과서와 모든 학습 물품, 학교 시설, 기자재는 학생에게 무상으로 제공된다고 명시하고 있다.

학교에서 모든 학생이 일률적으로 같은 학용품을 쓰는 것이 사회주의적 발상은 아니냐고 물을 수 있다. 그런데 생각을 조금 바꿔보자. 학생들에게 중요한 것은 공부다. 그런데 옆 친구가 나보다 더 좋은 가방과 고급 연필을 갖고 있다면 자연 신경이 쓰인다. 그런데 학교에서 나눠주는 학용품으로 같이 공부하면 이런 데 신경 쓰지 않아도 된다. 학용품에 신경 쓸 시간에 공부에 더 몰두할 수 있다. 어느 쪽이 학습에 더 효율적이고 생산적인가는 분명하다. 자본주의의 목표에 맞게 더 높은 교육 생산성을 낼 수 있는 것이다.

부모 입장도 마찬가지다. 내 아이에게 더 좋은 학용품과 옷을 사주고 싶은 게 부모 마음이다. 그런데 학용품도 브랜드에 따라 가격이 다르고 어떤 것은 상상을 초월할 정도로 비싸 서민이 쫓아가려면 등골이 휜다는 말까지 나올 정도다. 그런데 핀란드처럼 같은 품질의 물품을 똑같이 제공한다면 부모 입장에선 비용도 아끼고 고민도 줄어든다.

또한 핀란드 정부는 아동지원금과 학생지원금을 일종의 '품위 유지비' 명목으로 별도로 지급한다. 옷값 등에 충당하라는 것이다. 공부 외적인 것에 신경 쓰는 것을 최소화하고 있다. 옷이나 치장 같은 외적인 요인보다 부모와 함께 공부에 더 집중하는 것이 더 중요하고 생산적이라고 생각한다.

우리는 무상 교육도 아닌, 무상 급식을 하면서 '보편적', '선별적'이란 모호한 프레임을 만들어 놓고 논란을 확대하고 있다. 복지는 보편적이어야 하고 그것이 당연하다. 가난한 자들을 선별해서 복지 혜택을 줘야 한다는 논리는 서열 사회를 근간으로 한 것이다. 현대 복지는 보편 또는 선별이라는 논란에서 벗어난 지 오래다. 가난한 계층만 복지 혜택을 주는 선별적 복지는 200여 년 전 19세기 영국에서 시작된 초기 복지 정책이었고 이미 실패로 끝났다. 핀란드에서는 선별 복지라는 단어 자체가 없다. 핀란드 헌법 제6조는 차별 금지와 아동 개인으로서의 권리를 확보하고 있다.

한국, 무상 교육을 안 하는 것이 더 이상하다

OECD에서 발표한 교육지표를 살펴보자. 핀란드와 한국의 국내총생산 대비 공교육비 지출은 유치원에서 대학까지 사교육을 제외한 총비용을 보여주고 있는데, 민간 부담이 높을수록 입학금, 수업료, 육성회비 등 개인이 부담하는 비용이 높다는 뜻이다. 핀란드와 한국 모두 공교육비 지출이 OECD 34개 국가 평균인 5.25%를 넘어섰다. 수치도 핀란드가 5.73%, 한국이 5.87%로 비슷하다. 그런데 민간 부담에서는 큰 차이가 난다. 핀란드는 민간 부담이 0.09%로 미미하다. 그런데 한국은 1.88%다. 핀란드보다 20.9배, OECD 평균보다 2.6배나 높다.

핀란드와 한국의 국내총생산(GDP) 대비 공교육비 지출

항목	정부 부담(%)	민간 부담(%)	GDP 대비 (%)
핀란드	5.64 (98.4%)	0.09 (1.6%)	5.73
한국	4.0 (68.1%)	1.88 (31.9%)	5.87
OECD 평균	4.54 (86.6%)	0.72 (13.4%)	5.25

출처: Education at a glance 2016, OECD indicator, Table B2.1. OECD.

이 표가 시사하는 것은 간단하면서도 중요하다. 핀란드와 우리나라 정부가 지출하는 교육비 비율은 비슷하다는 사실이다. 무상 교육을 실시하는 핀란드가 대한민국보다 훨씬 많은 돈을 교육비로 지출

할 것 같은데 현실은 그렇지 않다. 한국이 오히려 0.14% 더 높다. 이유는 한국은 핀란드에 비해 민간 부담이 크기 때문이다. 정부 부담이 핀란드보다 1.64% 적은데 비해 민간 부담이 1.88% 더 많다. 다시 말해 한국은 국민총생산 대비 핀란드와 비슷한 수준으로 교육비를 지출하면서도 민간 즉, 개인에게 더 많은 부담을 지게 한다는 뜻이다. 세금은 세금대로 내면서 국가가 해야 할 교육 공공 지출을 위해 이중으로 돈을 더 쓰고 있다는 것이다. 물론 사교육비는 별도다.

앞서 통계에서 다시 의문이 생긴다. 국민총생산 대비 비슷하게 지출을 하는데 아니, 오히려 한국이 더 많이 지출하는데 왜 무상 교육은 실시하지 않는 것일까라는 의문이다. 다시 말해 우리나라 정부는 핀란드보다 교육비를 더 많이 지출하는데 무상 교육을 하지 않고 일부를 민간에게 부담시키고 있는 것이다.

국민총생산 대비 교육비 지출 비율을 보면 한국은 언제든지 무상 교육을 할 수 있다. 거기에 매년 18조 원이라는 천문학적 금액의 사교육 비용도 있다. 국가 전체로 볼 때 돈이 없는 것이 아니다. 국가 경쟁력에 전혀 도움이 되지 않는 사교육에 낭비되는 돈과 핀란드와 비슷한 비율의 공교육 지출을 합치면 무상 교육은 충분히 할 수 있다. 무상 교육을 하지 않는 것이 더 이상하다.

무상 교육과 학력별 임금 격차

무상 교육이 가져올 국가적 이익은 너무 많다. 사교육으로 인한 과다 지출을 막고, 대학 서열과 서열 사회를 없앨 수 있다. 학생들 모두 공평하게 같은 출발선에서 시작하게 함으로써 능력 있는 인재들을 가려낼 수 있고, 또한 세금 따로 사교육비 따로라는 이중 과세도 막을 수 있다. 추가로 임금 격차로 인한 불평등도 줄일 수 있다. 물론 비용이 들어간 만큼 또는 그 이상으로 회수하고 싶은 것은 인지상정이다. 비싼 사교육을 받고 비싼 등록금을 내면 그만큼 더 많은 봉급을 받고 싶은 것이 당연하다. 하지만 처음부터 무상 교육을 실시한다면 이야기는 달라진다.

OECD 자료를 기초로 한 두 나라 간의 학력별 임금 격차를 보면 핀란드의 경우 고졸과 전문대, 대학 졸업자의 임금 격차는 4~7%에 불과하다. 반면에 한국은 대졸이 고졸보다 50% 가까이 임금을 더 받고 석·박사를 받은 그룹은 2배에 가깝다. 한국은 더 많은 월급을 받기 위해 대학에 다녀야 한다. 석·박사 학위까지 따면 더 높은 소득이 보장된다.

여기서 다시 의문이 든다. 연봉이 높은 만큼 생산성도 높을까? 이는 국가 경쟁력과도 연관되는 질문이다. 임금 수준만 본다면 즉, 임금이 곧 능력이고 생산성이라고 한다면, 한국 대졸자가 핀란드 대졸자보다 훨씬 뛰어나야 한다. 석·박사도 마찬가지다. 과연 그럴까?

핀란드와 한국의 학력별 임금 격차

	중졸 이하	고졸	전문대	대학	석 · 박사	조사 연도
핀란드	88	100	104	107	144	2013
한국	74	100	112	145	196	2014

출처: Education at a glance 2016, OECD indicators(2016).

두 나라의 대졸자 또는 석 · 박사의 노동 품질과 생산성을 비교할 수 있는 데이터는 찾기 어렵지만 국가 전체로 볼 때 대한민국이 핀란드보다 경쟁력이 높다고 할 수는 없다. 그럼에도 불구하고 한국이 월등하게 임금 격차가 많이 나는 것은 일정 정도 거품 또는 허수가 끼어 있다는 얘기다. 허수 또는 거품이 생긴 이유는 여럿 있겠지만, 개인에게 투자된 교육비와 상관이 있다고 본다. 대한민국의 높은 임금 격차는 고질적이고 기형적인 교육 시스템과 관계가 있다. 사교육에 들어가는 비용이 고학력자 임금으로 보전되어야 하는 시스템이기 때문이다. 반면에 핀란드 교육은 무상이기 때문에 임금 격차 유발 원인이 적고 학력 차이에 따른 거품 또는 허수도 배제할 수 있다.

지나가는 에피소드로, 친구 티모와 이런 농담을 주고받은 일이 있다.

"가장 똑똑한 아이는 고등학교까지 다니고 자기 일을 찾지. 고등학교까지면 학교라는 곳에서 배울 것을 다 배우거든. 그다음으로 똑똑한 아이는 대학에 들어가 공부를 더 해야 돼. 몇 년 더 배워야 사회에 나가 사람 구실을 할 수 있기 때문이지. 4년을 해도 공부가 모자란 학생은 대학에 남아 석·박사를 또 해야 돼. 그리고 가장 멍청해서 평생 공부로 때워야 하는 이들만 학교에 남아 교수를 해, 나같이. 하하."

물론 농담이다. 평생 학문에 정진하는 석 · 박사, 교수 그리고 고학력자를 비하할 뜻은 없다. 이 말을 주고받은 티모 역시 저명한 교수다.

그런데 세상은 참 빠르게 변하고 있다. 창의력과 직관이 암기 능력보다 더 크게 요구되는 새로운 시대가 열렸다. 창의력이 뛰어난 젊은 이들이 슈퍼셀, 우버 같은 스타트업을 만들고 있다. 하버드, 스탠퍼드 등 세계 유명 대학들도 인터넷 무상 강의를 계속 열어 대학생이나 석 · 박사가 아니더라도 창의력이 뛰어난 젊은이들이 더 빠르게, 더 높은 가치를 생산할 수 있도록 새로운 지식과 정보들을 제공하고 있다. 교육 시스템 역시 이런 변화를 따라가지 않으면 안 된다.

핀란드는 이런 변화에 민감하게 반응하며 발 빠르게 필요한 혁신을 거듭하고 있다. 우선 능력 있는 사람은 고졸이라도 성공할 수 있는 길을 열어두었다. 고도로 발달된 창업 인프라다. 창의력이 뛰어난 젊은이가 성공할 수 있도록 국가 차원의 창업 인프라와 창업 생태계가 완벽하리만큼 준비되어 있다. 고등학교 졸업 후 직업을 가졌어도 다시 대학에 들어가 학문과 기술을 심화시킬 수 있는 기회는 언제든지 열려 있다. 그에 대한 경제적 부담도 적다. 모두 국가가 대학 석 · 박사까지 무상 지원하기 때문이다.

'노키아'에서 '슈퍼셀'로

더 큰 문제는 미래다. 시대는 이미 많이 변했다. 과거 산업화 초기에는 극소수 엘리트의 강력한 지도력에 의해 국가 경쟁력이 좌우되었다. 교육도 최상위층 위주로 편중되어 대물림되었다. 그러나 인터넷과 정보통신 시대가 열리면서 밑바닥부터 통째로 변해버렸다. 인터넷 세상이 무한한 정보를 공짜로 제공하면서 지식 독점이 사라졌다. 암기형 천재보다 검색 능력과 응용력이 뛰어난 인재가 두각을 보인다. 더구나 다변화되고 불확실성이 증가하는 세상은 빠른 임기응변과 창의력을 요구한다. 산업 간의 경계도 무너져 융합형 인재가 전 분야에서 두각을 나타내고 있다. 리더십 개념도 달라졌다. 극소수 천재형 리더십보다 조직과 집단의 잠재력을 끌어올리는, 통합과 소통 능력을 중요시하는 리더십으로 바뀌고 있다.

가까운 미래에 곧 닥칠 고령화를 생각하면 더 심각하다. 특히 한국은 2026년이면 세계에서 가장 빨리 65세 인구 비중이 20%가 되는 초고령화 사회에 도달할 것이다. 2050년이면 34.9%에 이를 전망이다. 일본에 이어 세계 두 번째이고 전 세계 평균인 15.6%보다 두 배 높다. 인구 대비 노인의 숫자가 많아질수록 젊은 층의 부담은 더 커진다. 그만큼 계층 간 갈등도 커질 것이다. 해결할 수 있는 방법은 별로 없다. 출산율을 올려야 하지만 일찍이 저출산 시대를 맞이한 선진국 사례를 보면 한계가 있다. 한번 떨어진 출산율을 대폭 되돌린 나라는 없다.

결국 해답은 생산성 증대로 귀결된다. 국가 전체로 볼 때 개개인이 지금보다 더 월등한 생산성을 가져야 살아남을 수 있다. 소수 엘리트에 의해 움직이는 서열 사회로는 견딜 수 없는 구조가 되고 있다. 개개인 모두 높은 생산성을 가진 엘리트가 되는, 단 한 사람의 낙오자도 없이 높은 수준의 창의력과 생산성을 지닌 엘리트 사회가 되어야 살아남을 수 있다. 그것은 모두를 엘리트로 키우는 서열 없는 교육에서 시작된다.

현재 한국 사회에서 모범적인 인생이란 어떤 모습일까? 좋은 대학을 나와서 안정된 대기업에 취직하고 결혼해 가정을 이루고 정년에 은퇴해 편안한 노후를 즐기는 것이다. 그런데 현실은 어떨까? 안정된 대기업에 취업하기도 어렵지만 그렇다 해도 정년이 60세다. 60세 정년까지 회사에 남아 있다면 그나마 다행이다. 유감스럽게도 회사를 그만두는 시간은 예상외로 빨리 온다. 현재 대한민국 평균 기업 근속 연수는 12년에 불과하다. 남자의 경우 대학 졸업 후 병역 의무를 다하고 28세에 입사를 한다고 가정해도 평균 40세면 그만 둔다. 그렇다면 평균 수명 90세를 생각할 때 남은 50년은 어떻게 살아야 할까? 국가가 노후를 백 퍼센트 보장해준다면 다행이다. 그러나 현재의 대한민국에는 기대하기 어렵다. 노인 자살률 세계 1위가 대한민국의 현실이다. 심지어 핀란드 같은 복지 선진국도 수명 연장에 따른 노후 복지 재정 압박에 대한 고민이 깊다.

일자리는 어떨까? 청년 실업 완화와 일자리 창출을 위해 노력하고 있으니 앞으로는 좀 나아질까? 이것 역시 비관적이다. 생산성을 극대화해야 살아남는 자본 논리는 변할 수 없다. 자동화 등 급속한 과학 발전으로 더 많은 일자리가 없어질 것이다. 인공지능(AI) 기술이 현실에 적용된다면 30년 안에 현 직업의 절반 이상이 사라질 것이라는 미래학자의 경고도 있다. 그렇다면 어디에서 대응책을 찾을 수 있을까? 나는 핀란드에서 해답을 찾을 수 있다고 본다.

2014년 3월, 노키아 휴대폰 사업부가 마이크로소프트에 최종 인수되면서 노키아 신화가 무너졌다. 2007년 세계 휴대폰 시장에서 40% 이상의 점유율로, 국내총생산 25%와 전체 상장사 시가 총액의 60%를 차지하던 거대 기업 노키아였다. 노키아의 몰락은 2008년부터 시작되었다. 스마트폰의 상징인 아이폰의 등장으로 노키아의 몰락이 시작되었으나 더 큰 원인은 내부에 있었다. 근본 원인은 관료주의와 자만이라는 내부 문제였다. 스마트폰 기술을 갖고 있었지만 대기업 고유의 관료주의와 자만에서 벗어나지 못해 기회를 놓쳤다. 노키아 몰락 후 핀란드를 바라보는 시각은 부정적이었다. 모두 핀란드에 심각한 경제 위기가 올 것으로 예상했다.

그런데 노키아 몰락을 공식 발표한 지 2년이 지난 2016년 6월에 세계를 깜짝 놀라게 한 뉴스가 발표되었다. 중국 기업 텐센트(Tencent)가 핀란드 게임 회사 슈퍼셀을 86억 달러, 10조 원 가까운 거액을 투자해 84%의 지분을 취득했다는 뉴스였다. 2017년 초, 슈퍼셀은 2조 5,000억 원의 매출과 1조 2,000억 원의 영업 이익을 냈다고 2016년 실적을 발표했다. 213명 직원이 1인당 110억 원이란 경이로운 실적을 낸 것이다.

슈퍼셀은 어떤 회사일까? 노키아는 150년 역사를 가진 전통 기업이었던데 반해 슈퍼셀은 2010년에 헬싱키 인근 알토대학에서 창업한 스타트업이었다. 그런데 불과 6년만에 세계를 깜짝 놀라게 한 것이다. 15여 년 전만 해도 전 세계 투자자, 정부 관료들은 성공 스토리를 듣고자 노키아로 몰려갔지만 이제는 슈퍼셀을 보기 위해 다시 핀란드행 비행기에 오르고 있다.

슈퍼셀의 대표 게임인 '클래시 오브 클랜'

슈퍼셀은 스타트업 사우나(Startup Sauna)의 엑셀러레이터(Accelerator) 프로그램에서 지원받은 시드머니(seed money)를 발판으로 '헤이데이'와 '클래시 오브 클랜' 같은 게임을 개발, 성공 스토리를 썼다.

노키아가 망했지만 핀란드는 무너지지 않았다. 오히려 잠재 성장력은 더 높아졌다. 노키아 출신 기술자들이 '관료주의 감옥' 노키아에서 풀려 나오면서 핀란드 특유의 교육 시스템으로 무장된 창의력 뛰어난 젊은이들과 결합, 새로운 시대를 열고 있다. 노키아 같은 대기업에 몰렸던 인재들이 이제 창의적 아이디어로 슈퍼셀 같은 수많은 기업들을 만들어내고 있다. 핀란드는 오히려 더 역동적인 모습으로 바뀌고 있다. 그 성공 비결은 무엇일까? 그것은 바로 핀란드의 새로운 힘, 창업이다.

첫 번째 경쟁력:
창업 그리고 실패의 날

헬싱키 근교에 있는 알토대학은 2010년 1월, 헬싱키공과대학(Helsinki University of Technology), 헬싱키경제대학(Helsinki School of Economics) 그리고 헬싱키예술디자인대학(University of Art and Design Helsinki)이 통합해 설립되었다. 세계적인 경쟁력을 갖고 있는 디자인과 기술 분야에 경제를 합쳐 융합형 대학을 만들었다. 현대 건축가이자 세계적인 디자이너인 알바 알토의 이름을 따 알토대학이라 명명했다.

알토대학은 현재 한 교실에 여러 교수가 들어와 강의하는 다학제 융합형 교육과 학생 창업으로 유명하다. 우리나라를 비롯한 많은 나라 대학들이 벤치마킹하고 있는데 이유는 슈퍼셀 같은 슈퍼스타 기업을 탄생시킨 비결이 여기에 숨겨져 있기 때문이다.

알토대학에는 대학 이름보다 더 유명한 모임과 행사가 둘 있다. 학생들이 주도하는 슬러시(SLUSH)와 알토이에스(Alto Entrepreneurship Society, Aaltos)이다. 슬러시란 살얼음이란 뜻이다. 핀란드의 11월은 살얼음이 얼면서 혹독한 추위가 시작되는 시기이다. 추운 겨울이 코앞에 있어도, 어떤 악조건에서도 젊음과 창업이라는 뜨거운 열기로 이겨낼 수 있다는 패기 넘치는 의미를 담고 있는 말이다.

먼저 슬러시를 살펴보자. 슬러시는 유럽 최대 창업 콘퍼런스 행사다. 11월 마지막 날인 30일부터 단 이틀간 열리는 행사인데도 전 세계 사람들이 몰려든다. 2017년 헬싱키 행사(11.30~12.1) 기간에는 130개국에서 2,600개 스타트업, 1,500개 투자사, 600여 미디어 기자 등 약 2만 명이 참가했다. 이틀 동안 스타트업과 투자자들 사이에 1만 개의 파트너링과 투자 미팅이 성사되었다. 핀란드에서 시작된 슬러시는 일본의 도쿄, 중국의 상해 그리고 싱가포르에서도 열리면서 전 세계로 퍼져나가고 있다.

슬러시 행사는 규격화되어 있지 않다. 본 행사 이외에도 누구나 플랫폼을 만들어 네트워킹할 수 있다. 참가자는 몇 만 원 정도의 참가비만 내면 자유롭게 참여할 수 있다. 단 투자자들에게는 100만 원 정도의 참가비를 받는다. 미국 실리콘밸리를 비롯해 유명 투자자들이 비싼 비용에도 불구하고 추운 핀란드까지 와서 모이는 이유는 유럽 유일의 스타트업 행사이고 첨단 기술들을 한꺼번에 만나볼 수 있는 기회이기 때문이다.

주목할 점은 슬러시는 핀란드 정부나 대학 당국이 주도하는 행사가 아니라는 사실이다. 슬러시는 알토대학의 몇몇 학생들의 모임에서 시작되었다. 2009년에 소수의 학생이 모여 만든 창업 동아리 알토이에스가 그 시작이었다. 더 흥미로운 점은 학생 모임인 알토이에스가 알토대학 정식 출범 일자인 2010년 1월 1일보다 먼저 만들어졌다는 사실이다. 각자 다른 대학에 속한 학생들이 3개 대학이 합쳐진다는 소식을 듣고 모여 창업 동아리를 만든 것이다.

여느 동아리처럼 학생 몇몇이 창업이라는 이름을 걸고 시작했지만 사실 현실은 막막했다. 기업 정신(Entrepreneurship)을 내걸었지만 기업에 대해 아는 것도 없었고 창업 역시 만만치 않음을 실감했다. 보통 학생들이라면 동아리 모임으로 끝났을 것이다. 그런데 이들은 달랐다. 그들은 통합 과정에 있던 대학에 필요한 것들을 요구했고, 통합으로 정신없었을 대학도 바로 호응했다. 그 결과 대학으로부터 약간의 지원금과 공간을 받아냈다.

공간은 1,500㎡로 제법 넓었다. 이곳이 바로 그 유명한 알토대학의 '벤처 개러지(Venture Garage)'이다. 벤처 개러지는 창업에 관심 있는 누구에게나 개방되어 있는 협업 공간이다. 창업에 도움되는 각종 장비들이 마련되어 있어 아무나 와서 사용할 수 있고, 다양한 실험도 할 수 있다. 또한 전문가의 조언을 받으며 창업 가이드를 받을 수도 있다. 작은 주방에는 다과와 음식도 마련되어 있고, 세미나실은 창업 전문가와 함께하는 미팅이 끊이지 않는다. 학생들은 이곳을 기지로 삼아 창업 활동을 시작했고, 지금도 많은 이벤트와 정기 프로그램들이 진행되고 있다. 슬러시 이외에도 우리나라가 벤치마킹하고 있는

창업에 필요한 모든 장비들이 있는 알토대학의 '벤처 개러지'

스타트업 사우나, 실패의 날(Day of Failure), 스타트업 라이프(Startup Life) 등도 여기서 탄생했다.

스타트업 사우나는 초기 단계의 벤처기업과 스타트업을 지원하기 위한 일종의 엑셀러레이터 프로그램이다. 최근까지 4,500개 스터트업이 지원했고, 208개 업체가 선발되었다. 여기를 거쳐간 스타트업 기업들이 1억 1,000만 유로(약 1,300억 원)에 달하는 기부금을 내 자력으로 운영된다. 슈퍼셀도 스타트업 사우나를 거쳐간 동문 기업 중 하나로 기부를 계속하고 있다.

알토이에스가 창업을 주제로 진행하는 이벤트는 매년 131개나 된다. 그 가운데 '실패의 날'을 빠뜨릴 수 없다. 이 날은 알토이에스가 2011년 10월 13일을 '실패의 날'로 선포하면서 시작되었다. 이후 전 세계로 퍼져나가 20개국 이상이 10월 13일을 '실패의 날'로 정해 행사를 열고 있다. 실패는 성공의 어머니라고 하지만 한국 현실에서 그만큼 공허한 말도 없다. 대학 입시에 떨어져 재수, 삼수를 하면 일단 부모에게는 불효자가 되고 사회에 나가서도 계속 꼬리표가 따라다닌다. 사업 실패는 더욱 힘들다. 한국 사회에서 실패하면 파산, 신용불량 같은 빠져나오기 힘든 구렁텅이가 기다리고 있다. 처음 도전하는 창업에서는 경영 마인드 부족이나 예기치 못한 변수에 대처하지 못해 실패하는 사례가 많다.

실패 가능성이 보이면 빨리 인정하고 새롭게 시작할수록 유리하다. 실패할 줄 알면서 계속 시간과 자원을 낭비하면 이중, 삼중으로 비용이 발생하고 파장이 오래간다. 실패를 선포하고 중단한다면 오히려 박수를 치며 격려할 일이다. 세계적 회사가 된 슈퍼셀은 연구원이 프로젝트 실패를 알리면 질책이 아니라 오히려 실패를 축하하는 파티를 열어준다. 슈퍼셀뿐만이 아니다. 핀란드에서는 "We failed, Let us celebrate(실패했네, 축하하자)."라는 슬로건을 자주 쓴다. 자주 실패할수록 성공할 확률은 높아지며, 실패 경험을 사회가 공유하면 실패는 사회적 자산으로 축적된다.

알토이에스에서 시작한 '실패의 날' 행사는 실패를 좌절이 아닌 재도전의 연장선으로 보며 사회적 자산으로 적극 활용하는 이벤트이다. 창업이 성공보다는 실패할 확률이 더 높다는 것은 누구나 안다. 그런데 실패하면 낙오자가 될 것이라는 두려움은 실패 확률을 더 높일 수 있다는 판단 아래, 실패는 재도전과 더 큰 성공의 과정임을 창업을 꿈꾸는 학생들에게 알려주고 있는 것이다. 실패 경험이 있는 유명 기업가들을 초청해 실패는 두려움을 이겨내고 재도전하는 과정임을 공유하고 있는 것이다.

알토이에스의 또 다른 프로그램인 스타트업 라이프는 학생들을 실리콘밸리 같은 해외 유망 기업에 인턴으로 보내주는 프로그램이다. 비자 발급부터 여행 비용까지 모든 과정이 무료다. 이들 프로그램은 동문 기업들의 기금으로 운영된다. 단, 슬러시 행사는 유명 국제 행사가 되었기 때문에 핀란드 벤처 관련 정부 기관인 팀핀란드(Team Finland)에서 일부 지원한다.

이처럼 핀란드에서 창업과 관련된 프로그램은 학생들이 주도한다. 슬러시 같은 대형 국제 행사도 기획부터 실행까지 학생들 주도로 이루어진다. 물론 전문가의 도움은 받는다. 하지만 20대 초중반 젊은 학생들이 주축이고 대부분이 자원봉사이다. 그런 이유로 이벤트와 행사는 젊은 취향에 맞게 직관적이고 창의적이다. 그들 눈높이에서 움직인다. 그렇다고 대학 당국이 수수방관하고 있는 것은 아니다. 대학은 창업에 가장 적합한 융합형 인재 육성에 초점을 맞춰 필요한 교육을 시키고 있다.

두 번째 경쟁력:
융합 교육

알토이에스가 있는 알토대학은 미국 MIT(매사추세츠공과대학)의 미디어랩(Media Lab)과 더불어 융합형 인재를 양성하는 대학으로 유명하다. 기술 분야의 공과대학과 경영대학 그리고 디자인대학을 합쳐 융합형 인재를 키우는 이유는 창업과 밀접한 관련이 있어서다.

융합형 인재란 T자형 인재를 말한다. 과거에는 한 분야에서 전문성을 갖춘 유형 즉, I자형 인재면 충분했다. 그런데 시대가 변하면서 한 가지 전문성만으로 부족해 두 분야에 전문성을 가진 A자형 인재가 두각을 나타냈다. A자형 인재는 주전공에 부전공을 더 하거나 취업한 후 다시 MBA 등 전문 과정을 더 이수하는 사람들을 말한다. A자형은 두 분야의 전문 지식을 단순 결합한 조합형 인재라고 할 수 있다. 그런데 지금은 더 진화된 인재를 요구한다.

T자형 인재는 하나의 전문성을 바탕으로 다른 분야를 폭넓게 확대하는 인재를 말한다. A자형이 단순한 '기계적' 결합이라면, T자형 인재는 자신의 전문성을 바탕으로 다른 분야까지 확대하고 이들을 '화학적'으로 융합하는 인재다.

알토대학은 학부 기간에는 전공별로 전문성 위주로 교육한다. 즉 T자의 기둥인 I를 강화하는 것이다. 석 · 박사 과정에서는 학부 전공을 기둥으로 삼고 그 위에 기술, 경영, 디자인의 전문성을 확장(T자 위 가로)시킨다. 동시에 융합하는 융합형(T) 인재로 육성하는 것이다. 다양한 전문성을 쌓은 학생들은 한 종류의 지식에만 의존하는 이들보다 여러 면에서 유리하다. 창업에서는 더욱 그렇다.

알토대학은 창업에 필요한 기술과 경영 그리고 디자인을 함께 가

융합형 인재 발전 순서

I자형 인재

한 분야에 대해서만 정통한 인재
– 과거 산업화 시대의 인재

A자형 인재

두 가지 분야 이상의 전문지식으로 무장한 인재 (조립형 인재)
– 부전공, MBA 취득

T자형 인재

융합형 인재(General Specialist)
– 한 분야를 깊이 알면서 다른 분야까지 폭넓은 지식을 갖춘 인재

르친다. 다학제 융합 학습과 다양한 현장 중심 창업 관련 프로그램이 동반된다. 여기서 '다양하다'란 단순한 백화점식 나열이 아니다. 창업을 목표로 단계별로 필요에 맞춘 맞춤형이며 현장 중심이다. 무엇보다도 학생 중심이다. 슬러시와 알토이에스 사례에서 보았듯이 모든 것이 학생 중심으로 시작되고 진행되며 완결된다.

창업과 관련된 알토대학 프로그램을 두 가지만 소개하면 다음과 같다. 학생 · 교수 · 기업이 학제 간 공동 프로젝트를 할 수 있는 프로그램인 알토 팩토리(Aalto factory)가 있고, 창업 교육과 인큐베이션 서비스(Incubation Service) 등 창업을 지원하는 알토 스몰비즈니스센터(Aalto Small Business Center)가 있다. 알토 팩토리가 창업을 위한 아이디어와 기술을 배우고 다듬는 곳이라면, 알토 스몰비즈니스센터는 다음 단계인 인큐베이션 등을 지원한다.

알토 팩토리는 학생, 연구자 그리고 지역 사회와 기업이 함께 학제 간 공동 작업을 할 수 있는 교육 플랫폼이다. 이 교육 프로그램을 통해 창업 아이디어를 내고 다듬는다. 알토 팩토리에는 디자인, 헬스, 미디어 세 팩토리가 있다. 팩토리의 특징은 전공이 다른 교수가 맡아 융합적 아이디어를 더하는 시스템이란 사실이다. 강의도 교수가 일방적으로 하지 않는다. 어디까지나 학생 주도형이다. 다학제와 문제해결을 통해 배우는 오픈 이노베이션, 즉 열린 혁신이 기본 방침이다. 문제 해결 과정에서 창의와 연구 능력을 키우고, 창업을 위해 필요한 여러 현장 교육이 동반된다.

35년 역사를 가진 알토 스몰비즈니스센터는 창업과 소기업 지원에 많은 노하우가 있다. 이곳은 알토대학 핵심 목표인 창업을 촉진하는 단계에서 인큐베이션 역할을 맡는다. 창업 아이템이 있는 스타트업을 대상으로 3년간 기업 성장을 돕기도 한다. 공간은 물론이고 여러 네트워크를 통해 멘토링을 해주고 교육 훈련도 제공해준다.

한국에서 슈퍼셀이 나오지 못하는 5가지 이유

우리나라 대학도 창업 프로그램이 없는 것은 아니다. 창업 선도 대학, 창업보육센터 같은 전문 기관도 많이 있다. 각 지자체도 창업보육센터를 경쟁적으로 세우고 있다. 농촌에도 지역 농산물을 활용, 부가가치를 높이기 위한 창업 센터가 만들어지고 있다. 정부 부처별로 창업 관련 프로그램은 열거하기 어려울 정도로 흘러 넘친다. 매년 집행되는 예산도 적지 않다. 정부 부처와 지자체가 최근 3년간 청년 창업에 지원한 예산은 2조 원에 이른다.[2] 교육부는 매년 수천억 원이 배정되는 산학협력선도대학(Leaders in Industry-university Cooperation+, LINC+) 사업을 통해 지역 사회와 연계된 산·학 협력 기관의 창업을 돕는다. 전국 4년제 57개 대학에 지원되었는데 대학당 평균 1년 예산이 39억 원이다. 그런데 교육부의 산학협력선도대학 사업단에서 하는 창업 교육과 지원 예산은 2015년 기준 13억 원에 지나지 않는다. 학생 창업에 쓰인 금액은 산학협력선도대학 전체 예산 2,467억 원의 0.5%에 불과하다.

중소기업청 예산에도 산학협력선도대학 사업과 연계된 창업 지원 사업이 있다. 2015년 기준 652억 원에 이른다. 하지만 대부분이 일반인 예비 창업자에게 편중되어 있다. 중소기업청에는 이외에도 5개 사업이 더 있다. 2015년 10월 이전까지 창업 교육 관련 정부 지원 사업은 9개 부처에서 99개 사업이 추진되었다. 그럼에도 불구하고 우리나라에 아직 슈퍼셀 같은 창업 성공 사례는 없다. 핀란드는 있는데 한국은 왜 없을까? 소위 창업 전문가나 담당 공무원에게 묻는다면 여러 답변이 나온다. 각기 다른 대답이지만 공통된 답변은 한국은 아직 창업 생태계가 부족하다는 것이다.

창업 생태계라는 말처럼 모호한 말은 없다. 생태계는 그 안에 살고 있는 생명체를 비롯한 주변을 다 포함한다. 생태계란 넓게 보면 지구 전체를 일컬을 수 있고, 더 넓게는 생명체가 모여 사는 지구를 포함하는 우주 전체가 될 수 있다. 따라서 한국에서 창업이 어려운 이유를 창업 생태계라고 한다면 그것은 지구 또는 우주 때문이라는 대답과도 같다. 물론 의도를 모르는 바는 아니나 너무 모호하다.

나는 제일 먼저 교육을 꼽겠다. 대한민국 창업 교육은 실제 창업과는 거리가 아주 멀다. 정부에서 천문학적인 예산을 투입해 대학마다 많은 창업 프로그램을 진행하고 있지만 슈퍼셀 같은 슈퍼스타 기업이 나올 수 없는 이유는 이러하다.

첫 번째, 학생 중심이 아니다. 창업의 주체는 학생인데, 한국 대학에서는 학생이 빠진 창업 교육을 하고 있다. 한국의 창업 교육을 한 줄로 요약하면 '대학을 위한, 교수에 의한, 정부의 창업 교육'이다. 각종 창업 프로그램은 대학이 따야 하는 여러 정부 과제 예산 중의 하나로 '대학을 위한 창업'이다. '교수에 의한 창업 교육'이란 창업 경험이 있는 진짜 전문가가 없다는 뜻이다. 학생이 창업 교육을 받는다 해도 그것은 학점 때문이다. 창업 강의를 듣지만 교양 과목 수준이고 실제 창업 전문가에 의한 현장 교육은 전무하다고 해도 과언이 아니다. 학생들은 창업 강의에서 '창업하는 것'이 아닌 '창업에 대한 지식'만 배우고 있다. 창업은 분명 중요한 정부 시책이다. 그러나 예산에 따라 집행되고 거기에 맞는 목표치를 달성해야 하는 학생 없는 '정부의 창업'이다.

유감스럽게도 창업을 가르치는 교수부터 창업 경험이 없는 경우가 대부분이다. 물론 기업 경험이 있는 교수도 있지만 주로 대기업이나 정부 기관에서 일하다 학교에 교수 자리가 나서 산·학 교수 또는 겸임을 하고 있다. 하지만 그들 역시 창업 경험은 없다. 대기업 근무 경험과 창업 경험은 엄연히 다르다. 대기업이 온실이라면 창업은 정글이다. 설령 창업을 직접 하고 성공을 쌓은 인재가 있다 해도 대학 입장에서 보면 아직 교수 자격이 모자란다. 한국 사회에서 대학 교수는 여전히 오르기 어려운 자리다. 벤처를 운영한 경험으로는 어림도 없다. 창업 선도 대학이나 창업보육센터에서 일하는 담당 교수는 기업 운영이나 창업에 경험이 없고, 실무를 맡고 있는 창업 보육 매니저도 저임금의 계약직이다 보니 업무 노하우를 축적하기 어려운 실정이다.

두 번째, 대한민국 대학 교육은 창업이 아니라 취업, 특히 대기업 취업에 초점이 맞춰져 있다. 졸업반에 가까울수록 학생들에게 제공하는 프로그램들은 토익 같은 영어 시험과 각종 자격증 취득 등 대기업들이 선호하는 스펙을 위해 짜여 있다. 정부 방침도 마찬가지다. 취업률이 대학 평가의 가장 중요한 지표가 된다. 입시철이면 대학가에서 취업률 국내 1위 같은 현수막을 보는 것은 흔하지만 창업했다고 축하 현수막을 걸어놓는 대학은 없다. 창업 중심 교육이 없기에 실제 창업으로 이어지기도 어렵고, 창업한다 해도 교수와 학부모 누구도 환영하지 않는다. 창업은 취업이 어려워 어쩔 수 없이 하는 선택으로 비춰지기 때문이다.

세 번째, 정부의 창업 교육 프로그램에도 창업이 없다. 부처마다 창업이란 이름이 들어간 사업은 셀 수 없이 많지만 예산 배정과 실적 보고서 속의 창업으로 끝난다. 정책 소비자를 위한 정책이 아닌 정책 생산자를 위한 정책들이다. 부처 간에 중복되고, 해마다 다른 이름의 창업 프로그램이 예산 배정을 위해 앞다투어 생산된다. 그리고 대학에 예산을 배정하고, 실적 보고서에는 사업등록증 개수와 학내 창업 경진 대회 같은 행사 보고서 그리고 4대 보험 증명서들만 쌓일 뿐이다. 어떤 아이템으로 창업했고 사업 진행 현황과 예상되는 미래의 난관과 정부 차원에서의 해결 방법 등은 거의 없다. 2015년 10월 이전까지 9개 부처에서 99개 사업이 진행되었으나 이후 12개로 통합된 것을 보면 유사 사업이 많았다는 얘기다. 12개로 축소되었지만 그래도 여전히 너무 많다. 아직도 여러 곳에 중복 예산, 중복 보고가 있을 것이다.

네 번째, 공간이 없다. 핀란드 알토이에스의 성공 비결 중 하나를 꼽으라면 공간이다. 알토대학은 3개 대학이 통합되기도 전에 학생들의 요구에 호응하여 넓은 공간을 제공했다. 대학 행정 입장에서 보면 교수 연구실, 실험실 등 확보해야 할 공간은 언제나 모자란다. 특히 대학 간 통합이 이뤄지면 공간 확보 문제로 갈등이 생기고 해결까지 시간이 걸리는 일이다. 그런데 알토대학은 통합도 되기 전에 학생 몇몇이 창업 동아리를 만들면서 공간이 필요하다는 요구에 넓은 공간을 내주었다. 철없다 할 수 있는 학생들의 제안에 대학 당국은 과감하게 공간을 제공했고, 바로 그 공간인 벤처 개러지에서 '스타트업 사우나'가 만들어지고 '슈퍼셀'이란 성공 신화가 쓰여졌다.

한국 대학에서는 학생들에게 내줄 공간이 없다. 당장 교수 연구실과 강의실도 부족하다. 교수 연구실이 부족해 교수 두세 명이 같은 연구실을 쓰는 마당에 학생들이 창업한다고 해서 핀란드처럼 넓은 공간을 내준다는 것은 환상에 가깝다.

그런데 공간이 없으면 학생들은 소통하고 융합할 수 없다. 창업은 넓고 자유스럽고 편안한 공간을 더욱더 필요로 한다. 머리를 맞대고 모여 앉을 수 있는 자리, 뭔가 같이 만들어보고 같이 시연해보는 공간이 없다면 창업은 꿈속의 또 다른 환상일 뿐이다. 이러한 물리적 기본 바탕도 없다면 한국에서의 창업 성공 스토리는 판타지 소설이다.

마지막으로, 가장 큰 문제는 사교육이다. 어릴 적부터 사교육에 길들여지면 창업에 필요한 정신인 도전과 협력, 열정을 기르기 어렵다. 사교육은 어린 시절부터 학생들 머리에 서열을 매긴다. 서열화된 교육과 사회는 창업과는 거리가 멀다. 안정되고 고소득이 보장된 일류 직장을 남들보다 쉽게 갈 수 있는데 일부러 창업같이 도전이 요구되는 어려운 길을 선택할 이유가 없다. 대기업으로의 취직이 아니더라도 석·박사를 마치면 교수라는 일등 직업을 얻을 기회도 생긴다. 반면에 일류에 끼지 못하는 대학생들에게 창업이란 도전은 더욱더 어렵다. 서열 사회에서 아래 순위에 떨어져 있는데 새롭게 뭔가를 다시 도전하기에는 벽이 너무 높고 자신도 없다. 도전 의식으로 무장되어야 할 창업에서는 더욱 그렇다. 사교육이 만들어낸 서열 사회는 젊은이를 젊은이답게 만드는 도전 정신을 근본부터 파괴한다.

창업은 한둘의 천재에 의해 시작할 수는 있지만 그들만으로 성공하기는 어렵다. 성공하기 위해서는 독창적 기술 말고도 경영이나 관리 및 네트워킹 등 여러 핵심 역량이 화학적으로 융합하지 않으면 안 된다. 일은 사람이 하기에 사람끼리 협력할 수 없으면 이들 핵심 역량을 융합할 수 없고 그러면 백 퍼센트 실패한다. 성공하려면 단순한 기계적 업무 분담이 아니라 매 순간 마음을 열고 함께하는 협력, 즉 융합이 필수적이다. 그런데 사교육이 만들어낸 서열 사회에서 협력이란 단어는 어울리지 않는다.

슈퍼셀 같은 스타 기업이 사교육 없는 핀란드에서 태어났음을 잊지 말아야 한다. 헌법에 균등한 교육을 받을 권리가 명문화되어 있고 무상 교육과 함께 학생 복지 그리고 어릴 때부터 오픈 마인드(open mind)가 체질화되어 있는 핀란드였기에 슈퍼셀은 탄생할 수 있었다.

오픈 마인드

핀란드 지방 도시에 있는 사업장을 방문한 적이 있다. 바이오에너지를 생산하는 열병합 발전소였다. 바이오에너지에 관심이 많아 티모 교수에게 요청했고 그가 전문가를 찾아 다리를 놓아주었다. 그도 나도 첫 방문이었다.

세계 최초의 바이오에너지 열병합 발전소였지만 예상 외로 아담하면서도 깔끔했다. 젊고 키가 큰 공장장의 안내를 받아 회의실에 들어가 대화를 시작했다. 회의 시간은 40분으로 약속했었다. 공장장은 파워포인트 자료로 간단한 회사 소개와 주요 기술에 대해 설명해주었다. 설명이 끝나고 질의응답 시간이 되었다. 사실 내 전공은 바이오지만 에너지 특히 열병합에 대해서는 초보자였다. 공장장 입장에서는 거의 초등학생 수준의 질문이었으리라. 하지만 그는 짜증이나 생략 없이 자세히 설명을 해주었다. 어떤 경우에는 잠깐 기다려달라고 하더니 새로운 자료를 들고 와서 설명을 이어갔다. 친절한 설명은 계속되어 약속했던 40분을 훌쩍 넘겨 2시간 가까이 되었다.

중간에 걱정이 되어 이렇게 시간을 뺏어도 괜찮은가 묻자, 공장장은 다른 일정이 없으니 신경 쓰지 않아도 좋다고 했다. 티모 교수 역시 첫 만남이었지만 별로 개의치 않아 보였다. 물어보면 답해주는 것이 당연하다는 표정이었다.

약속된 시간이 훨씬 지나 설명을 마치고 공장을 나가는 길에 나는 일종의 심술 같은 것이 생겼다. 이미 손님으로 갖추어야 할 비즈니스

예의에서는 벗어났고 에라 모르겠다는 심정으로 공장 구경도 가능하냐고 물었다. 공장장은 기다렸다는 듯이 물론이라며 흔쾌히 답했다. 그리고 공장을 속속들이 다 보여주었다. 이번엔 사진을 찍어도 되냐고 물었다. 역시 미소를 띠며 마음껏 찍으라고 하면서, 내가 놓친 부분은 어디어디라며 촬영 안내까지 해주었다.

만일 다른 나라라면, 예를 들어 미국이라면 어떨까? 불가능하다. 특히 기술에 관해서는 정해진 프로세스가 있다. 기술 중심으로 깊이 있는 협의를 하려면 사전에 비밀유지계약(Non-Disclosure Agreement, NDA)을 맺어야 한다. 계약서에 서명은 필수이고 이것도 계약이기 때문에 반드시 지켜야 한다. 계약 당사자가 비밀을 유출할 경우 법적 책임도 물을 수 있다. 따라서 처음 만나서 인사하고 한 발 더 나아가 협의를 계속하고 싶으면 비밀유지계약을 맺고 시작한다. 악수 다음에 비밀유지계약 체결이라고 생각하면 된다. 그렇지 않으면 일정 자문료를 내야 대화가 시작된다.

그런데 핀란드는 달랐다. 비밀유지계약 없이도 속속들이 다 보여줬다. 물론 공장장 생각에 내가 이 분야를 잘 모르는 초보라 방심했을 수도 있다. 그렇지만 상대가 아무리 그 분야를 잘 몰라도 언제든지 정보가 유출될 가능성은 있다. 따라서 정중하게 거절하거나 비밀유지계약을 맺자고 말하는 것이 일반적이다.

그런데 이런 별난 경험을 그 공장에서만 했던 것이 아니다. 20년 넘게 핀란드를 다니면서 방문했던 연구소, 기업들 모두가 비슷했다. 무엇을 물어보든 과잉 친절이라고 느낄 정도로 자세히 알려줬다. 물론 그들이 갖고 있는 기술에 대한 자신감도 있었으리라. 이 정도로 공개해도 문제없을 정도로 더 깊은 지식이 숨겨져 있을 수도 있다. 그럼에도 불구하고 그들에게서 공통적으로 느낀 것은 오픈 마인드 즉, 열린 마음이었다.

열린 마음은 쉽지 않다. 요즘같이 경쟁이 치열한 세상은 더 그렇다. 뭐 하나 무심히 알려줬다가 내 아이디어가 도용당할 수도 있고 오히려 내 뒤통수를 칠 수도 있다. 험난한 세상에 실없는 사람으로 보일 수도 있다. 그런데 핀란드 사람에게 공통적으로 경험하는 인상은 열린 마음이다.

핀란드 사람들의 외모에서 풍기는 첫인상은 좀 무뚝뚝해 보일 정도로 부끄러움을 탄다는 느낌이다. 하지만 말 한마디 건네기 시작하면 편하게 다가온다. 아는 것을 알려주지 않는 사람은 없다. 거리에서 길을 물어도 남녀노소를 막론하고 눈을 맞추고 친절히 알려준다. 모든 핀란드 사람은 영어가 가능하다. 길에서 만나는 외국인의 영어가 잘 안 들리면 다시 천천히 물어보고 상대방 영어가 다 들릴 때까지 기다려준다. 회의 때도 마찬가지다. 핀란드를 왕래하면서 수백 번 회의에 참석해봤지만 한 사람이 발언권을 독점하고 회의를 맘대로 휘젓는 일은 본 적이 없다. 귀를 막고 자기 말만 하는 사람은 아예 없다. 교수 또는 상사라고 해서 다른 사람의 의견을 무시하거나 입을 막아버리는 분위기 자체가 없다.

물론 그것이 민주주의 문화가 잘 발달해서라고 해석할 수 있다. 하지만 그런 민주주의도 열린 마음이 없으면 불가능하다. 민주주의의 기본은 상대방을 이해하고 인정하는 것이다. 상대방에 대한 열린 마음에서부터 민주주의가 시작된다. 한결 같은 그들의 열린 마음은 교실 즉, 교육에서 왔다고 나는 확신한다.

함께 문제해결 능력을 키우는 교육

아이들은 같은 교실에서 같은 시간에 같은 선생님한테 같은 가르침을 받는다. 그런데도 아이들은 다 같지 않다. 같은 선생님에게 같은 가르침을 받아도 똑같이 받아들이지 않는다. 선생님 입장에서 아무리 쉽게 잘 가르쳐도 아이들은 로봇이나 기계가 아니기 때문에 받아들이는 데 편차가 있을 수밖에 없다.

이런 개인 편차를 흔히 학습 능력 차이로 여기기 쉽다. 개인 편차를 똑똑하고 둔하다는 식으로 학습 능력에 바로 투영해 동일시하는 것은 지나치게 단정적이다. 편차가 생기는 것은 차이가 아닌 다름에서 온다. 습득 방식이 조금 다를 뿐이다. 다름은 능력이 아닌, 시간 또는 깊이에 따른 다름이다. 선생님이 가르치는 같은 내용도 빨리 또는 늦게 받아들일 수 있다. 또는 아이의 관심도에 따라 한 번 더, 좀 더 깊이 생각해보거나 아니면 건너뛰듯 넘어가기도 한다. 이해도나 집중력에 높낮이가 있는 것도 학생 입장에서 더 길게 또는 깊게 생각하다 보니 선생님의 다음 이야기를 집중해서 듣지 못해 놓치는 데서 올 수 있다. 더 길게, 깊게 생각하는 학생을 능력이 떨어진다고 단정지어서는 안 된다. 오히려 길고 깊게 생각하는 그들이 발전된 새로운 지식과 기술을 창조할 가능성이 더 크다.

아이의 성장 과정은 길다. 일시적으로 개인 편차가 있다고 해서 우등, 열등으로 나눠 가슴에 상처를 주는 일은 핀란드에 없다. 우열반이나 자사고, 외고 같은 그런 개념 자체가 없다. 만일 그런 차별적 요소가 있다면 헌법 위반으로 범죄와 같이 여긴다.

학습에 대한 개인 편차는 시간이 해결해줄 수 있다. 길게 또는 깊이 생각할 수 있는 약간의 시간만 더 주면 된다. 그리고 길게 또는 깊게 생각할 동안 아이가 놓쳤던 다음 주제를 한 번 더 상기시켜주는 도우미가 필요하다. 그 도우미는 같은 선생님이 될 수도, 아니면 부모님 또는 과외 선생님이 될 수도 있다.

그렇다면 가장 좋은 도우미는 누구일까? 물론 선생님이다. 선생님은 교육 전문가이고 자기 학생을 그만큼 잘 아는 사람이 없다. 학생 눈높이에 맞춰 교육할 수 있도록 훈련되어 있고 학생 성장 상황을 가장 잘 알고 있다. 핀란드 교사는 석사까지 마쳐야 교사 자격증을 받을 수 있도록 깊이 있게 훈련을 받는다. 그럼에도 불구하고 선생님은 한계가 있다. 하루 종일 한둘의 학생과 함께 할 수는 없다. 한 교실의 학생 수가 아무리 적어도 마찬가지다.

우리는 교육 현장에서 '눈높이'라는 말을 자주 한다. 선생님이 아이를 가르칠 때 가장 먼저 취할 자세가 눈높이다. 아이들과 같은 눈높이에서 이해하고 아이 눈으로 생각과 감정, 주변 환경 등을 둘러봐야 한다. 어른들 모두 누구나 아이였던 적이 있어 쉬울 것 같지만 전문적으로 교육 훈련을 받은 선생님도 쉽지 않다. 어른은 어른일 뿐 다시 아이로 돌아가기 어렵다. 또한 그들 눈높이에서 바라보기도 힘들다. 훌륭한 선생님일수록 아이들 눈높이와 잘 맞추는 선생님일 게다. 그렇다면 그런 훌륭한 선생님을 제외하고 아이 눈높이를 가장 가깝게 맞출 수 있는 이는 누굴까? 그건 바로 그 아이의 친구다.

같은 반 친구만큼 눈높이를 맞출 수 있는 상대는 없다. 핀란드 교실은 그룹 단위 수업이 많다. 자기 책상에서 선생님을 바라보고 혼자 배우는 시간도 있지만 책상을 붙여 놓고 함께 공부하는 시간이 더 많다. 그룹 공부는 같은 눈높이에서 배운다. 옆 친구와 이야기하며 서로 묻고 대답하며 같이 배운다. 이런 과정에서 선생님의 개입은 최소화한다. 선생님의 주된 역할은 기다려주기와 관찰이다. 아이에게 협력과 소통을 강요하지는 않는다. 같은 눈높이끼리 소통하도록 기다리고 관찰하고 유도한다. 같은 그룹에서도 개인 편차가 있어 더 깊이 생각하거나 시간이 더 필요한 학생이 있으면 선생님의 개입은 최소화하고 가능한 한 옆 친구 또는 한 학년 높은 선배가 도와주도록 한다. 선생님은 꼭 필요할 때만 아이들 눈높이에서 천천히 그들의 언어로 이야기를 나눈다. 아이들은 해답을 찾는 것이 아니라 해결 능력을 배운다. 더 중요한 것은 혼자 해결하는 능력이 아닌, 함께 하는 방법을 열린 마음으로 배운다는 사실이다.

학과 시간이 모자라면, 다음 시간에 하면 된다. 그래도 모자라면 이해가 빠른 아이와 시간이 좀 더 필요한 아이를 짝지어 방과 후에 같이 모여 공부하도록 유도한다. 선천적으로 이해 능력이 부족한 극소수의 아이들을 위해서는 방과 후 교실이 따로 있다. 이런 경우 정부에서 별도의 지원으로 특별 교육을 하면서 단 한 사람의 낙오자도 생기지 않도록 하고 있다.

핀란드 아이들은 교실에서 어떻게 마음을 열고 소통하고 협력하는지 그 방법을 배운다. 열린 마음, 소통과 협력은 암기 과목이 아니다. 학부모가 찾아와서 내 아이는 왜 소통을 못하느냐고 따진다고 될 일도 아니다. 어릴 적부터 성장 과정에서 천천히 아주 천천히 아이들의 피와 살에 스며들어 행동과 의식에 온전하게 뿌리 내려야 한다.

그렇게 열린 마음으로 함께 사는 세상을 배우면 약자를 배려할 줄 알게 된다. 핀란드는 학생 모두 낙오 없이 엘리트로 만드는 교육으로 국가 경쟁력을 향상시키고 있다.

약자로 사는 삶을 가르친다

한국 교육은 엘리트 육성에 맞춰 있다. 수능 시험과 내신, 대학 순위 등은 모두 엘리트를 육성하는 시스템이다. 이러한 교육은 결과가 뻔하다. 극소수 엘리트를 제외하면 나머지는 낙오된다. 그런데 엘리트 대열에서 낙오된 학생들을 위한 교육은 없다. 쉽게 생각해보자. 학생들이 성장해서 사회에 진출, 기업에 취직하는 예를 들어보자. 엘리트 위주의 교육 시스템에서 몇 명이나 대표이사 또는 경영진이 나올까? 전교생 중에 기업주 즉, 고용주가 될 학생은 손꼽을 정도이다. 나머지는 피고용자인 노동자가 될 것이다. 그렇다면 대다수 학생이 살아가야 할 삶인 피고용인인 노동자로 살아가는 방법도 가르쳐야 함이 맞다.

핀란드 교육 과정 중에는 노조 교육이 있다. 종합학교 고등반에서 배운다. 교사 지도하에 몇몇이 그룹을 만들어 한 명은 사용자, 나머지는 월급을 받는 노동자 역할을 한다. 교사는 먼저 노조에 대해 알려준다. 이것으로 끝나는 것이 아니다. 교사는 여러 상황들을 만들어 토론하게 한다. 회사가 수익을 잘 낼 때, 또는 경영이 어려워 월급을 깎아야 할 때 등 여러 상황을 던져준다. 그리고 어떻게 대처해야 하는지 의견을 말하게 한다. 노조가 단결권을 어떻게 행사하는지 사례들을 알려준다. 파업도 가르친다. 그러나 최종 목표는 타협과 공동이익이다. 노조 교육의 핵심은 회사의 어려움을 극복하기 위해 노사 간 어떤 타협 과정을 거치고 협상을 해야 하는 지에 있다.

한국 학교에서 노조를 가르친다고 하면, 진저리부터 칠 사람이 꽤 있을 것이다. 그런데 핀란드에서는 노조로 회사를 망가뜨리는 법을 가르치지는 않는다. 갈등을 푸는 방법을 가르친다. 어떻게 대화하고 협상하며 어떻게 갈등을 풀어 회사를 함께 발전시키는가, 그 방법을 가르친다.

살다 보면 누구나 약자가 될 가능성을 가진다. 노동자의 삶뿐만이 아니다. 엘리트들도 마찬가지다. 사업에 성공해 크게 번창하다가도 한 순간의 실수로 길거리에 나앉을 수 있다. 사고로 장애인이 될 수도 있다. 핀란드는 어릴 때부터 약자를 보호하며 함께 사는 세상을 가르친다. 그것은 열린 마음이 있기에 가능하다. 열린 마음은 서로 신뢰하는 사회를 만든다. 열린 마음과 신뢰가 모여 지금의 핀란드를 만들었다. 온 세계가 부러워하는 복지 모델과 높은 국가 경쟁력, 그리고 온갖 위기 상황에도 한마음이 되어 이겨낼 수 있는 협력과 타협 정신이 만들어졌다.

핀란드 국민은 정부 정책에 신뢰를 갖고 적극 협력한다. 물론 결정되기 전까지는 심도 있게 토론한다. 누구나 동등한 입장에서 주장을 하고 상대방 의견도 경청한다. 그리고 합의안이 결정되면 믿고 따른다. 정책 입안자와 집행하는 공무원 모두 열린 마음과 신뢰를 바탕으로 책임 있는 정치와 행정을 한다. 신뢰가 부족하고 투명하지 못한 사회에 비해 훨씬 경제적이다. 그러니 경쟁력도 높아질 수밖에 없다.

열린 마음은 갈등 지수를 낮춰 투명한 사회를 만든다. 낮은 갈등 지수와 투명성은 경쟁력을 높이는 가장 큰 비결이다. 어릴 때부터 배운 열린 마음은 핀란드 곳곳에서 끊임없이 추진되는 혁신의 기본 동력이다.

전후 폐허에서 시작한 무상 교육과 무상 급식

핀란드 교육은 전 세계의 벤치마킹 대상이다. 미국 등 선진국은 물론이고 우리나라도 전문가를 파견하는 등 앞다투어 핀란드를 배우고 있다. 그렇다면 부러움의 대상이 된 핀란드 교육은 어떻게 시작되고 혁신을 거듭해 왔을까?

핀란드 교육 혁신의 동력을 요약하면 '생존과 발전'이다. 시작은 생존 즉, '살아남기 위해서'였다. 핀란드 국민 모두가 배부르고 윤택해진 이후 모범적인 교육이 만들어진 것이 아니라 가장 힘들고 어려울 때 시작되었다. 기본의무교육법은 1921년에 만들어졌다. 그리고 시작부터 무상이었다.

1921년은 1918년 좌우 이념 전쟁이 끝난 직후였다. 우리의 6 · 25 전쟁과 비슷한 동족상잔 이념 전쟁에서 가장 큰 피해자는 어린아이들이었다. 전체 사망자가 3만 4,000명이었는데 그 가운데 15%인 6,000여 명이 14세에서 20세의 청소년이었다. 어른들의 강요와 선동으로 어린 나이에 죽음을 맞아야 했다. 또한 2만 명의 고아가 남겨졌다. 부모의 통곡과 고아들의 울음소리로 가득 찬 사회에서, 핀란드는 먼저 고아와 남은 아이들을 위한 법제도부터 만들었다. 전쟁 직후 혼란을 수습하는 첫 과제가 1921년의 전쟁 고아를 위한 유아보호법과 기본의무교육법이었다. 생존의 최우선 과제가 7세부터 13세까지 무상 의무교육이었다. 1930년 중반에는 이를 적극적으로 확대해 청소년의 90% 이상이 무상으로 학교에 다닐 수 있었다.[3]

무상 급식은 1948년에 시작했다. 무상 급식도 배부른 풍족한 환경에서 시작된 것이 아니었다. 1948년은 핀란드 역사상 가장 힘든 시기 중 하나였다. 제2차 세계대전의 와중에 소련과 두 차례의 전쟁을 치렀고, 패전국이 되어 거액의 전쟁 배상금도 갚아야 했다. 전쟁 중에 많은 어린아이들이 희생되었다. 8만 명의 아이들을 이웃 나라인 스웨덴, 덴마크로 피난시켰지만, 그중 20%는 돌아오지 않았다. 부모와의 생이별로 심리적 상처도 컸고, 또한 돌아와도 먹을 것이 부족해 많은 아이들이 귀국을 포기했다. 무상 급식은 그런 참담함 속에서 탄생했다. 그때 법안을 만든 사람들의 주장은 간단했다. 우리가 한 끼만 먹는 한이 있어도 아이들은 배고프게 하지 말자, 어른들은 굶어도 아이들만은 그럴 수 없다는 것이었다. 당시 핀란드 1인당 국민소득은 3,000달러 정도였다.

고난의 1940년대를 지나 1950년대를 넘기며 급속한 경제 성장과 함께 산업화 시대를 맞이했다. 그러나 국경을 마주한 소련의 위협이 상존했고 그들에게 국민총생산의 1/3에 달하는 전쟁 배상금을 갚아 나가야 했다. 그렇지만 핀란드는 위기를 기회로 삼았다. 전쟁 배상금을 현물로 갚아가는 과정에서 산업화를 가속화시킬 수 있었다. 조선소와 같은 공장들은 쉴 틈이 없었고 사람들은 보다 윤택한 삶을 위해 농촌에서 도시로 몰려들었으며, 자녀들이 더 나은 교육을 받기를 원했다. 정부도 보다 질 높은 노동력이 필요했다. 우리나라 산업화 과정에서도 그랬듯이 핀란드도 교육열이 뜨거워지면서 취학률이 급증했다.

1956년에는 초등교육 과정(당시 grammar school, 문법 학교) 학생이 3만 4,000명에 불과했지만 5년 후에는 7배 가까운 21만 5,000명으로, 1965년에는 27만 명, 1970년에는 32만 4,000명으로 급증했다.[4] 1960년대 핀란드 교육 시스템은 급속한 산업화와 교육열에 부합하기 어려웠다. 산업화가 진행되면서 더 많은 지식과 기술이 필요했지만 학교에서 가르치는 것은 옛날 방식이었다. 시대 변화에 맞는 교육개혁의 필요성은 이미 1940년대 말부터 거론되어 왔기 때문에 1950년대에 들어서면서 부분 개편이 이뤄졌다. 본격적인 개혁은

1960년대에 이뤄졌다. 당시 핀란드는 지금의 우리처럼 초·중·고로 나눠져 있었다. 먼저 초등학교(primary school) 교육 연수를 늘렸다. 기존 6년 초등학교에서 2년 공민학교(civic school) 과정이 추가되어 8년이 되었다.

공민학교에서는 전통적인 교육 과정과 함께 산업 역군이 되기 위한 기술 훈련이 더해졌다. 대학에 가기 위해서는 중학교(lower secondary)와 고등학교(upper secondary)를 거쳐야 했다. 직업 고등학교가 있었지만 소수였고 시대적 변화를 따라가기 힘들었다. 또한 학제 개편이 늦어지면서 교육 현장에 혼란이 생겨 더 전반적이고도 혁신적인 교육개혁이 요구되었다.

본격적인 개혁이 시작되면서 중요한 혁신이 많이 일어났다. 1968년에 체결된 소득정책 협약(Income Policy Agreement)에 의한 사회적 대타협이 이뤄졌고 교육혁신법도 공표되었다. 혁신 법안이 통과되었다고 해서 바로 적용된 것은 아니었다. 교육혁신법이 교육 현장에 완전히 스며든 것은 1992년으로 자그마치 24년이나 걸렸다. 그만큼 교육 혁신은 어렵고 오랜 시간이 필요하다. 그렇다고 1992년에 완결된 것도 아니었다. 이후에도 혁신은 계속되었고 지금도 진행 중이다.

다시 1960년대로 돌아가 보자. 교육개혁의 필요성을 결의한 것은 1963년이었지만 이후에도 많은 논쟁이 뒤따랐다. 반대론자들도 많았다. 교육과 관련된 이해 당사자는 의회와 정부의 주무 부처뿐만이 아니었다. 학부모와 교사, 학교 당국과의 찬반 토의가 계속되었고 실행 방법과 시기 등에 대한 논의도 이뤄졌다. 지겹도록 오랜 협의가 계속되었지만 그들은 중단하지 않았다. 이해 집단 간의 갈등을 최소화하면서 반대론자도 개혁의 동반자로 참여시켰다. 수많은 토론과 조정을 통해 교육과정개편안과 종합학교혁신안을 하나씩 완성해 갔다. 그리고 1968년에 이르러 법안으로 완성, 공표했다. 개혁안이 완성되기까지 5년이 걸렸고, 시행이 되어 모든 학교에 적용하기까지 24년이 더 필요했다.

먼저 완성한 것은 종합학교였다. 기존의 초등교육 과정(grammar school)과 1958년부터 시행되었던 공민학교(civic school), 그리고 중등과정을 통합해 9년의 종합학교 제도를 만들었다. 의무 교육에 포함시키는 기간을 9년으로 확대해 보다 많은 어린이들이 정규 교육의 혜택을 받게 했다. 고등학교 개편도 이뤄졌다. 당시만 해도 종합학교 졸업 후 일반 고교(인문계 고등학교와 비슷함)를 나와야 대학 진학을 할 수 있었다. 직업학교 졸업생들은 현실적으로 대학 진학이 어려웠다. 1974년부터 본격 시행된 새로운 혁신안은 직업학교를 나와도 대학에 진학할 수 있도록 새로운 진학 경로인 전문대학(2년 또는 4년제)을 만들었다. 전문대학은 이후 폴리텍(Polytechnics, 3~4년제)으로 그리고 현재의 응용과학대학(University of Applied Science)으로 개편되었다.

학제 개편뿐만 아니라 교육 내용도 혁신적으로 바꾸었다.

첫째, 모든 아이들에게 공평하게 자기 능력을 개발할 수 있는 기회를 주기 위해, 9년 무상 교육과 더불어 학습에 필요한 교재와 학습 장비, 급식, 통학비 등 모든 것을 무상으로 중앙과 지방 정부가 분담하기로 했다.

둘째, '점수'가 아닌 '배움'에 초점을 맞추었다. 지식보다 지혜를 그리고 행복하게 사는 법을 가르치기로 했다. 능력별로 학생을 분류하지도 않고 등수를 매기는 시험도 없앴다. 점수가 있다 해도 등수는 없었다. 의미가 있는 점수 매김은 13년(1년 유치원 + 9년 종합학교 + 3년 고등학교) 교육 과정 통틀어 딱 한 번 있다. 대입 직전에 일종의 수능 평가뿐이다.

배움도 사회가 요구하는 획일적인 기준에 맞추지 않는다. 개인 특성에 맞게 맞춤형으로 성장을 돕는다. 개인의 행복을 위해 전반적인 인성 발달에 초점을 맞추고 각자의 행복한 삶을 위한 지식과 창의력, 협력하는 방법과 열린 마음을 배우게 한다. 평생 즐길 수 있는 취미도 하나 이상 갖도록 가르친다.

세 번째는 깊이, 자율, 다양성 그리고 사고의 유연성 교육이다. 외형적으로 보면 우리나라보다 공부 시간이 짧다. 자율학습이나 과외 학원도 없다. 그럼에도 불구하고 학습 성과는 세계 최고 수준이다. 이는 교육의 깊이에서 오는 것이다. 먼저 교사의 질적 수준이 매우 높다. 교사는 이론적 그리고 실무적으로 탄탄하게 전문 교육을 받는다. 대우도 의사, 변호사와 비슷하고 사회적으로도 존경을 받는다. 석사 학위가 있어야 하고 치열한 경쟁을 통과해야 한다.

교육에 있어서는 학교와 교사 모두 자율적이다. 감독 기관이 없고 교육 당국은 지원하는 역할만 한다. 우리나라 교육감 같은 감독 제도는 1991년에 폐지되었다. 교육에 관한 한 교사가 갖는 권한은 막강하다. 중앙 정부나 지자체에서 발표한 기본 교육 정책은 있지만 이에 대한 실무적 권한은 모두 교사의 몫이다. 교육 과정에 대한 해석부터 교재 선택, 학습 능력 평가 방법 등 모두 교사가 자율적으로 선택한다. 수업의 다양성과 유연성도 교사 재량이다. 학년 간, 과목 간의 벽이 없어 교사끼리 협력에 의한 다학제나 융합 교육이 가능하다. 그룹 학습에서도 유연성이 최대한 적용된다. 정해진 교과 과목과 학년 등급에 학생을 맞추는 것이 아니라 학생의 필요와 수준에 맞게 그룹 학습을 유도한다. 따라서 나이 한두 살 다른 학생이 같은 교실에서 배우는 모습은 새삼스럽지 않다. 사전에 정해진 학교 방침도 없다. 명문화된 지시 사항 자체가 없다. 교사는 학습 목표와 아이들의 행복 그리고 작은 민주주의 사회를 교실에서 구현하기 위해 리더십을 발휘하고 언제든 새로운 교육적 시도를 할 수 있다.

다음은 탈중앙과 분권주의이다. 핀란드는 강한 지방자치제 전통을 갖고 있다. 중앙 정부에서 지침을 내려도 지방 정부에서 협조하지 않으면 어떤 정책도 시행되기 어렵다. 교육은 더욱 그렇다. 따라서 지역 상황에 맞는 탈중앙 분권주의가 기본이며 지역 교육 당국과 시민 사회에 리더십과 권리가 폭넓게 이양되어 있다.

1968년에 만들어진 교육혁신법이 1990년대에 비로소 종결되었지만, 혁신이 중단되지는 않았다. 1990년 초반에 경기 불황과 실업률 급증으로 심각한 경제 위기가 닥치자, 핀란드는 국가 차원의 혁신 즉, 국가혁신시스템(NIS)을 도입해 교육 분야 혁신부터 시작했다. 창의적 인재를 키우기 위해 대학을 혁신형으로 개조했다. 300여 개 직업 관련 전문대와 기관들을 29개의 4년제 기술대학(Polytechnics)으로 통폐합했다. 기술대학에는 산업계에서 경험이 많은 엔지니어들이 교수 겸직을 할 수 있게 해서 산·학·연 교류를 강화시켰다. 기술대학은 다시 응용과학대학(Applied Science University)으로 이름을 바꾸었다.

혁신, 혁신 또 혁신

2000년대 중반에는 20개이던 대학이 14개 대학으로 통폐합되었다. 29개 기술대학도 24개 응용과학대학으로 다시 개편되었다. 2010년에 헬싱키 소재 3개 대학이 알토대학으로 통합된 것도 그중 하나다.

한국 대학 사회도 통합과 학생 감소 등으로 진통을 겪고 있다. 그런데 핀란드 알토대학 같은 발전적 통합은 거의 없다. 한국에서 대학 통합은 10여 년 전 지방 국공립에서 몇몇 진행된 바 있지만 극히 드문 경우고 지금은 시도조차 하지 않는다. 특히 수도권이나 사립대학은 통합을 거론하는 일 자체가 없다.

통합에 대한 반대 논리는 많다. 대학 고유의 정체성 파괴와 대학 간의 주도권 문제, 교수들의 신분 불안 등이다. 그러나 대학 구조 조정은 코앞에 닥친 현실이다. 2020년이 되면 고3 학생 숫자가 전국 대학 정원수보다 적어진다. 정원을 채우지 못하는 대학이 속출하게 된다. 통합 같은 비상 수단을 준비하지 않으면 살아남지 못하는 데도 시간만 흐르고 있다.

핀란드의 알토대학 통합 사례를 잠깐 살펴보자. 앞서 말했듯 알토대학은 헬싱키공과대학, 헬싱키경제대학 그리고 헬싱키예술디자인대학이 통합된 학교다. 2004년에 핀란드 정부는 대학 수가 너무 많다는 결론을 내렸다. 통합 논의가 시작되자, 대학 측에서 먼저 호응했다. 헬싱키예술디자인대학 총장이 2005년 신년사에서 다학제 통합을 제안, 2007년 11월에 정부안이 만들어지고 2008년 5월 통합 대학 이름을 알토대학으로 정했다. 그리고 2010년 1월에 알토대학이 출범했다.

한국에서 대학 통합을 반대하는 첫 번째 명목이 대학 고유의 정체성과 역사이다. 그렇다면 통합에 찬성한 헬싱키의 3개 대학은 어떨까? 역사도 전통도 없는 낙후된 대학이었을까? 오히려 반대였다. 헬싱키공과대학은 170여 년 전인 1849년에 설립된 전통 있는 대학이다. 핀란드의 중추 산업이었던 제지, 조선 등 기계 산업을 이끌었던 대학이었다. 헬싱키경제대학은 1904년에 설립, MBA 과정으로 유명했다. 세계 3대 트리플 크라운 인증을 받은 전 세계 55개 MBA 과정 중 하나였다. 1871년에 설립된 헬싱키예술디자인대학은 노르딕 5개국 중 가장 큰 예술대학이었다. 현대 건축 디자인의 아버지라고 불리는 알바 알토가 이 대학에서 활약했다. 세 대학 모두 오랜 역사와 학문적, 기술적 명성을 지녔다. 이들 3개 대학이 하나로 통합했고 슈퍼셀 같은 스타트업의 산실이 되었다는 사실은 우리 대학 사회에 시사하는 바가 클 것이다.

직업 교육과 산·학 협력도 시대에 맞게 변신했다. 먼저 직업 고등학교 출신 엔지니어를 고급 인력으로 키우기 위해 응용과학대학에서 석사 학위를 받을 수 있게 했다. 학사 위주의 기술대학을 석사까지 확대한 것이다. 고등학교 과정인 직업학교를 졸업한 후 바로 응용과학대학에 진학할 수 있지만, 사회에 진출한 청년도 현장 경험을 쌓으면 응용과학대학에 다시 입학해 석사를 받을 수 있다. 사회 진출 후 MBA 과정을 밟는 것과 비슷하게 이공계를 위한 석사 과정을 만든 것이다. 또한 응용과학대학에서 석사를 받으면 일반 대학 박사 과정에 진학할 수 있다. 직업 현장, 응용과학대학과 일반 대학 사이의 벽을 허물고 다양한 진학 경로를 만들어 현장에서 익힌 경험과 기술을 심화시킴으로써 고급 인력을 양성하고 또한 인적 교류에 의한 산·학 협력도 자연스럽게 이뤄지게 했다.

이처럼 핀란드의 교육 혁신은 지금 이 순간에도 계속되고 있다. 첨단 기술이 확대되고 글로벌화되는 현 시대에 교육을 둘러싼 모든 것도 계속 발전해야 한다고 강조하며 핀란드는 융합형 인재를 키우기 위한 혁신을 계속하고 있다. 학생들은 행복해야 하는데 행복 추구가 경쟁력 약화가 되지 않도록 새로운 방법도 계속 찾고 있다. 그 길은 남들이 가보지 않은 길일 수 있다. 그럼에도 핀란드는 새로운 시도를 계속한다. 그룹 학습 같은 교육 방식을 확대, 심화하면서 협력과 창의성을 발전시키는 방안 또한 계속 연구하고 있다. 핀란드 국가교육원(Finnish National Agency for Education) 웹사이트에 있는 교육 과정 개발 책임자의 말은 한 국가의 미래와 교육개혁에 대해 많은 것을 시사하고 있다.[5]

"우리는 자주 질문을 받습니다. 세계 최고로 평가받는 교육 시스템을 왜 고치는가라고요. 저는 답합니다. 세상이 빠르게 바뀌고 있기 때문이라고요. 교육 과정과 관련된 모든 것은 생각하고 또 생각해야 합니다. 사회와 일터에서 필요한 능력이 달라졌고 빠르게 바뀌고 있기 때문입니다."

FINN vs KOREAN | 서로 많이 닮은 ②

핀족이 쓰는 우랄알타이어, 한글과 닿아 있다

핀란드에서 열린 국제학회에 초청을 받아 강연을 하게 되었다. 시작하면서 인사말로 'korea Korea'에서 왔다고 하니까, 청중들이 환하게 웃으며 반겨주었다. 'korea'는 핀란드어로 '화려하고 아름다운', '장식이 많이 된(decorative)'이란 뜻을 갖고 있어 '아름다운 한국'에서 온 누구란 소개였던 것이다.

'Korea'가 우리말로도 고려(高麗) 즉, '높고 아름다운' 또는 '대단히 아름다운'이란 뜻인데 8,000km나 떨어진 핀란드 말로도 같은 의미라는 게 놀라웠다. 핀란드어도 우리말처럼 접미사가 단어 뒤에 붙는다. 우랄알타이어의 고유한 특성이다. 그래서 영어권 사람들은 핀란드어를 배우기 어려워한다. 핀란드어는 우랄어계이고 우리말은 알타이어계, 하지만 크게 보면 같은 우랄–알타이어계다.

그런데 우랄알타이어 학설을 처음 만든 사람은 누구일까? 놀랍게도 핀란드 사람인 카스트렌(M. A. CastrAn, 1813~1852)이다. 그는 헬싱키대학에서 고대어를 공부했다. 전공은 우랄어와 알타이어 연구였다. 그가 홀로 우랄알타이어 학설을 창조한 것은 아니다. 그 이전에도 여러 언어학자들에 의해 유라시아 민족들의 언어 유사성은 연구되었다. 그러나 그들은 우랄어와 알타이어를 각각 독립된 어족으로 구분했다. 우랄어는 핀란드를 비롯한 발트해 연안, 러시아 북부와 헝가리 민족들이 사용하는 언어이고, 알타이어는 몽골까지 중앙아시아에 넓게 분포된 민족들의 언어라고 규정했다.

그러나 젊은 언어학자였던 카스트렌은 우랄어와 알타이어가 상호 연관성이 있음을 주장, 우랄알타이어계라는 통합된 어족을 만들어 학계의 주목을 받았다. 그 후 우랄알타이어 학설은 다시 많은 학자들에 의해 수정되어, 지금은 우랄어와 알타이어 두 그룹이 독립된 언어 그룹인 것으로 환원되었다. 한국어는 우랄어가 아닌 알타이어 계통이다. 그럼에도 불구하고 우리에게 우랄알타이어는 귀에 익다. 그런데 핀란드 사람들도 마찬가지다.

여기서 궁금증이 생겼다. 전 세계 그 많은 언어학자들 중에서 왜 하필 지구 반대편의 작은 나라인 핀란드에서 우랄알타이어 학설을 주장했을까? 더구나 19세기 핀란드는 그리 널리 알려진 나라도 아니었다. 당시 핀란드는 인구 170만 명, 독립 국가도 아닌 러시아 치하에 있던 민족이었다. 러시아 지배는 108년간이나 지속되었다. 당시 러시아로부터 자치권을 보장받은 스웨덴 귀족들은 스웨덴어를, 평민들은 핀족어를 쓰고 있었다. 그런데 러시아가 자기네 언어를 공용어로 쓰라고 요구하자, 지배층이었던 스웨덴계 귀족들은 그럼 러시아어와 스웨덴어를 같이 쓰겠다고 역 제안을 했다. 스웨덴어는 다른 유럽 국가들처럼 인도-유럽어(Indo-European language)지만 핀족어는 언어 체계가 달라 배우기 어려워 골치가 아프던 차에 러시아의 요구를 핑계로 버리겠다는 계산이었다.

그러나 당시의 유럽은 민족주의와 자유 사상이 물결치던 때였다. 핀란드 젊은 지식인들도 민족주의에 눈뜨고 있었고, 언어는 민족주의를 지탱하는 대들보와 같은 것이었다. 민족의 정체성 말살 위기 앞에 젊은 지식인들이 먼저 반발했다. 일제강점기 때 일어난 '우리말 찾기 운동'처럼 핀란드인들도 자신들의 언어를 다시 세우고 싶었다. 그런데 젊은 그들 앞에 큰 난관이 있었다. 구전되어 온 말은 있었지만 언어 체계가 없었다.

이에 젊은 학자들이 힘을 모아 핀족어 체계부터 연구했다. 그리고 핀족어 대서사시인 『칼레발라(Kalevala)』를 집대성했다. 헬싱키대학 교수로 민속학자였던 엘리아스 뢴로트(Elias Lönnrot, 1802~1884)가 중심이 되어 구전되어 내려오던 옛이야기와 노래들을 모아 1835년 초판에 32편의 시를, 14년 후인 1849년 재간 때는 50편의 시를 담아 핀족어 체계를 완성해갔다.

민족의 뿌리를 찾아 시베리아 벌판으로 간 카스트렌

핀란드식 우리말 찾기 운동은 핀족에게 큰 울림이 되어 퍼졌다. 민족 서사시인 『칼레발라』는 많은 사람들에게 읽혀졌고 전파되었다. 오랜 세월 내 나라없이 지내온 사람들 가슴에 『칼레발라』는 정체성을 일깨우는 불씨가 되었다. 이 작은 불씨가 번져 민족정체성 찾기와 독립이라는 들불을 일으켰다. 『칼레발라』는 우리에게도 유명한 시벨리우스(J. Sibelius, 1865~1957)에 의해 민족 교향곡 '핀란디아(Finlandia)'로 작곡되었고, 핀란드 독립 운동의 상징이 되었다.

젊은 언어학자 카스트렌도 『칼레발라』에 큰 영감을 받아 핀족어 뿌리 찾기에 나섰다. 1841년부터 1848년까지 두 번에 걸쳐 시베리아 일대를 탐사했다. 수천 킬로미터나 되는 험난한 여정이었다. 당시에는 교통 수단도 변변치 않았다. 그러나 광활한 시베리아를 가로지르는 험난한 여정도 그의 의지를 꺾지 못했다. 단순한 학문적 호기심 또는 연구를 위한 연구는 아니었다. 얼어붙은 시베리아 벌판을 탐사했던 이유는 민족의 오랜 숙원이었던 독립 그리고 민족 정체성 찾기였다.

카스트렌은 자기 민족에게 새로운 핀란드를 보여주었다. 카스트렌 이전의 핀란드는 유럽 변방의 소수 민족 즉, 시베리아 서쪽 우랄산맥에서 유럽으로 퍼져나간 우랄어계의 여러 민족 중 하나에 지나지 않았다. 그런데 카스트렌은 핀족 언어가 우랄어계가 아닌 우랄알타이어계임을 주장함으로써 우랄산맥에서 수천 킬로미터 떨어진 중앙아시아를 포함한 거대한 유라시아 대륙이 핀족의 땅이었음을 시사했다. 학문적 주장이라기보다, 민족의 자긍심을 높이기 위한 일종의 선언 같은 것이었다. 핀족이 유럽 변방의 약소 민족이 아니라, 우랄과 알타이 양대 산맥을 넘어 드넓은 시베리아와 몽골 광야를 누볐던 거대 민족이라는 선언이었다.

카스트렌의 선언은 억눌려 살아왔던 동족에게 새로운 지평을 열어 보였다. 광활한 대륙을 가져다주었다. 강대국들 틈바구니에서 핍박과 멸시만 받았던 작은 민족이 아니라 우랄과 알타이 양대 산맥과 시베리아 광야를 누볐던 진취적인 조상들이었음을 보여주었다. 우랄알타이어 이론은 이론으로만 끝난 것이 아니라, 핀란드인들 마음속 깊이 주변 강대국들과 맞서 독립을 쟁취할 수 있다는 자신감을 불러일으켰다. 『칼레발라』가 핀족어를 집대성하고 체계를 완성했다면, 카스트렌은 그들의 뿌리가 광대한 유라시아 대륙에 있음을 알림으로써 독립 의지를 북돋워 주었던 것이다.

람스테드,
최초로 한국어를 세계에 알리다

한국어를 우랄알타이어에 포함시킨 사람은 누구일까? 우리에게도 우랄알타이라는 장대한 산맥과 드넓은 광야를 가져다 준 사람은 누구일까? 답은 다시 핀란드 사람이다.

람스테드(G. J. Ramstedt, 1873~1950)는 헬싱키대학의 언어학 교수였다. 그는 41세에 요절한 카스트렌의 연구를 이어받아 알타이어 연구를 위한 몽골 답사에 자원, 그의 인생 항로를 정했다. 1898년부터 일곱 번이나 시베리아 알타이와 몽골 지역을 답사하면서 카스트렌의 학설을 심화시켰다. 카스트렌의 후학답게 핀족어가 몽골의 알타이 산맥부근까지 뻗어 있음을 확인하고자 탐사 지역을 넓혀나갔다.

그러던 중 핀란드는 독립을 맞게 되었고(1917년), 1919년에 신생 독립국 핀란드를 대표해 일본 초대 공사로 부임해 갔다. 그 후 11년간 일본에 머무르며 그는 우리말과 깊은 인연을 맺는다. 람스테드는 동경에서 류진걸이라는 조선인을 만나 1924년부터 1926년까지 한국어를 배우면서 본격적으로 연구를 시작했다.[1)] 첫 성과물이 1928년에 논문으로 발표되었다. 『한국어 특성(Remarks on the Korean Language)』이란 제목의 논문에서 우리말이 알타이어족임을 처음으로 제시했다. 한국어에 대한 애착은 귀국 후에도 끝나지 않았다. 1939년에는 『한국어 문법(A Korean Grammar)』 영문판을 발간했다. 이는 우리말의 문법 체계를 분석하고 정립해 최초로 세계에 알린 책이다. 10년 후인 1949년에 두 번째 영문판인 『한국어 어원 연구(Studies in Korean Etymology)』란 책을 냈다. 한국어와 알타이어 비교 문법에 큰 발전을 이룬 업적으로 평가되고 있다. 이 책을 출간한 이듬해인 1950년에 그는 삶을 마감했다.

람스테드는 뛰어난 언어학자였다. 진정한 알타이어학은 그로부터 시작되었다고 학계는 평가하고 있다. 그런데 11년이란 짧지 않은 기

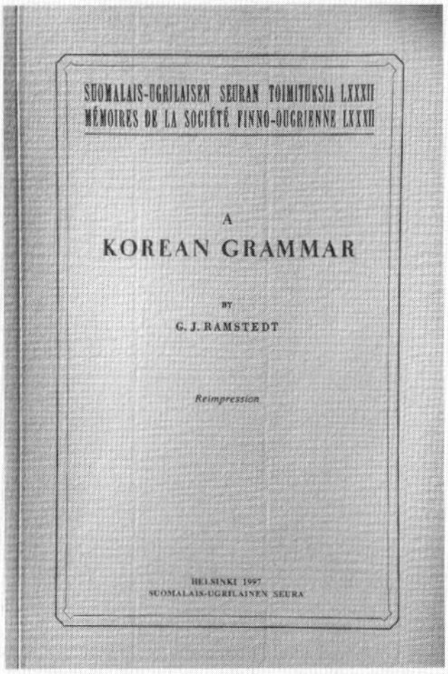

람스테드(왼쪽)와 세계 최초의 한국어 문법책(오른쪽)

우랄어, 우랄알타이어 영역

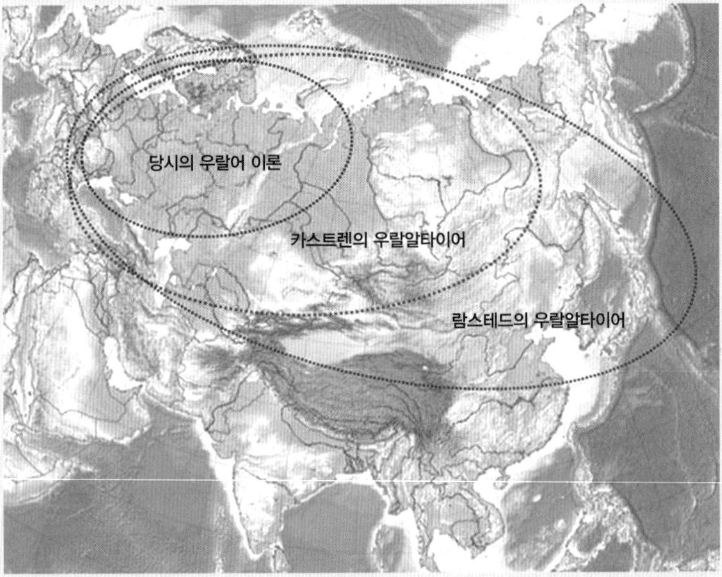

간을 일본 공사로 재직했음에도 이상하게도 일본어 연구서는 하나도 없다. 한국어만을 체계적으로 연구해 최초로 우리말을 우랄알타이어에 포함시켜 세계에 알렸다. 그는 왜 일본말이 아닌 한국어 연구에 그토록 몰두했을까? 5권의 저서 가운데 2권이 한국어 연구인 것은 특별한 애착이 없으면 설명이 안 되는 일이다. 그 이유를 말해주는 자료는 없지만 두 가지로 유추해볼 수 있다.

우선 그는 카스트렌의 후학답게 핀족어의 뿌리가 우랄산맥뿐 아니라 시베리아를 건너 극동의 끝인 한반도까지 뻗었다는 학설을 이어가고 싶었으리라. 그는 알타이어 존재 자체에 집중했다. 한국어를 대상으로 알타이어를 연구했고, 우랄알타이어의 영역이 시베리아와 몽골, 중앙아시아를 넘어 한반도에 이르기까지 광활했음을 주장하고 싶었을 것이다. 한국어 연구를 통해 그는 핀족어의 뿌리를 유럽 동쪽의 일부가 아닌 유라시아 대륙 전체로 확대했다.

또한 그는 일제 치하에 신음하던 우리 민족에게 동류 의식을 느꼈으리라 짐작된다. 그 또한 러시아 식민지를 직접 겪었고 자주독립 의지를 가졌던 지식인이었다. 그리고 독립이라는 감격도 맛보았다. 강대국의 틈새에서 수탈과 모진 지배를 받고 있던 우리 한민족에게서 어떤 인연의 끌림을 받았을 것이다. 그 결과 한국어를 집중적으로 연구해 2권의 저서를 남겼을 것이다. 1982년 한국 정부는 그의 한국어 연구와 보급에 대한 감사로 훈장을 수여했다.

카스트렌과 람스테드를 비롯해 많은 핀란드 학자와 탐험가들이 – 현재의 논쟁은 차치하고 – 우리말의 뿌리를 밝히고 알리는 데 큰 업적을 남겼다. 그 당시 핀란드는 러시아의 지배 아래에서 갓 독립한 신생국으로 과학 수준이 발달했던 선진 강대국도 아니었다. 고작 인구 200만 명의 약소 국가로 우리보다 크게 나을 것 없는 열악한 나라였다. 그렇지만 그들은 민족의 자존감을 높이기 위해 언어의 뿌리를 확대한 학자들이었고, 한반도의 약소 민족을 바라보며 연대감을 가졌던 세계인이었다.

chapter 3

핀란드의 저력, 그 세 번째 이야기

복지가 혁신과 성장의 동력

– 복지와 세금

'요람에서 무덤까지'는 1940년대 영국의 '베버리지보고서(Beveridge Report)'등에 현대적 복지 개념이 도입되면서 만들어진 말이다. 그런데 핀란드는 요람이 아닌 '태아에서 무덤까지의 복지'를 추구한다.

핀란드에서는 태아로 존재하는 순간부터 복지 시스템에 편입된다. 임신한 여성은 출산 예정일 최소 5주 전, 근로일 기준으로 최소 30일 이전부터 모성 휴가(maternal leave)를 받는다. 출산 후 산모는 아기 아빠와 함께하는 부모 휴가(parental leave)를 근무일 기준으로 158일을 추가로 받을 수 있다. 모성 휴가와 합치면 아기가 태어난 후 9개월 동안 함께 시간을 보낼 수 있다. 만일 쌍둥이가 태어나면 근무일 기준 60일을 추가로 받는다. 쌍둥이의 경우 휴가는 216일이다. 삼둥이가 태어나면 60일을 더 추가해서 총 276일을 받는다. 아기 아빠는 근로일 기준 최대 54일간 아이와 산모를 보살필 수 있다.

이 기간에는 부모지원금(parental allowance)이 나온다. 연봉의 약 70%를 받는다. 직장인뿐만 아니라 자영업자, 학생 그리고 실업자도 받는다. 개인 소득에 따라 다르지만 부모 각자 하루 최소 24.02유로를 지원받는다. 그리고 출산을 축하하는 의미로 모성장려금(maternity grant) 140유로 또는 모성 패키지(maternity package)가 지급되는데 산모는 둘 중 하나를 선택할 수 있다.

출산을 축하하는 의미로 받는 모성 패키지 1

모성 패키지 상자 안에는 신생아를 위한 모든 것이 갖추어져 있다. 아기 옷이 19종류가 들어 있는데 계절별로 실내용, 예쁜 외출용 옷들과 각종 속옷도 여러 벌 있다. 아기 모자, 양말, 치약과 칫솔, 체온계, 머리빗, 기저귀 패드, 턱받이, 산모를 위한 수유용 크림 등 꼼꼼히 챙겨져 있다. 핀란드 부모들은 140유로의 축하금보다 모성 패키지를 더 선호한다. 산모에게 필요한 육아 용품들이 다 갖춰져 있는 이유도 있지만 상자가 커서 아기가 그 안에서 잠을 자기도 해 추억거리로 남기 때문이다. 모성 패키지의 역사는 오래되었다. 80여 년 전인 1937년에 모성지원법이 통과되자 그 이듬해부터 시행되었다.

아이가 태어나면 본격적인 복지가 시작된다. 탄생 후부터 만 17세 이전까지 모두 아동지원금(child allowance)을 받는다. 아동지원금은 아이를 위한 일종의 품위 유지비다. 옷, 간식 등을 사는 데 쓰인다. 출산율을 높이기 위한 정책이기도 하다. 아이를 많이 낳을수록 지원금도 늘어난다. 첫째 아이는 매달 95.75유로, 둘째 105.8유로, 셋째 135.01유로, 넷째 154.64유로, 다섯째부터는 174.27유로를 지원해준다.

만일 미혼모이거나 혼자 아이를 키워야 할 형편이면 48.55유로를 더 추가한다. 2015년 1월 1일부터 시행한 개정법에 의하면 다른 지원 금액은 8.1% 줄었지만 미혼모나 혼자 아이를 키우는 경우의 추가 지원금은 그대로 유지되었다. 부모가 이혼할 경우에도 아이의 안정된 생활을 위해 155유로가 추가로 육아보조금(child maintenance allowance)으로 지원된다. 만일 아이에게 장애나 중증 질환이 있다면 장애인지원금(disability allowance)을 태어난 순간부터 추가로 받는다.

이것이 전부가 아니다. 아이가 세 살이 될 때까지 아동가정보육지원금(child home care allowance)도 받는다. 아동지원금과는 별도로 유아를 집에서 잘 키우라고 주는 지원금이다. 월 342.53유로를 받는데 만일 세 살 이하 아이를 더 키우고 있으면 한 아이당 102.55유로가 더해진다. 세 살 이상의 취학 전 아이가 더 있으면 한 아이당 65.89유로를 더 받는다. 어린아이가 많을수록 지원금이 느는 구조다. 출산휴가 이후, 부모 중 한 사람은 아이가 세 살이 될 때까지 육아 휴직이 가능하고 복직도 보장해준다. 맞벌이 가정이면 아기를 맡길 수 있는 국공립 보육 시설과 유치원이 준비되어 있다. 이런 시설들은 복지 천국이라는 말이 아깝지 않을 정도로 완벽에 가깝고 모두 무상이다.

그럼에도 불구하고 부모의 손길이 더 필요하다고 여길 때는 근무 시간을 줄여 아이와 함께 하는 시간을 가질 수 있다. 이때 제공해주는 복지 제도가 파트타임 보육지원금(partial care allowance)이다. 초등학교 2학년까지는 부모가 직장에서 일찍 돌아와 아이를 돌볼 수 있다. 줄어드는 노동시간에 대한 보상으로 매달 98.09유로를 받는다. 자녀가 아프면 부모가 1주일에 총 30시간까지 휴가를 받을 수 있다. 물론 그 기간만큼의 수입은 정부가 지원한다. 자녀를 국공립 보육 시설에 보낼 수 없는 사정이 있다면, 유모를 고용하거나 사설 유치원에 보낼 수 있다. 이때도 한 달에 174.38유로를 사설보육지원금(private day care allowance)으로 받을 수 있다. 아이를 둘 이상 돌봐야 한다면 최대 146.64유로가 추가로 지원된다. 이 모든 지원은 미래의 희망인 아이들을 위해 부모의 손길이 가장 필요한 시기에 직접 곁에서 돌볼 수 있도록 돕는 것이다.

금전적 지원뿐만이 아니다. 사회 곳곳에 어린이를 위한 준비에는 빈틈이 없다. 모든 대중교통의 승강구는 유모차가 쉽게 오르내릴 수 있도록 낮게 설계되어 있고 버스 안에도 유모차를 안전하게 고정시킬 수 있는 공간이 따로 마련되어 있다. 유모차가 보이면 버스 기사가 운전석에서 일어나 유모차를 들어주고 버스 안에 마련된 자리에 고정시키는 모습을 흔히 볼 수 있다. 어느 승객도 빨리 가자고 재촉하지 않는다. 개인이 아닌 사회 전체가 함께 돌보는 것이다. 물론 유모차를 끄는 사람의 차비는 무료다.

흔히 '결손 아동'이라면 우리는 미혼모나 이혼한 가정의 아이들을 말한다. 그런데 결손이란 말은 그 자체가 잘못된 것이다. 결손이란 뭔가 결함이 있고 손상되었다는 뜻인데 아이는 결함 유무를 따지는 대상이 아니라 세상에서 귀하게 존중받아야 할 인격체이기 때문이다. 어린이에게 결손이란 딱지를 붙이는 것은 지극히 비인간적이다. 한국에서 결손 아동이란 단어가 흔히 쓰이고 있는 것은 우리 사회 자체가 결손되어 있다는 반증이다. 핀란드에는 결손 아동이란 개념 자체가 없다. 미혼모의 아이든, 고아든, 어떤 이유든 아이가 생기면 나라가 책임지고 사회 전체가 돌본다. 그것이 사람 사는 나라이다.

원하면 박사까지… 계속되는 무상 지원

핀란드 아이들은 6세 또는 7세부터 종합학교(comprehensive school)에 다닌다. 사립학교는 거의 없다. 종합학교 9년 동안 등록금을 포함한 모든 것은 무료다. 교과서와 학용품, 심지어는 야외 수업이나 소풍 갈 때 필요한 준비물까지, 9년간 학교에 다니며 필요한 모든 것을 무상으로 받는다. 아침에 학교 갈 때 빈손으로 가면 된다. 종합학교를 졸업하고 17세부터 다니는 고등학교 3년 과정도 무상 교육이다. 다른 점이 있다면 고등학교부터는 교과서는 개인 구입이다.

급식도 물론 무료다. 핀란드 학생이라면 누구도 예외 없이 무상 급식이 제공된다. 급식은 청소년기 성장에 중요하므로 균형 있게 그리고 과학적으로 관리된다. 무농약 · 친환경의 원칙과 철저한 위생 시스템을 지키고 있다. 핀란드 무상 급식은 70여 년 전인 1948년부터 실시해왔다.

대학부터는 무상 급식이 제공되지 않는다. 대학생은 어엿한 성인이니 자신의 취향에 맞는 메뉴를 선택해 즐겨야 한다는 취지다. 대학도 무상 교육이다. 대학원에 진학해 석 · 박사 과정도 무상으로 마칠 수 있다. 그렇다고 정부 지원금이 끊어지는 것은 아니다. 종합학교까지는 아동지원금을, 고등학교에 입학하는 17세부터는 학생지원금(student grant)을 받는다. 학생지원금은 부모와의 동거여부와 독립해서 혼자 사는지 결혼해서 부양가족이 있는지에 따라 금액이 조금씩 달라진다. 부모와 동거하는 학생은 38~81유로, 혼자 살면 101~250유로를 받는다. 대학에 진학하면 학생지원금도 증액된다. 대학생이 부모와 동거하면 62~137유로, 독립해 혼자 살거나 결혼 여부에 따라 168~336유로를 받는다.

핀란드에서는 고등학교를 졸업하면 대부분 부모로부터 독립한다. 독립하지 않으면 자립심이 부족하거나 뭔가 모자란 사람으로 취급받는 분위기다. 많은 대학생이 대학 기숙사로 들어가지만 집을 임대하기도 한다. 이때도 정부가 무상 지원을 해준다. 임대료의 80%까지 주택지원금을 지원해주는데 한 달에 최대 328유로까지 받을 수 있다. 주택지원금은 성인이 된 이후에도 계속되어 세상을 떠날 때까지 받을 수 있다.

학생 시절에는 정부 지원금도 부족해 대출이 필요할 때가 있다.

이런 경우도 정부가 대출을 보증한다. 고등학생도 대출 보증을 해주는데 18세 이하는 한 달 기준으로 260유로, 18세가 넘어 성인이 되면 400유로까지 보증해준다. 대학생은 매월 300유로까지 보증해준다. 만일 해외에서 공부할 경우에는 한 달에 700유로까지 보증이 가능하다.

학교 졸업 후 부푼 꿈을 안고 사회에 진출하지만 현실은 그리 만만하지 않다. 맑은 날도 있고 흐린 날도 있다. 취직이 안 되거나 다니던 직장을 잃기도 한다. 중요한 것은 흐린 날을 어떻게 견디고 빠르게 벗어나는가이다. 인적 자원을 최고로 여기는 핀란드 정부가 가만히 손 놓고 있을 리 없다. 어려움을 견디고 일할 수 있도록 다각도로 돕는다. 먼저 무직 상태일 때는 기초실업지원금(basic unemployment allowance)을 지급한다. 최대 500일까지 지원되는데 주 5일간 하루 기준으로 32유로를 받는다. 18세 이하의 자녀가 있다면 아이 수에 따라 지원금이 는다. 한 아이는 5유로, 두 아이라면 7유로, 세 아이부터는 10유로이다. 자녀가 없을 경우를 가정하면 한 달 평균 705유로를 받게 된다. 일자리 찾기 활동도 적극 돕는데 재취업과 창업을 위한 여러 프로그램을 국가 차원에서 무료로 제공한다. 직장 이동으로 공백이 생길 경우에도 70~80%의 임금을 직업변경보상금(job alteration compensation)으로 국가가 지원한다. 100일부터 최대 1년까지 받을 수 있다.

의료보험 역시 완벽하다. 공공병원은 물론이고 개인병원 치료도 국가에서 지급한다. 장애인에 대한 지원도 빠지지 않는다. 장애인지원금은 물론이고 병원 치료, 이동에 필요한 비용 그리고 집에서 받는 치료와 간호 비용까지 지원받는다. 학교, 일반 건물, 건널목, 공원 같은 공공장소에 장애인 전용 시설은 기본이다.

소수 그룹이 겪는 작은 어려움도 정부가 나서서 세심하게 보살핀다. 예를 들어 밀가루에 들어 있는 단백질의 일종인 글루텐에 민감하게 면역 이상 반응을 일으키는 사람들이 있다. 이들은 유전적 면역 이상이 있어 글루텐이 없는(gluten-free) 음식을 먹어야 한다. 그렇지 않으면 생명에는 지장이 없지만 만성 소화불량을 겪어야 한다. 핀란드 정부는 이들도 챙긴다. 글루텐 없는 식이요법을 위한 식비보조금(dietary grant)을 주는 것이다. 한 달에 23유로를 지원해주고 기간 제한도 없다.

이와 같은 복지 프로그램 속에 사는 사람들은 핀란드에 태어난 것이 로또에 당첨된 것보다 더 낫다는 자부심을 갖고 있다. 우리의 경우, 미국 같은 선진국으로 발령을 받으면 환영하는 분위기이지만 핀란드 사람들은 해외 파견을 기피한다. 피치 못해 나갈 경우에도 아이들은 국내에 두고 출국하려 한다. 그만큼 복지와 교육 시스템에 대한 자부심이 대단하다. 경제 위기가 닥치면 복지 정책이 재조정되긴 하지만 육아와 교육 관련 복지는 변함이 없다. 흔들림 없는 복지 정책은 양질의 고급 노동력을 확보하고 국가 경쟁력을 높이는 핵심적인 역할을 하고 있다.

고령화 사회와 노인복지

누구도 세월을 이길 수는 없다. 나이가 들고 노인이 되면 은퇴를 해야 한다. 은퇴와 동시에 경제 활동은 멈추는데 의료 과학의 발달로 수명은 계속 늘고 있다. 반면에 출산율은 낮아 고령화 사회로 진행된다. 고령화 문제는 전 세계 모든 나라의 최우선 과제이다. 고령화 사회를 어떻게 대처하느냐에 따라 나라의 미래가 달라진다.

핀란드의 평균 은퇴 연령은 61.9세다. 공식 퇴직 연령 60세에서 1.9년 더 일할 뿐이다. 전문직 은퇴 연령인 65세를 기준으로 한다면 3년 일찍 은퇴해도 될 만큼 여유롭다. 노후를 즐길 수 있다는 의미다. OECD 발표에 따르면 한국 남성의 공식 퇴직 연령은 71.1세, 여성은 69.8세로 35개국 중 1위이다(2007~2012년 통계). 그만큼 오랜 기간 노동 시장에서 일해야 살아갈 수 있는 구조이다.

세계보건기구(WHO)가 2014년에 발표한 자료 '자살 예방: 전 세계적 과제(Preventing suicide: a global imperative)'에 의하면 70세 이상 노인 자살률은 전 세계 172개 WHO 회원국 중에서 한국이 세 번째로 높았다.[2] 10만 명 당 116.2명으로 아프리카의 모잠비크 144.7명, 탄자니아 133.2명에 이어 세 번째다. 우리나라에 이어 아시아의 스리랑카가 111.1명, 우간다가 91.8명, 남수단이 85.2명 순이었다. 노인 자살률은 아프리카 최빈국들보다 못한 상황이다.[3] 세계 경제 10위권인 대한민국의 부끄러운 민낯이다.

소외되고 가난한 노인이 많은 사회는 미래가 불안하다. 젊은이에게 꿈과 희망을 가지라고 말하지만 거리에서 마주치는 노인을 볼 때마다 자신을 잃는다. 그 모습이 내 미래의 모습이기 때문이다. 불안한 미래는 출산과 육아도 머뭇거리게 만든다. 그 결과는 인구 감소로 이어지고 고령화가 가속화된다.

악순환의 연결 고리를 끊고 선순환으로 돌릴 수 있는 방법은 없을까? 답은 단순하다. 젊은 사람은 넉넉한 노후 생활을 즐기는 노인에게서 자신의 밝은 미래를 발견한다. 이웃에 평안한 노후를 즐기는 노년층이 많을수록 미래에 대한 희망도 커진다. 행복한 노인이 많은 사회일수록 아이를 많이 낳고 행복한 가정을 꾸릴 자신도 생긴다. 주위 노인들이 행복하게 살고 있다면 출산 캠페인을 따로 할 필요가 없다. 미래는 현재가 결정한다. 내일의 나를 보고 오늘 할 일을 정하기 때문이다.

핀란드 노인 연금은 65세부터 받을 수 있다. 원한다면 63세부터 받을 수 있지만 총액은 그에 따라 조정된다. 노후 연금(old pension)은 두 가지가 있다. 개인별로 준비해온 개인소득연금(earnings-related pension)과 정부가 지원하는 연금이 그것이다. 개인소득연금은 일하던 사업장의 소득과 연관된 것이다. 만일 개인소득연금을 충분히 받으면 정부는 지원하지 않지만 개인소득연금이 부족할 경우에는 정부가 지원한다. 정부가 지원하는 연금은 두 가지로 하나는 국민연금(national pension)이고 다른 하나는 보장연금(guarantee pension)이다.

국민연금은 개인소득연금과 연동된다. 개인소득연금이 월 565유로 이하면 별도의 국민연금을 받을 수 있다. 국민연금은 최대 월 637유로를 받는데 부부가 같이 받게 되면 한 사람은 565유로로 줄어든다. 개인소득연금이 늘어날수록 국민연금은 줄어든다. 보장연금은 이들에 대한 보완 장치다. 특별한 사정으로 다른 연금을 받을 수 없으면 보장연금을 최대 746.57유로까지 받을 수 있다. 개인이 따로 준비한 개인소득연금과 정부가 지급하는 국민연금과 보장연금의 합산이 개인이 받는 연금이다.

노후 연금 총액은 연금의 수령액에 따라 결정된다. 예를 들어 개인연금을 한 달에 200유로 미만으로 받으면 월 수령 연금은 국민연금과 보증연금을 합쳐 최소한 746유로를 받을 수 있다. 아무리 적게 받아도 월 746유로는 받는다. 개인소득연금이 늘어나면 받는 총액은 800유로 이상 올라갈 수 있다. 배우자 연금은 따로 또 받는다.

퇴직 후 연금 생활자들은 연금과 별도로 연금자주택지원금을 받을 수 있다. 정부가 정하는 주택 비용을 기준으로 85%까지 지원된다. 이것 역시 개인소득연금에 따라 달라지는데 독신일 경우에는 1년에 8,783유로까지, 배우자가 있으면 14,108유로까지 세금 공제로 지원받는다.

연금 생활자가 기력이 약해져 거동이 불편하거나 병에 걸리면 별도의 연금자보호지원금(care allowance for pensioner)을 받는다. 1년 이상 보살핌이 필요할 경우에 지급되는데 매월 62유로부터 최대 329유로까지 받을 수 있다. 상이군인의 경우에는 추가로 105유로를 더 받는데 이는 소득이나 재산과 관계없이 지원된다.

부자와 가난뱅이는 모터 달린 배와 노 젓는 배의 차이

핀란드에서 일상적인 노년의 삶은 어떨까? 여느 노인들과 다름없다. 다른 점이라면 평온하고 소외감 없이 하루하루 여생을 즐긴다는 점이다. 보람을 찾는 노력도 많이 한다. 기회가 되는 대로 지역 사회의 일원으로 자신의 경험과 재능을 나눈다.

자주 언급한 25년 지기 핀란드 친구 티모 부부는 노후 연금으로 생활하고 있다. 최근 교수직에서 은퇴하고 집과 가까운 정부 연구소에 다닌다. 연구소는 그에게 아담한 개인 연구실을 제공, 자문과 경험을 전수하게 하고 있다. 물론 무보수다. 사무실에는 젊은 연구원들이나 기업에서 자주 찾아오는데 기꺼이 자문에 응한다. 오랜 세월 폭넓게 형성된 인적 네트워크를 활용해 실질적인 도움도 많이 준다. 주중에는 연구소로 출퇴근하고 주말에는 도시에서 한 시간쯤 떨어진 농장에서 채소를 심고 과수들을 돌보며 사우나 시설을 고치는 등 바쁘게 보낸다. 월요일 아침 일찍 아파트로 돌아와 금요일까지 출퇴근한다. 일할 때는 집중해서 높은 생산성을 보이지만 일 중독은 아니다.

티모는 젊은 시절부터 여가만 생기면 악기 연주를 취미 생활로 즐겨왔다. 좀 과장해서 말하면 낮에는 교수, 밤에는 색소폰 연주자다. 18세부터 색소폰을 시작, 50년 동안 즐기다 보니 클라리넷부터 대형 호른까지 웬만한 관악기는 다 다룬다. 수준급 프로 실력이다. 티모와 같이 있다 보면 거의 매주 한 번은 연주 연습에 따라가게 된다. 티모가 참여하는 연주 팀은 세 팀이다. 한 팀은 젊은이들과 어울리는 록 밴드이고 다른 팀은 비슷한 연배의 관현악단이고, 또 다른 팀은 재즈 연주가들이다.

티모에게는 어릴 적부터 함께 자란 동네 친구가 있다. 직업은 용접공이다. 그는 작은 공장을 직접 경영하면서 록 밴드에서 드럼을 맡고 있다. 한 달에 한 번, 둘은 록 밴드 연습장에 간다. 그 친구는 기름때 묻은 작업복 차림으로 티모 교수 연구실로 찾아와 같이 티모의 아파트로 간다. 아파트에 딸린 공용 사우나에서 같이 땀을 흘린 다음 티모 집에서 가볍게 과자와 커피로 요기를 하고 록 밴드 연습장으로 간다.

함께 따라가 본 록 밴드 연습장은 낡은 창고 같은 곳이었다. 이미 젊은 친구들이 세팅을 마치고 연습을 하고 있었다. 그들은 각자 다른 직업을 가졌다. 키보드를 치는 키 크고 잘 생긴 청년은 증권회사 애널리스트였고, 베이스 기타는 초등학교 선생, 퍼스트 기타는 공무원 그리고 바이올린 연주 겸 리드 싱어인 젊은 아가씨는 직업이 환경미화원이었다. 아름다운 목소리와 프로급 바이올린 실력을 가진 그녀에게 직업을 물었더니 청소 용역 회사에 다닌다고 했다. 그 답변이 내겐 충격이었다. 핀란드를 오가며 다양한 충격을 받았지만 이 경우가 가장 커서 기억에 오래 남는다. 그들은 손때 묻은 두꺼운 악보를 펼쳐놓고 두 시간 가까이 진지하게 연습을 하며 멀리 유라시아 대륙 반대편에서 온 유일한 관객에게 가끔 신청곡도 받았다.

이렇게 그들은 한 동네에서 태어나 어릴 적부터 취미 활동으로 연주 연습도 스포츠도 같이 즐긴다. 지역 사회에서 인간 관계가 자연스럽게 형성되고 소통도 이뤄진다. 어떤 토론장이나 심각한 주제의 모임에서 만나도, 같은 취미를 나누고 같이 연주를 즐겼던 사람들이기에 어느 모임이나 술자리에서도 목소리를 높이는 일이 없다. 대화할 때도 말꼬리를 잡거나 중간에 말을 끊지 않는다. 아무리 엉뚱한 이야기라도 끝까지 들어주고 썰렁한 유머에도 같이 웃으며 공감대를 넓힌다.

핀란드 대학은 서열이 없어 젊은 인재들은 고향에서 가까운 대학에 진학하고, 가까운 거리에 있는 회사나 공공기관에 취직한다. 지역 중심의 산·학 클러스터가 잘 발달되어 있어 중앙과 지방이 다르지 않다. 수도권에 가지 않아도 좋은 직장을 얻고 평생 열심히 일할 수 있다. 노인이 되면 자신이 일했던 고향에서 은퇴한다. 쌓은 지식과 경험을 젊은이들에게 자연스럽게 나눠준다. 취미 생활을 같이 하고 주말이면 동네 결혼식이나 모임에서 아무 보수 없이 연주를 즐긴다. 보수가 있다면 맥주 몇 잔이 전부다.

나이 들어 고급 차를 타고 다니며 돈을 흥청망청 뿌린다고 해서 부러움을 사거나 존경을 받지도 않는다. 자기가 살아온 지역 사회에서 젊은이들과 소통하며 재능과 경험을 나누고 취미와 봉사로 함께 하는 검소하고 품위 넘치는 노인들이다. 젊은이들은 그들을 보며 미래를 설계한다.

티모는 별장을 둘 갖고 있다. 하나는 일터 가까운 고향 숲속에, 하나는 2시간 거리의 호수 속 작은 섬에 있다. 오래 전, 티모 가족들과 호수 별장에 처음 같이 갔을 때, 호숫가에 차를 세워놓고 작은 나무 보트를 탄 적이 있다. 티모 가족 셋과 내가 탔더니 자리가 꽉 찼다. 노로 저어가는 배였다. 같이 노를 저어 가는데 미안했던지 티모가 "부자들은 모터 달린 배로 가는데, 노 젓게 해서 미안하다."고 했다.

티모의 말은 반은 농담이지만 반은 사실이다. 대부분의 핀란드 사람들은 가까운 숲이나 호수에 별장을 갖고 있다. 가난뱅이도 별장은 있다. 모두 주말이면 짐을 챙겨 별장에 가서 사우나와 전원생활을 즐긴다. 부자와 가난뱅이의 차이라면 '모터 달린 배'와 '노 젓는 배'의 차이 정도다. 요트를 타고 바다를 즐기는 사람들도 돛이 하나면 서민, 둘이면 돈 좀 있는 사람 정도일 뿐, 부자든 가난뱅이든 여유롭게 여가를 즐기는 것은 같다. 이 역시 복지가 있기에 가능하다.

핀란드를 가리켜 복지 천국이라고 한다. 그런데 흥청망청 놀고먹는 천국이 아니다. 핀란드 복지는 모든 국민이 자기 위치에서 알찬 인생을 살 수 있도록 받쳐주는 복지다. 환경미화원도, 용접공도, 교수도 자기 위치에서 열심히 일하고 취미를 함께 해도 하나도 이상할 것이 없게 만든다. 핀란드인들은 모두 자기 삶에 대해 진지하다. 그리고 열정적이다. 놀 때는 다 내려놓고 미친 듯이 놀지만, 일할 때 보면 무서울 정도로 집중한다. 퇴근 시간은 칼같이 지켜도 잠깐의 휴식시간 외에는 잡담 한마디 없이 무섭게 일한다. 주말에는 모든 것을 내려놓고 별장으로 달려가 피로를 풀며 여유를 즐긴다. 그리고 에너지를 재충전해 돌아와 생산성 높은 일터를 만든다. 한 사람 한 사람, 하루하루의 높은 생산성이 모여 글로벌 경쟁력이 되어 다시 복지로 돌아온다.

현대는 글로벌 무한 경쟁의 시대다. 급속한 기술 개발과 미래의 불확실성을 대비하지 않으면 경쟁력을 잃는다. 모방하며 추격하는 시대는 지났다. 글로벌 경쟁력을 높이고 미래 먹거리 산업을 키우려면 창조적 도전이 필수다. 낡은 것을 혁파하는 창조는 행위 자체가 도전이고 모험이라 위험이 따를 수밖에 없다. 그런데 복지가 창조적 도전을 가능하게 한다. 실패에 대한 안전망을 제공하기에 미래에 대한 두려움을 떨칠 수 있어 도전을 겁내지 않는다. 복지가 빈약한 나라에서는 창의적 도전과 모험이 어렵다. 흔들리는 사다리 위에서 벤처 정신을 갖고 도전하기란 어렵다. 젊은이들은 미래에 대한 불만으로 공무원 같은 현실에 안주할 수 있는 직종에 몰려든다. 그리하여 창의적이고 혁신적 도전을 거듭하는 복지 선진국에 계속 뒤처지게 되는 것이다.

복지 망국론과 삼형제 유령

한국 사회에서 '복지'하면 따라 붙는 말이 있다. 복지 망국론, 과잉 복지, 복지 포퓰리즘 등이다. 복지 망국론자들은 그리스를 예로 든다. 그런데 그리스는 유럽에서 복지 지출이 낮은 그룹에 속한다. 그리스의 복지 지출은 2000년까지 OECD 평균 이하였다. 2001년에야 복지 지출이 20% 넘어섰고, 약간 떨어졌다가 다시 올랐지만 그래도 20% 초반이었다. 경제 위기가 시작되었던 2008

년에는 22.2%로 OECD 평균인 19.7%를 약간 넘어섰다.

그렇다면 OECD 평균 이상이고 그리스보다 복지 지출이 많았던 나라들은 어떻게 되었을까? 그리스 경제 위기가 절정에 이르던 2008년 기준으로 프랑스(28.2%), 벨기에(26.3%), 오스트리아(25.6%), 독일(24.2%), 핀란드(23.3%) 등이 있는데 이런 나라들은 뛰어난 글로벌 경쟁력을 보이고 있다. 당시 한국은 7.7%였다. 따라서 그리스 경제 위기가 과잉 복지와 복지 포퓰리즘 때문이라는 논리는 성립되기 어렵다. 유로화로 편입되면서 생긴 거품과 경제 규모에 맞지 않았던 올림픽 과잉 투자 그리고 이후의 통화 정책 실패가 근본 원인이었던 것이다.

복지 정책을 가로막는 복지 망국론과 복지 포퓰리즘 말고도 아주 센 편견들이 있다. 바로 1만 달러, 2만 달러, 3만 달러, 시대별 삼형제 유령 같은 편견이다. 이를 잡귀라고 표현하기도 한다. 첫째는 1990년대 잡귀다. 이 잡귀는 1990년대 초 한국의 1인당 국민소득이 600~700달러일 때 1만 달러가 되어야 복지를 할 자격이 있다고 했다. 둘째는 국민소득 1만 달러대였던 2000년대 잡귀인데 2만 달러가 되어야 복지를 할 수 있다고 했다. 그리고 막내 잡귀는 전 세계 복지국가들 모두 1인당 국민소득이 3만 달러 이상이니 우리도 그때 가서 복지를 시작하자는 주장이다.

복지를 반대하는 주장들은 모두 비슷하다. 서민층에서 복지 이야기가 나오면, 권위 있는 전문가들이 연단에 올라 복지라는 나쁜 유혹이 고개를 든다며 정신 차리라고 꾸짖는다. 한번 복지병에 걸리면 다시는 회복할 수 없다고 겁도 준다. 무분별한 복지는 국가 발전에 부담이 되므로 잘살고 못사는 것은 개인 스스로 책임져야 한다는 것이다. 출산율 저하도, 자식 가르치는 것도, 사교육 비용도, 대학 등록금도 모두 부모 책임이고, 내 집 마련이나 노후 생활도 스스로 책임져야 한다고 역설한다. 사는 게 원래 그렇다 한다. 그래야 나라가 발전한다고 훈계한다. 마(魔)의 2만 달러를 돌파하기 위해서는 3만 달러까지 기다려야 한다고 한다. 허리띠를 더 졸라매고 마른 수건도 물이 나올 때까지 쥐어짜야 한다는 것이다. 과연 그럴까?

1920년대, 국민소득 2,000달러에 시작한 복지

핀란드는 언제부터 복지를 시작했을까? 1만 달러 아니면 2만 달러? 모두 틀렸다. 그들은 2,000달러에서 시작했고 1만 달러에서 완성했다. 핀란드 동족상잔의 비극이 일어났던 내전 직후인 1918년으로 돌아가 보자.

1918년 12월의 겨울은 그 어느 때보다 추웠다. 독일의 지원을 받은 우파 백군이 좌파 적군을 몰아내고 내전에서 승리했다. 그러나 상처는 깊었다. 우파가 왕으로 모시고자 했던 독일제국 황제의 사촌은 제1차 세계대전에서 패하면서 자기 나라로 돌아갔다. 이제 의지할 외세도 없었다. 남은 것은 폐허와 불안한 미래였다. 핀란드 국민들은 모두 사느냐 죽느냐 하는 절박한 위기 앞에 내몰려 있었다. 1919년 선거를 통해 세워진 새로운 정부도 특별한 대책이 없었다. 우선 할 수 있는 일은 국민 역량을 총동원하는 것뿐이었다. 역량을 극대화하기 위해서는 국민통합이 급선무였다. 통합을 위해 아니, 생존을 위해 그들은 복지 정책을 도입했다.

1920년에 부유세부터 도입했다. 부유세는 부자들의 과도한 소득에 세금을 부과하는 좌파의 대표적 분배 정책이다. 그런데 내전에서 승리한 쪽은 백군 우파였다. 좌파들을 몰아내고 보수 우파가 집권했는데 좌파 정책의 상징인 부유세를 도입한 것은 놀라운 일이었다. 그러나 우파든 좌파든 민족의 생존이 걸린 통합이 먼저였다. 그렇다고 공산국가처럼 부자들의 재산을 몰수해 나눠주는 방식은 쓸 수 없었다. 그 대안이 부유세였고 이는 지나친 부의 편중과 빈부 격차를 줄이고 고통을 함께 나누자는 상징적 조치였다. 그 후 부유세는 80년 이상 존속되다 2006년에 폐지되었다. 21세기 초엽은 핀란드 복지 제도가 이미 완성된 후여서 국부 유출 등의 부작용을 막기 위해 부유세를 폐지했다.

1921년에는 내전으로 부모를 잃은 2만 명 이상의 고아들을 보살피기 위해 유아보호법을 제정했다. 초등교육을 의무화하는 법안은 1921년부터 논의, 1926년에 통과시켰다. 고용보험제도는 내전 이전에 잠시 정권을 잡았던 좌파 정권에 의해 1917년에 만들어진 것을 재정비했다. 빈민구제법은 1922년에, 국민보건법도 1927년에 통과시켰다. 노동과 관련된 여러 법안들도 1920년대에 개정되었다. 고용법은 1922년에, 단체협약은 1924년에 그리고 러시아 치하였던 1895년에 처음 도입된 산업재해보험도 1925년에 다듬었다. 모두 우파 정권이 주도했다. 당시 핀란드의 1인당 국민소득은 2,000달러 수준이었다.

1930년대에도 새로운 복지 정책은 계속 만들어졌다. 1937년에는 향후 핀란드 복지의 중심이 된 국민연금법이 만들어졌다. 노인과 장애자를 위한 법이었다. 연금법은 이웃인 스웨덴이나 독일에 비해서 늦은 편이었다. 연금법이 늦어진 이유는 연금을 지급할 수 있는 경제력이 취약해서였다. 처음에는 노령층과 상이군인들을 대상으로 했지만 이마저도 지급할 수 있는 재정적 여력이 없어 제대로 실시하지 못했다. 1956년에 개정되면서 현재와 같은 모습을 갖추게 되었다. 여성에게 획기적인 복지 혜택이 주어지는 모성보호법도 10여 년간의 논란 끝에 1938년에 시작되었다.

그리고 소련과 두 번에 걸쳐 전쟁이 일어났다. 1939년 제1차 소련핀란드전쟁(겨울전쟁)과 1941년 제2차 소련핀란드전쟁 동안에는 복지 정책들이 중단되었다. 그러나 전쟁이 끝나자 다시 추진했다. 두 번의 전쟁을 치른 핀란드가 돈이 남아돌아 복지를 확대했을 리는 없다. 많은 사상자가 발생하고 산업 시설이 파괴되어 25년 전 내전 때의 피해 이상으로 경제적인 타격을 받았다. 더구나 소련에 패하면서 국민총생산의 1/3에 해당하는 막대한 배상금을 갚아야 했다. 또 다시 궁핍과 고난의 시대가 찾아왔다. 그럼에도 불구하고 복지 사회 건설을 위한 발걸음은 멈추지 않았다. 오히려 복지 정책은 더욱 강력하게 펼쳐졌다. 이유는 1920년과 마찬가지였다. 생존과 성장을 위해서였다. 복지 정책이 국민통합과 성장을 위한 가장 강력한 동력이며 도구라고 믿었기 때문이다.

1946년에 노동자 집단협의법이 개정되고, 연간 3주 유급 휴가가 보장되었다. 1948년에 국민연금제도와 함께 핀란드 복지에 지렛대가 된 아동지원금 법안이 통과되었다. 이 법안의 실시로 60만 가정의 126만 명의 어린이들이 지원금을 받게 되었다. 같은 해에 상이군인법이 제정되었고, 1949년에는 주택 매입 시 국가가 지원하는 주택공급법이 통과되었다. 1956년에 국민연금법이 대폭 개편되면서 모든 국민이 일정액의 연금을 받는 명실상부한 국민연금 시대가 시작되었다. 1950년 당시의 1인당 국민소득은 4,000달러였다.

복지가 오히려 성장의 동력이 되다

핀란드는 국가 재정을 풍부하게 확보한 상태에서 복지를 시작한 나라가 아니다. 1920년대 초기에는 충분한 재정을 확보하지 못해 복지 규모도 적었다. 1930년대의 정부 예산 가운데 복지 지출은 2.97%에 지나지 않았다. 당시 대부분의 유럽 국가들도 비슷한 수준이었고 비스마르크(O. Bismarck, 1815~1898)에 의해 복지 정책을 처음 도입해 가장 앞섰던 독일도 4.96%였다. 그럼에도 불구하고 복지 정책은 국민의 마음을 하나로 모으고 역량을 끌어올리는 핵심적인 역할을 했고, 가시적인 효과를 보자 더욱 다양하게 확대되었다.

국난을 겪고 극복하는 과정에서 복지 정책이야말로 국민통합은 물론이고 경제 성장의 구심점이라는 사실을 핀란드는 역사적으로 입증했다. 복지는 핀란드가 국경을 맞대고 있는 소련 공산주의 체제보다 우월함을 보여줬던 것이다. 핀란드의 복지 시스템은 공산주의 사상과 위협을 막는 가장 효과적인 방어 시스템이 되었다. 1970년 초 오일 쇼크 등으로 경제가 어려웠을 때도 복지 정책의 기조는 유지되었다. 일부 축소하기는 했지만 미미한 정도였고 경기 회복 후에 다시 복귀시킨 것은 물론이고 더욱 확대해갔다.

복지가 생존의 필수 조건이자 성장의 토대가 된다는 경험적 확신이 없었다면 어려운 일이었다. 핀란드는 복지를 축소하면 발달이 이루어지는 것이 아니라 오히려 성장이 저해되는 경험을 갖고 있다. 1987년 우파 국민연합당이 총선에서 승리했을 때의 일이다. 금융 위기가 찾아와 기존 중도 좌파 연정이 외면을 받았고, 우파 국민연합당은 창당 이래 사상 최고의 득표율을 기록했다. 핀란드 역사 최초로 좌우 동거 연립정부가 탄생해, 우파의 대표인 하리 홀케리(Harri Holkeri, 1937~2011)가 총리가 되어 정국을 주도했다. 홀케리 정부는 복지 수준을 낮추고 성장 주도 정책을 펼쳤다. 그러나 기대했던 성장은 이뤄지지 않았고 오히려 경제 위기만 더 심화되었다. 홀케리 정권은 1991년에 실각했다. 다음 선거에서 중도당이 제1당이 되어 국민연합당과 함께 사민당을 제외한 중도 우파 연정을 구성했다. 역시 성장 위주 정책 기조를 이어갔다. 그럼에도 악화된 경제 상황은 회복되지 않았다. 결국 1995년 총선에서 사민당에게 패했고 사민당 중심의 연정이 시작되면서 복지 정책이 복구되었다. 그리고 핀란드 경제는 다시 성장하기 시작했다.

핀란드 복지가 실질적이고 본격적으로 시작된 것은 복지 지출이 10%를 넘어선 1960년대부터라고 본다. 1980년대 초반 국민소득 1만 달러 달성 때 복지 지출은 이미 20%를 돌파했다. 이로써 현대적 의미의 복지 제도를 완성했다. 이후에도 복지 지출은 계속 늘려 1990년대에는 25%대, 이후 32.2%까지 상승했다. 1990년대 초 경제 위기를 겪으면서 22.5%까지 하락했으나 다시 상승, 2013년부터 30%대에 다시 진입했다. 2016년 현재 핀란드의 1인당 국민소득은 4만 달러대, 복지 지출은 30.8%이다.

현대적 의미의 복지 선진국 즉, 국가 재정의 규모와 복지의 질적 수준을 고려할 때 1인당 국민소득 1만 달러와 20%대의 복지 지출이 분기점으로 판단된다. 현대적 의미의 복지란 현재 핀란드가 실시하고 있는 '태아에서 무덤까지', 즉 무상 보육과 대학원까지의 무상 교육, 무상 의료와 퇴직 후 국민연금, 실업연금 등 물샐틈없는 복지를 완성한 시스템을 말한다. 핀란드뿐만이 아니다. 대부분의 복지 선진국은 1만 달러 전후에서 복지 지출을 20%대로 확대하면서 복지 선진국을 완성했다. 그 후 1인당 국민소득도 계속 증가해, 4만 달러를 넘어서고 있는 것이다.

2016년 대한민국 1인당 국민소득은 2만 8,000달러, 복지 지출은 10.4%다. 2만 달러에 진입한 이후 마의 3만 달러 아래에서 10년 이상 맴돌고 있다. 1인당 국민소득 1만 달러를 달성한 시기를 보면 핀란드는 1980년대 초, 우리는 1992년이었다. 그런데 당시의 우리 복지 지출은 2.8%이었다. 복지 지출과 국민소득 두 수치를 갖고 다른 복지 선진국과 비교해보면 분명한 것은 1만, 2만 또는 3만 달러가 되어 복지를 했다는 것은 진실과 거리가 멀고, 오히려 그 반대로 복지를 안 해서 3만 달러를 넘지 못한다는 결론에 도달하게 된다.

국민소득 3만 달러 시대는 복지에서 나온다

산업혁명 후 산업화 시대, 정보화 시대를 넘어 이제는 복지 사회 시대다. 복지 사회는 무능하고 게으른 자들이 가진 자의 주머니를 털어 놀고먹는 사회가 아니다. 복지는 혁신과 성장을 위한 디딤돌이다. 복지는 혁신을 뒷받침하고 혁신은 글로벌 경쟁력을 만들고, 이들은 다시 경제 성장과 일자리라는 열매를 맺는다. 성장 열매가 다시 복지 시스템을 강화시키는 무한 반복의 선순환을 이루는 시대가 복지 선진국 시대다. 복지가 완성된 나라는 미래 불확실성을 최소화하고 안정된 환경에서 창조력을 극대화시킬 수 있다. 미래가 불안하면 혁신을 위한 도전이 어렵다.

지금 대한민국은 글로벌 경쟁력이 약화되고 미래 성장 동력이 보이지 않는다. 복지를 디딤돌로 시도 때도 없이 혁신을 추진하는 복지 선진국과의 경쟁에서 뒤떨어질 수밖에 없다. 역동성을 불어넣을 수 있는 비결은 복지에 있다.

우등생이라고 항상 100점 만점만 받지는 않는다. 컨디션이 좋지 않거나 시험이 어려우면 90점을 받기도 한다. 복지 선진국들도 마찬가지다. 세계 경제가 침체되면 경제 정책 전반과 함께 복지를 조정한다. 복지 수준을 100점에서 95점 또는 90점으로 조정하는 것이다. 그러면 한국의 전문가와 언론들은 기다렸다는 듯 '복지 축소' '좌파 몰락'하면서 대서특필한다. 30점을 받은 낙제생이 우등생의 95점 점수에 손가락질하는 못난 모습들이다. 돌이켜보면 이런 낯부끄러운 장면들이 30년 전부터 반복되어 왔다. 그들은 지금도 우등생 95점에 삿대질을 하고 있다. 같은 손가락으로 마의 3만 달러 운운하며 국민 모두 허리띠를 조르자고 목소리를 높인다. 현실은 허리띠와 마른 수건에만 머물러 있지 않다. 허리띠는 목으로 올라가고, 마른 수건들은 비명을 지르며 찢어지고 있다. 그러는 동안 복지 선진국들은 경제 상황에 따라 90점, 100점 만점을 오가며 경쟁력을 키우고 더 나은 복지사회를 만들고 있다. 그들은 여전히 우리보다 2~3배 높은 복지 지출을 유지하고 있다. 국민소득도 4만 달러, 5만 달러 그리고 10만 달러를 향해 달리고 있다. 반면 대한민국은 3만 달러 아래에 머무는 10년 동안 제대로 된 복지가 없었고 복지가 없었기에 혁신이 모자랐고 성장이 정체되어 있었다. 3만 달러를 넘기 위한 비결은 '복지'다.

우리나라의 복지 지출은 10.4%이다(2016년). OECD 35개 국가 중 35위, 꼴찌다. 그럼에도 한국 복지 관련 홈페이지(복지로, http://www.bokjiro.go.kr)를 찾아보면 많은 복지 서비스가 갖추어져 있기는 하다. 개인 생애 주기와 상황에 따라 373개나 되는 복지 서비스가 있다.[4] 373개 서비스는 핀란드보다 많은 숫자다. 의욕은 칭찬받을 만하나 OECD 최하위인 복지 지출 10% 규모로, 373개나 되는 복지 서비스는 어울리지 않는다. 내실을 제대로 갖추었는지 의문이다.

그런데 한국이 자랑할 만한 것은 있다. 의료보험이다. 의료보험이 제정된 연도는 핀란드와 같은 1963년이나 실제로 시행된 때는 15년 지난 1977년 7월이었다. 처음에는 대기업 노동자만 혜택을 받았다. 500인 이상 사업장 중심의 직장 의료보험이 시작이었다. 1979년에 공무원과 사립학교 교직원으로 확대되었고, 1987년에는 5인 이상 중소기업으로, 1989년에 이르러 전 국민이 혜택을 받게 되었다.

대한민국 건강보험제도는 전 세계가 부러워하는 복지 제도다. 복지 제도 3대 축을 꼽으라고 하면 은퇴 후 노후 보장을 위한 노후 연금, 무상 교육 그리고 무상 의료다. 대한민국 건강보험제도는 40년 전에 시작, 실질적으로는 30년 가까이 뿌리내렸다. 완벽한 무상 의료는 아니라 해도 이에 가깝게 발전하고 있는 중이다. 한국은 전체 복지 지출에서 35~45%를 건강보험에 사용하고 있다. 핀란드를 비롯한 다른 복지 선진국은 15~25%대이다. 전체 복지 지출이 OECD 국가 평균인 21%의 절반에도 못 미치고 최하위이지만 의료 분야 비중이 높다는 것은 공공의료 즉 건강보험이 비교적 잘 갖추어져 있다는 반증이다.

한국의 복지 3대 축 가운데 하나인 건강보험은 완성 단계에 있다. 세계가 부러워하는 건강보험제도마저 없었다고 상상하면 끔찍하다. 그러면 오래전에 사회 안전망과 경제 기반이 다 붕괴되었을 것이다. 복지 선진국이 되는 길은 아주 멀고 어려운 것만은 아니다. 이제 나머지 두 개의 대들보인 노후 연금과 무상 교육을 세우고 거기에 여러 작은 기둥들과 지붕을 얹으면 된다. 그러면 다른 복지 선진국처럼 4만, 5만 아니 10만 달러 국민소득 시대를 열 수 있다.

알바비에도 세금을!

강의 때 가끔 알바를 하는 학생들은 손들어 보라고 묻곤 한다. 꽤 많은 학생들이 손을 든다. 공부하기도 바쁜데 등록금과 생활비 때문에 시간을 쪼개 고된 일을 하는 학생들이다. 알바란 힘든 육체 노동이 많고 급여도 넉넉하지 않다. 대부분 최저 임금에 가깝거나 그마저도 제대로 못 받는 학생들이 수두룩하다. 낭만 가득한 대학 생활은 먼 나라 이야기고 모두 힘들고 팍팍하다.

나는 다시 질문을 했다. 손 든 학생들 중에서 알바비에서 세금을 내어 본 적이 있는가, 없다면 내일이라도 낼 의향이 있는가, 하고 물었다. 물론 아무도 없었다. 뭔 생뚱맞은 소리인가 하는 표정도 보였다. 힘들어 죽겠는데 쥐꼬리 만한 알바비에서 세금이라니! 화를 꾹 참는 학생도 있었을 것이다. 물론 대한민국에서는 화를 자초하는 소리다.

그런데 핀란드는 다르다. 핀란드도 많은 대학생이 알바를 한다. 그리고 그들은 알바비에서 세금을 낸다. 칭찬받을 일이냐고 물으면 그들은 당연하다고 한다. 나중에 더 큰 혜택으로 돌아오는데 안 낼 이유가 없다고 대답한다.

복지와 세금은 뗄 수 없는 관계다. 복지 혜택을 받으려면 나라에서 걷는 세금이 높을 수밖에 없다. 그런데 우리는 세금을 많이 거둔다고 하면 걱정부터 한다. 없는 살림에 더 힘들어질까 두려움이 앞선다. 그런데 사실은 반대다. 유엔 산하 지속가능발전해법네트워크

(Sustainable Development Solutions Network, SDSN)에서 발표한 국민행복지수를 보자. '2018년 세계행복보고서'에 의하면 핀란드가 1위이다.[5] 2위에서 10위까지도 세율이 높은 노르웨이, 덴마크, 독일 그리고 스웨덴 등이다. 핀란드 세율은 44.0%, 덴마크는 44.6%로 OECD 평균 34.3%(2015)보다 10% 이상 높다. 반면에 한국은 25.3%로 OECD 평균보다 많이 낮다. 복지 선진국들은 세금이 우리보다 높다. 세금이 많아지면 불행해지는 것이 아니라 행복도가 높아진다.

세상에 공짜는 없다. 신앙에는 기적이 있지만, 경제와 정책에는 기적이 없다. 고품질 복지 시스템을 만들려면 지금보다 높은 세율이 필수적이다. 세금은 다양한 곳에서 복지 비용으로 지출되어 고품질의 복지 시스템을 이룬다. 복지는 다시 혁신으로 전환되고 글로벌 경쟁력을 갖춘 동력이 되어 복지 선진국 대열을 지키고 있다

그런데 소득에 관계없이 모두가 높은 세금을 내는 것은 아니다. 소득에 따라 세율이 다르고 고소득자일수록 세율이 높다. 핀란드 고소득자의 경우 세율이 최대 54%를 넘는다. 한국은 최고 세율이 38%다(2015). 핀란드는 고소득자 추가 증세도 계속되고 있다. 2006년 국부 유출 등 부작용을 막기 위해 부유세는 폐지되었으나 2013년부터 연소득 10만 유로(약 1억 3,000만 원) 이상의 고소득자에게 연대세금(solidarity tax)이란 명목으로 추가 증세를 했다. 부동산 보유세도 계속 높이고 있다. 그래도 불만이 별로 없다. 특이한 점은 핀란드는 지금도 세금이 많은 편인데 극우 정당으로 알려진 핀란드인당(Finns Party)은 더 많은 복지 지출을 위해 부자들의 세금을 올려야 한다고 주장하

고 있다는 사실이다. 복지 선진국에는 세금 폭탄 운운하는 식의 조세 저항은 아주 드물다. 있다 해도 소수이고 사회적 합의로 결정되면 엄격하게 지킨다.

납세는 당연한 의무이며 그 혜택은 더 많이 돌아올 것이라는 신뢰와 투명한 사회, 열린 마음이 있기에 가능하다. 세금은 정부가 내 지갑에서 뜯어가는 그 무엇이 아닌 투자다. 이웃에서 안락한 노후를 즐기는 노인을 보며, 미래에 노인이 될 자신에게 투자하는 것이다. 가까운 선배가 결혼해 아이를 가졌을 때 임신에서부터 대학 교육까지 무상으로 지원해주는 것을 보면 세금은 뜯기는 것이 아니라 미래에 대한 투자임을 알게 된다. 투자라면 증식과 회수가 확실해야 한다. 투자의 증식과 회수를 투명하고 효율적으로 할 수 있는 정부가 필수적으로 있어야 한다. 성실 납세는 투명 사회와 신뢰도 높은 정부가 먼저 전제되어야 하는 것이다.

세율은 핀란드가 한국보다 훨씬 높다. 국민총생산 대비 평균 세율을 보면 한국이 25.3%인데 반해 핀란드는 44%에 이른다. 주요 세금 제도를 비교해 보면 두 나라 모두 소득에 따라 달라지는 누진세 체계를 갖고 있다. 핀란드는 지방 자치 제도가 전통적으로 강해 지방세가 한국보다 높다. 표준부가가치세 역시 한국의 10%에 비해 24%로 높다. 단, 의료품과 도서 등 공익성이 강한 품목은 10~14%로 우대해준다. 특이한 점은 교회세이다. 국민의 90% 이상이 루터교를 믿기 때문에 일괄적으로 징수하고 있다.

OECD 국가별 복지 관련 지표(2015) [6]

항목		OECD 평균	한국	핀란드	덴마크	독일	영국	미국
국민행복도(156개국 대상)		–	57위	1위	3위	15위	19위	18위
GDP 대비 (%)	평균 세율	34.3	25.3	44.0	46.6	36.9	32.5	26.4
	개인 소득 세율	8.4	4.0	13.4	26.8	9.6	8.8	10.7
	복지 지출	21.0	10.4	30.8	28.7	25.3	21.5	19.3
빈곤도 (%)	전체	12.4	14.6	7.1	5.4	9.1	10.4	17.5
	65세 이상	12.1	48.8	6.6	3.8	8.4	13.5	21.0
정부 신뢰도		46	28	52	52	62	44	35
세무 감사 추징액 비율(%)*		–	6.9	0.7	3.3	3.5 (2011년)	4.4	2.0

* 한국경제연구원 연구보고서(2016), 세무조사의 경제적 영향과 제도개선 방향(조경엽).

한국과 핀란드 주요 세율 [7]

항목		한국	핀란드	비고
소득세	국세	0~1,200만 원: 6% 1,201~4,600만 원: 15% 4,601~8,800만 원: 24% 8,801~1.5억 원: 35% 1.5억 원 초과: 38%	0~16,300유로: 8유로 16,301~24,300유로: 6.5% 24,301~39,700유로: 17.5% 39,700~71,400유로: 21.5% 71,401~100,000유로: 29.75% 100,001 유로~: 31.75%	핀란드는 교회세 부과: 1.0 ~ 2.2%
	지방세	결정세액(국세)의 10%	16.5 ~ 22.5%	
부가가치세		10%	기본 24% / 식품, 동물 사료, 물은 14% / 영화, 도서, 의약품 등은 10%	
법인세		2억 원: 10% 2억 원 이상~200억 원: 20% 200억 원 이상: 22%	20%	

또한 앞의 표에서 보듯이 핀란드와 우리나라 세무 감사 추징액 비율을 보면 우리나라는 6.9%, 핀란드는 0.7%다. 핀란드에 비해 세무 조사에 의한 추징액이 10배 가까이 높다. 그만큼 성실 납세와 투명성 등에서 뒤떨어진다고 할 수 있다. 객관적이고 투명한 선진 세무 체계를 갖추고 성실한 납세 비율이 높은 나라일수록 세무 조사 비율도 낮다.

그리고 세금 감면 난맥상도 문제다. 표에 나타난 우리 세율은 겉으로 드러난 수치일 뿐이다. 예를 들어 법인세에는 세금 감면 조항이 산더미같이 많다. 한국 경제는 1960년대부터 수출 드라이브 정책으로 대기업을 위한 온갖 감세 혜택을 펼쳐왔다. 수출 규모에 따라 세금을 면제받거나 돌려받는 것에 익숙해져 있다. 공식적 세율 수치의 그늘에 숨어있는 납세 예외 조항들을 다 노출시켜 보면 실제 세율이 얼마인지는 아무도 모른다. 세금 감면과 예외 조항을 최소화해야 한다. 최소화 기준은 사회적 약자를 보호하거나 공익성을 띠거나 국가 경쟁력 강화의 경우만으로도 충분하다. 이는 사회적 대타협으로 투명하게 결정할 수 있다.

핀란드에 비해 국민총생산 대비 세율이 낮은 것은 서민들의 세금이 적어서가 아니라, 세금에 노출되지 않은 막대한 지하 경제와 과세의 불투명성과 불공정성으로 인한 비정상이 더 문제이기 때문이다.

고액 납세자를 질투하는 날

핀란드에는 '국가 질투의 날(Day of National Jealousy)'이 있다. 연말이면 핀란드 언론은 앞다투어 고소득자와 고액 납세자들을 발표한다. 연령대별 분석도 빠뜨리지 않는다. 그해 누가 얼마나 벌었고 세금을 잘 내고 있는지 상세히 알 수 있다. 고액 납세자를 보면서 부러워하기도 하고 한편으로 자극도 받는다. 그래서 이 날을 '질투하는 날'이라고 부른다. 부자는 노력한 만큼 여유로운 삶을 즐길 자격이 있다. 다만 여유분을 세금으로 내거나 기부하면 나라에 도움이 되고 존경을 받는다. 부자가 돈을 많이 벌수록 세금도 많이 내면 질투도 사라진다. 부자가 내는 세금이 공익과 연결된 시스템에 정착되면 배 아파하는 질투는 존경으로 바뀐다.

핀란드는 부자가 부러움과 함께 존경도 받는 나라다. 돈이 많은 것만큼 책임도 커진다. 세금을 많이 내는 것도 그중 하나지만 범칙금에서도 이런 원칙이 통한다. 만일 당신이 차를 몰다 과속으로 교통경찰에게 걸렸다고 가정해 보자. 일단 경찰이 단순 실수인지 아니면 알고도 법과 규칙을 어겼는가 하는, 고의성 유무(intentionally or not)를 먼저 따진다. 단순 실수라고 판단되면 훈방 등 가벼운 징계로 끝난다. 하지만 고의성이 짙다고 판단되면 범죄로 보고 처벌을 한다.

그런데 범칙금은 소득에 따라 다르다. 교통경찰은 무선 통신으로 국세청에 납세 기록을 확인하고 소득에 따라 벌금을 정한다. 예를 들어 몇 년 전 노키아 부사장이 시속 50㎞ 구간에서 75㎞로 주행하다

11만 6,000유로(당시 환율로 약 1억 8,000만 원) 범칙금을 냈다. 어떤 육가공식품업체 상속자는 헬싱키 도심 시속 40㎞ 구간에서 80㎞로 주행하다가 17만 유로(당시 환율로 2억 6,000만 원)의 범칙금을 냈다. 범칙금도 부자가 지켜야 할 사회적 책임에 따라 가중된다는 핀란드식 상식에 의해서다.

노블레스 오블리주(Noblesse Oblige)는 우리에게도 익숙한 단어다. 부와 권력, 명성은 책임이 따른다는 뜻이다. 한국에서도 간혹 부자가 거액의 기부금을 내거나 선행을 하는 미담을 듣는다. 그런 뉴스를 들을 때마다 감탄과 함께 더 많은 부자들이 참여하길 바라는 마음이다. 그런데 핀란드에서는 가끔 듣는 소식이 아니다. 노블레스 오블리주가 일반화되어 있고 사회적 합의로 제도화되어 있다. 높은 세금과 가중된 범칙금도 같은 맥락이다. 부자는 더 많은 책임을 진다는 원칙을 법제도에 고정시켰다. 얼마 전 주식 매각으로 큰돈을 번 슈퍼셀 창립자가 후배들의 스타트업 기업 인큐베이션을 위해 거액의 후원금을 알토대학 스타트업 사우나에 기부한 것도 일례다.

이러한 사회 분위기로 인해 핀란드 부자는 부러움과 함께 존경을 받는다. 호화 저택이나 사치스러운 생활은 부러움의 대상이 되지 않는다. 오히려 허영이라며 손가락질을 당한다. 지역 사회에서 소통하며 취미와 봉사를 함께 하는 부자, 검소하고 나누는 부자가 높은 인격과 품위를 가진 진짜 부자로 존경받는다. 존경받는 부자가 많을수록 존경받는 부자 나라가 된다. 또한 세계가 부러워하는 복지 선진국이 된다.

옆집 납세 내역까지, 투명성의 원칙

복지 선진국에서 세금은 국가가 내 통장에서 뜯어가는 도적질이 아니라 투자다. 단 한 명이라도 불행한 아동이 없는 사회를 만들고, 안락한 노후를 즐기는 노인을 보면서 나 자신과 자손들에게 투자하는 것이다.

그런데 투자한 돈은 증식되고 회수가 확실해야 한다. 투자했는데 사기 당하는 일이 있으면 곤란하다. 높은 세금을 내는 고소득자뿐만 아니라 적은 세금을 내는 서민도 세금이 올바르게 사용되는 모습을 지켜봐야 한다. 세금이 제대로 사용되고 나에게 잘 돌아오는지 알 필요가 있다. 이를 위해서는 무엇보다 투명성 확보가 우선이다. 핀란드가 연말에 고액 납세자를 공개하는 질투의 날도 투명한 사회이기 때문에 가능한 것이다.

핀란드는 어느 분야든 투명성과 공개주의가 절대 원칙이다. 세금과 관련된 모든 것 또한 투명하게 공개된다. 납세부터 집행까지 완벽히 투명한 청정 지대다. 엄격한 법제도와 부처 간 견제와 감시도 날카롭다. 한국 사회처럼 '공무원 비리', '눈먼 돈', '중복 투자' 같은 단어가 발붙일 곳이 없다. 그뿐만이 아니다. 예를 들어 이웃 사람이 갑자기 고급 차를 구입해서 몰고 다니면 누구나 그 집의 납세 내역을 쉽게 확인할 수 있다. 핸드폰으로 지역 등기소에 문자만 보내면 그가 세금을 제대로 납부했는지 바로 답변을 해준다. 개인뿐 아니라 법인 납세 내역은 누구에게나 열려 있고 자유롭게 열람할 수 있다.[8] 내 정보를 열람했다고 해서 기분 나빠하지도 않는다.

투명성은 조세 정의의 첫걸음이다. 투명하지 않을수록 부정, 불공정이라는 병균에 오염되기 쉽다. 어두운 그늘이 생길 가능성이 조금이라도 있다면 활짝 열어 공개하고 햇볕을 쪼여 없앤다.

옆집 납세 내역까지 볼 수 있는 제도를 개인 재산권 또는 프라이버시 침해로도 볼 수 있을 것이다. 그런데 재산권 침해 논란은 핀란드와 어울리지 않는다. 핀란드는 자본주의의 첫 번째 덕목인 사유재산권 보호 세계 1위 국가이다. 세계경제포럼 등 여러 국제 기관에서 자본주의 모범 국가로 인정하고 있다. 그런 핀란드에서도 세금을 내지 않는 것은 범죄다. 세금 도둑에게 관용은 없다. 투명한 사회는 사유재산권 침해가 아니라 타인의 성실 납세를 보호함으로써 더 증진시킨다고 믿는다.

핀란드 사람들은 어릴 적부터 열린 마음을 배운다. 열린 마음으로 협동하며 그룹 별로 서로 모르고 아는 것을 나누며 함께 성장한다. 이런 교육과 성장 과정을 거친 그들에게 열린 마음은 몸속 모세혈관, 세포 하나에까지 깊게 새겨져 있다. 열린 마음은 열린 사회를 만든다. 내 납부 세액을 이웃에 공개해도 아무렇지도 않은 사회를 만든다. 투명하고 열린 정부 역시 당연히 따라온다. 핀란드도 세금에 관한 한 엄격한 법제도를 갖추고 기관끼리 견제 혹은 감시도 한다. 그런데 이미 투명하게 열려 있다. 투명 사회에서 편법, 불공정은 발붙이기 어렵다.

핀란드 따라 하기로!

한국 사회에서 복지를 말하면 따라붙는 이슈가 있다. 증세와 재정 적자이다. 복지 지출을 위해 세금을 더 거둬야 하고 그러면 재정 적자가 늘어나 나라 살림이 거덜날 수 있다고 한다. 증세는 곧 세금 폭탄을 의미해 부자가 아니라도 많은 사람이 거부감을 갖는다. 특히 유리지갑을 갖고 성실 납세하는 월급쟁이는 더욱더 그렇다. 폭탄까지는 아니더라도 과세 표준 변동에 따라 중산층이 유탄을 맞을 수 있다. 그렇다면 증세를 최소화시키고 복지 지출을 늘리는 방법이 없을까? 쉬운 방법이 있긴 하다. 핀란드 따라 하기다.

만일 핀란드처럼 모든 납세 정보를 공개하면 어떨까? 상상해보자. 핀란드식으로 납세 실적을 열람할 수 있다면 많이 달라지리라고 본다. 신고나 고발 목적이 아니다. 이웃이 열람했다고 해서 신고로 연결되면 갈등 같은 괜한 부작용만 생긴다. 기대 효과는 따로 있다. 단순한 열람만으로도 효과는 거둘 수 있다. 내 세금 납부 내역을 이웃이 열람할 수 있다는 상황 자체만으로 성실 납세를 유도할 수 있다. 어두운 골목길에 쌓였던 쓰레기가 환한 가로등만 설치해도 줄어드는 것과 같은 원리다. 감시용 CCTV까지도 필요 없고 작은 가로등 하나면 된다. 그럼 조세 행정 공정성도 올라갈 것이다. 조세 당국이 제대로 의무를 하고 있는가를 온 국민이 지켜보게 되는 것이다.

열린 마음과 투명 공개가 일상화되면, 핀란드처럼 세무 조사에 의한 추가 징세 역시 줄어들 것이다. 소모적이고 징벌 성격의 세무 조사도 최소화할 수 있다. 투명한 공개 그 자체만으로 성실 납세 비율이 올라갈 것이다. 이렇게 되면 서민 증세는 제로 아니면 최소한의 증세로 복지 선진국 진입이 가능할 것이다. 투명하게 공개하면 세금 도둑이 설 자리가 줄어들 것이다. 최소한의 비용으로 최대 효과를 거둘 수 있는 방안이다.

세금은 모든 국민이 알아야 할 중요한 정보다. 어떻게 내는 것 이상으로 어떻게 쓰는 가도 투명하게 공개되어야 한다. 예산 확정과 배정, 집행 등 모든 과정이 투명하게 그리고 꼼꼼하게 실시된다면 눈먼 돈, 혈세 낭비, 중복 예산 같은 소리가 사라질 것이다. 기업은 한 푼의 이익이라도 더 짜내기 위해 꼼꼼하게 예산 지출 관리를 한다. 정부 예산 집행도 기업식으로 못할 것이 없다. 한국은 이미 세계 10위권 경제 대국이다. 돈이 없는 것이 아니라 투명하지 못하고 공정하지 못하기 때문에 쉽게 할 수 있는 많은 것을 놓치고 있다. 핀란드처럼 투명성과 공정성이 확보된다면 서민 증세 없이 어렵지 않게 복지 선진국으로 갈 수 있을 것이다.

FINN VS KOREAN | 서로 많이 닮은 3

외로운 늑대들의 페노만 운동

핀란드인들은 '외로운 늑대'라고 불릴 만큼 북쪽 땅에서 조용하게 살아온 민족이다. '외로운'은 고독을 연상시키지만 '늑대'라고 불리는 이유는 따로 있다. 평소에는 조용하고 수줍음을 잘 타는 사람들이지만 전쟁터에 나서면 그들은 180도로 달라진다. 그들은 어느 민족보다도 사납고 용맹했다. 특히 스웨덴 식민지 시절, 핀란드인으로만 편성된 경기병(하카펠리타트, Hakkapeliitat)의 활약은 유명했다. 핀란드 병사들은 체구가 작고 지구력이 강한 핀란드산 종마 – 몽고말이나 제주 말과 비슷 – 를 타고 돌격하면서 "하카펠리(Hakkaa päälle, 놈들의 목을 쳐라)!" 하고 크게 함성을 질러 적들을 공포를 떨게 했다.

650여 년 스웨덴 지배가 끝나고 1809년에 핀란드의 새로운 주인이 된 러시아는 핀란드군과 적으로 맞서 싸운 경험이 많다. 그들의 용맹을 직접 겪은 러시아는 핀란드를 정복한 후에도 강압적인 통치 대신 유화 정책을 폈다. 핀란드인의 저력인 불굴의 시수 정신과 용맹은 총칼로 쉽게 꺾을 수 없음을 알고 있었던 것이다.

러시아는 핀란드인들의 일상 생활을 비교적 자유롭게 보장해주었으나 핀란드를 스웨덴과 멀어지게 하고 싶었다. 러시아는 1812년에 핀란드의 수도를 스웨덴 땅과 인접한 투르크에서 러시아에 가까운 작은 어촌 헬싱키로 옮겼다. 가장 오래 된 대학인 투르크대학(Turku University, 1640년 설립)도 헬싱키로 옮겨 지금의 헬싱키대학이 되었다. 헬싱키는 명실상부한 정치, 경제, 종교, 교육, 문화의 중심지로 성장했다.

특히 헬싱키 인근 남부 해안과 러시아와 인접한 국경 지대는 발전을 거듭했다. 핀란드는 유럽의 관문이 되어 물류와 산업의 중심지로 성장했다. 18세기 말부터 유럽 전역에 퍼진 산업혁명의 여파도 핀란드 발전에 큰 몫을 했다. 근면 성실하고 손재주가 뛰어난 핀란드 사람들은 러시아인에 비해 노동력의 수준이 높았고 생산성도 뛰어났다. 자유로운 신분에서 나오는 자발적인 창의력과 오랜 자치 경험은 농노제에 얽매어 있던 러시아인에 비해 월등이 높은 경쟁력을 보였다.

게다가 척박한 땅에서도 자랄 수 있는 감자가 들어오면서 식량 부족도 많이 해소되었다. 천연두 예방주사가 유럽 전역에 공급되어 인구 증가에도 큰 도움을 줬다. 러시아와 유럽 대륙을 잇는 중개무역이 활발해지면서 상인들도 부를 축적해 갔다. 1863년에 핀란드 자치 의회가 구성되고, 자유 경제가 허용되면서 경제 발전을 주도할 법안들이 속속 만들어졌다. 항구와 철도, 통신과 같은 인프라가 건설되었고, 기계 공업이 발전해 해변에는 조선소, 숲이 많은 내륙에는 목재 공장이 세워졌다. 핸드폰으로 유명했던 노키아도 이 시기에 창업한(1871년) 목재 공장 중 하나였다.

1863년은 핀란드 역사에 큰 의미가 있는 중요한 해다. 핀란드어가 처음으로 공식어로 인정받은 것이다. 비록 관공서에서만 쓸 수 있었지만 핀족어는 그들을 한 민족으로 묶는 유일한 연결 고리였다. 우리 민족은 일제강점기에도 독립해서 되찾아야 할 나라가 있었지만, 핀란드인에게는 사실 되찾을 조국조차 없었다. 건국과 함께 역사에 등장한 나라가 아니었기 때문이다. 유럽의 다른 민족들이 중세 이후 국가를 세워 발전하고 있을 때도 그들은 추운 변방에 흩어져 사는 부족민에 지나지 않았고 곧 스웨덴에 정복당했다. 하나의 민족이라는 의식을 갖기도 전이었다. 핀란드라는 이름도 15세기에 생겨났다. 나라를 세운 적이 없었으니 당연히 조국이라는 의식도 없었다.

그러나 그들에게도 우리처럼 오천 년 이상 써온 민족어인 핀란드어가 있었다. 자신들의 민족어가 공용어로 인정되자 이를 계기로 그들은 '우리말 찾기'운동을 일으켰다. 페노만 운동(Fennoman movement)이었다. 핀란드어 대서사시인 『칼레발라』(1835년에 쓰였다. '칼레발라'는 핀란드를 상징하는 시적 언어로 '영웅들의 나라'라는 뜻이다.)가 다시 사람들에게 큰 울림을 주면서 페노만 운동으로 구체화되었다. 페노만 운동은 스웨덴 귀족이었던 요한 스넬만(Johan V. Snellman,

1806~1881)이 러시아 지배 체제는 인정하지만, 학교에서는 핀란드어를 가르쳐 민족의식을 되찾아야 한다고 주장하면서 시작되었다. 그의 사상은 핀란드 사람들을 하나로 묶어 훗날 독립에 이르는 결정적인 역할을 했다.

많은 사람들이 자신이 서 있는 자리와 분야에서 페노만 운동 전파에 앞장섰다. 언어학자인 카스트렌은 우랄알타이어 이론 발표를 했고, 저널리스트였던 아돌프 아르비드손(Adolf Arwidsson, 1791~1858) 또한 "우리는 더 이상 스웨덴인이 아니고, 러시아인도 되고 싶지 않으며, 모두 핀란드 사람으로 돌아가자.(Swedes we are not, no-longer,

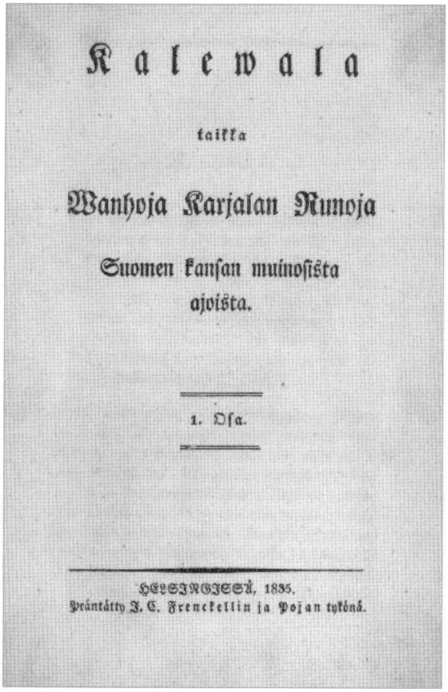

Kalewala

taikka

Wanhoja Karjalan Runoja

Suomen kansan muinosista
ajoista.

1. Osa.

HELSINGISSÄ, 1835.
Präntätty J. C. Frenckellin ja Pojan tykönä.

1835년 발간된 『칼레발라』의 속표지

Russians we do not want to become, let us therefore be Finns.)"라고 외치며 민족의 자긍심을 일깨웠다. 이 문구는 페노만 운동의 구호가 되었다.

그러나 러시아의 마지막 황제 니콜라이 2세(Nikolai Ⅱ, 1868~1918)는 1899년 2월에 이른바 '2월선언'을 공포해 핀란드의 자치권을 빼앗았다. 언론 검열이 시작되었고 핀란드인들에게 국교와 다름없는 루터교를 러시아정교 아래에 복속시켰다.

핀란드인들은 당황했다. 페노만 운동과 『칼레발라』로 민족주의 운동이 번지고 있던 때여서 더욱 받아들일 수 없었다. 일말의 희망을 갖고 '2월선언'의 폐기를 요청하는 청원서를 만들어 50만 명이 넘는 핀란드인들의 서명을 받아냈다. 당시 인구가 270만 명이었다. 교통도 통신도 불편했던 그 시대에 총 인구의 1/5 가량의 서명을 받아냈다는 것은 온 민족의 염원을 담은 것이나 다름없었다.

시벨리우스는 다른 문화예술인들과 함께 분노하며 대서사시 『칼레발라』와 고난의 민족사를 담은 교향곡, '핀란디아'를 발표했다. 우리에게도 익숙한 이 교향곡은 '2월선언'을 한 1899년, 그의 나이 34세 때 작곡한 것이다. 러시아 정복자들의 파괴 아래 추위와 전쟁의 폐허 속에서 울고 있는 아이들을 그린, '핀란드여 일어나라(Soumi herää)'는 곡이었다. '수오미(Soumi)'는 핀란드를 일컫는 말로 호수의 나라라는 뜻을 담고 있다. 이 교향곡은 핀란드인들 가슴에 불을 지펴 독립에 대한 염원과 투쟁 정신을 고취시켰다. 러시아 정부는 즉각 공연을 금지했다.

이듬해인 1900년에 러시아는 핀란드어 사용도 금지했다. 1901년에는 핀란드 군대의 지휘권을 박탈하고 강제 징병을 실시했다. 2년 후, 모든 핀란드인 공무원들을 직장에서 몰아냈고 언론도 폐쇄했다. 핀란드 사람들은 실망을 넘어 절망했다. 본격적인 저항이 시작되었다. 1904년 독재와 철권을 휘두르던 러시아 총독이 핀란드 청년에게 암살당했다.

그로부터 13년 후, 러시아혁명의 소용돌이 가운데 차르 체제가 무너지면서 핀란드는 독립할 절호의 기회를 맞게 된다. 1917년 10월 러시아혁명으로 레닌(V. I. Lenin, 1870~1924)이 공산정권을 수립하자, 핀란드 자치의회를 장악한 보수 우파들은 발 빠르게 임시정부를 구성하고 같은 해 12월 7일 핀란드 독립을 선언했다. 그러나 대외적으로는 아직 러시아 식민지였기 때문에 보수파 수반인 스빈후부드(P. Svinhufvud, 1861~1944)가 대표단을 이끌고 레닌을 찾아가 독립을 요구했다. 레닌은 과거 핀란드에서 망명 생활도 했고 평소에도 인근 소국들의 독립을 주장해왔던 인물이었다.

그러나 레닌을 찾아온 이들은 러시아에 우호적인 좌파가 아니라 우파 불청객이었다. 레닌은 며칠을 고민했다. 결국 1917년의 마지막 날인 12월 31일 늦은 밤에 레닌은 스빈후부드가 들고 온 독립 문서에 서명을 했다. 그리고 공산주의 지도자 레닌과 핀란드 반공주의자는 악수를 나누며 핀란드 독립이라는 새로운 역사를 열었다. 강대국의 틈바구니에서 크고 작은 전쟁과 수탈을 겪으며 정체성에 대해 고민하던 핀란드인들은 각고의 노력 끝에 마침내 스스로의 운명을 결정할 수 있게 되었다.

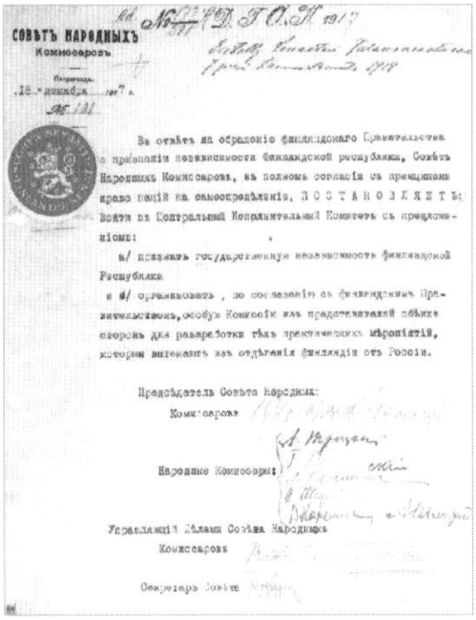

СОВѢТЪ НАРОДНЫХЪ
Комиссаровъ
Петроградъ.
18 декабря 1917 г.
№ 101

Въ отвѣтъ на обращеніе Финляндскаго Правительства о признаніи независимости Финляндской республики, Совѣтъ Народныхъ Комиссаровъ, въ полномъ согласіи съ принципами права націй на самоопредѣленіе, ПОСТАНОВЛЯЕТЪ: Войти въ Центральный Исполнительный Комитетъ съ предложеніемъ:

а/ признать государственную независимость Финляндской Республики

и б/ организовать, по соглашенію съ Финляндскимъ Правительствомъ, особую Комиссію изъ представителей обѣихъ сторонъ для разработки тѣхъ практическихъ мѣропріятій, которыя вытекаютъ изъ отдѣленія Финляндіи отъ Россіи.

Предсѣдатель Совѣта Народныхъ Комиссаровъ

Народные Комиссары:

Управляющій Дѣлами Совѣта Народныхъ Комиссаровъ

Секретарь Совѣта

레닌이 서명한 핀란드 독립 문서

투르크시에 있는 레닌 동상

흥미로운 것은 소련 몰락 이후 레닌의 흔적이 지구상에서 다 지워졌는데 핀란드에만 남아 있다는 사실이다. 탐페레(Tampere)시에는 세계 유일의 레닌박물관이 있다. 또한 레닌이 망명 시절 머물렀던 핀란드 여러 도시 곳곳에도 그의 동상들이 눈에 띈다. 레닌의 흔적을 보존하는 이유는 단 하나, 그가 독립선언문에 서명을 했기 때문이다.

chapter 4

핀란드의 저력, 그 네 번째 이야기

사회적 대타협이란 또 하나의 바퀴

– 노사정이 이끌어낸 사회통합

나라별 사회통합 수준을 진단하고 비교 분석한 한국보건사회연구원의 사회통합에 관한 보고서가 있다. 2015년 보고서[1]는 OECD 35개 국가 중 30개국을 대상으로 조사했는데, 통합지수를 크게 네 영역으로, 1)사회적 포용, 2)사회적 자본, 3)사회 이동 그리고 4)사회 갈등과 관리로 구분했다.

첫 번째, 사회적 포용은 사회 구성원의 권리 실현과 삶의 질 향상에 필요한 제도적 역량을, 두 번째, 사회적 자본은 타인· 제도에 대한 신뢰와 이해 및 관용의 정도, 그리고 사회 참여로 표출되는 시민 역량에 대한 것이다. 세 번째, 사회 이동은 직업 · 계층별 이동 가능한 제도와 역량을, 마지막 사회 갈등과 관리는 사회 갈등의 수준과 이를 관리할 수 있는 시민 · 제도의 역량을 말한다. 통합에 관련된 모든 지표를 총망라했다.

이 보고서는 1995년부터 2015년까지 5년 단위로 3번 비교했는데, 30개국 가운데 핀란드가 3, 4위, 한국은 꼴찌에서 두 번째인 29위다. 1995년부터 최근인 2015년까지 세 번 모두 29위였다.

OECD 주요 국가들의 사회통합지수(2015)

국가	순위	종합 지수	순위	사회적 포용	순위	사회적 자본	순위	사회 이동	순위	사회 갈등과 관리
덴마크	1	0.935	4	0.732	6	0.814	1	0.859	4	0.787
노르웨이	2	0.858	1	0.786	1	0.907	4	0.662	9	0.656
핀란드	3	0.854	6	0.667	4	0.861	3	0.722	1	0.819
스웨덴	4	0.803	12	0.562	2	0.905	2	0.762	3	0.792
프랑스	6	0.701	3	0.769	20	0.562	10	0.522	12	0.615
스위스	8	0.660	14	0.544	5	0.817	7	0.546	6	0.739
네덜란드	9	0.648	13	0.551	14	0.630	6	0.593	5	0.745
독일	12	0.601	10	0.582	13	0.631	12	0.503	8	0.660
영국	14	0.496	20	0.477	18	0.572	17	0.411	7	0.705
일본	19	0.411	27	0.363	9	0.683	13	0.481	17	0.515
미국	27	0.249	29	0.335	17	0.586	29	0.234	22	0.471
한국	29	0.207	30	0.266	22	0.521	24	0.344	26	0.377

출처: 한국보건사회연구원 연구보고서(2016), 사회통합지수 개발 연구(정해식 외).

한국의 낮은 사회통합 수준은 새삼스러운 일이 아니다. 1960년대 산업화 과정 이후 성장 위주 발전 모델이 한계에 이르면서 갈등 요인들이 축적된 결과다. 과거는 그랬다 해도 앞으로가 문제다. 양극화, 줄어드는 일자리, 비정규직, 청년 실업, 노사 갈등, 노인 빈곤, 낮은 출산율과 고령화, 그로 인한 세대 간 갈등 등 곳곳에서 균열과 불신의 골이 더 깊어지고 있어서다. 낮은 수준의 사회통합은 곧 높은 갈등 사회임을 뜻하고 막대한 유형무형의 경제적 손실로 연결된다. 결국 글로벌 경쟁력에서 뒤처질 수밖에 없다.

특이한 점은 1등에서 4등까지 모두 높은 국민소득과 복지로 유명한 노르딕 국가들이 차지했다. 이들 나라들은 어떻게 이토록 사회통합을 잘 이루고 있는지 그 비결이 궁금하지 않을 수 없다.

갈등 요소를 노출시키면서 대타협을 시작

노르딕 국가들이 사회통합을 잘 이루는 방식이나 비결은 다양하겠지만 나는 먼저 사회적 대타협에 방점을 찍고 싶다. 사회적 대타협은 노사정 3자 협의(Tripartism), 또는 사회 코포라티즘(social corporatism)이라고도 불린다. 사회통합 최상위의 노르딕 국가들은 모두 사회적 대타협을 성공시켰다. 시기와 방법은 조금씩 다르지만 사회 구성원 모두 참여하는 대타협이었다.

사회적 대타협이 가져다주는 효과는 크다. 갈등 요인을 미리 노출해 타협을 통해 통합을 이루면 국민 역량을 극대화할 수 있다. 대타협을 통해 노르딕 국가들은 갈등과 분열로 인한 사회적 · 경제적 손실을 최소화해왔다. 대내외 위기 상황이 닥칠 때마다 그들은 사회적 대타협이라는 장치를 통해 변화에 적극 대응하며 높은 글로벌 경쟁력을 유지해왔던 것이다. 글로벌 경쟁력 이외에도 낮은 갈등 지수와 부패지수, 높은 투명도 등 파생된 효과들은 수없이 많다. 사회적 대타협을 법제화한 나라도 있지만 대부분 일종의 관습법같이 상시적 제도로 정착시켰다.

복지 선진국들의 사회적 대타협은 오랜 역사를 갖고 있다. 가장 먼저 시작한 나라는 덴마크였다. 덴마크는 120여 년 전인 1899년에 이미 '9월 협약(September Accord)'을 맺어 사회적 대타협의 전통을 세웠다. 노르웨이는 1935년 '노사정 기초 협약(Basic Agreement)'을 맺었고, 스웨덴도 '살트셰바덴 협약(Saltsjöbaden Agreement)'을 1938년 12월에 맺었다. 핀란드는 1940년 소련과의 제1차 소련핀란드전쟁 와중에 '1월 협약(January Engagement)'을 시초로 1968년 3월에 '소득정책 협약'을 체결했다.

사회적 대타협이 경제 성장과 복지를 완성한 후 풍족한 시기에 시작되었다고 생각하면 대단한 오해다. 이는 복지 선진국들의 복지가 경제 성장을 이룬 후에 시작했다는 궤변과도 같다. 그들이 사회적 대타협을 시작한 시기는 모두 갈등과 위기가 최악으로 치닫던 때였다.

덴마크의 1899년 '9월 협약'은 19세기 말 산업혁명 이후 저임금과 노동 조건 악화로 갈등이 최고조에 이른 때에 맺어졌다. 1898년에 노조가 전국적으로 조직되었고 1899년 총파업이 벌어지면서 노사 간의 갈등이 4개월이나 계속되었다. 경제는 마비되었고 국가는 위기를 맞았다. 갈등이 최고조인 상황에서 1899년 대타협을 성공시켰다. '9월 협약'의 기본 정신은 '갈등에 기초한 합의'였고, 이 합의는 현재까지 지켜지고 있다.[2]

'갈등에 기초한 합의'란 갈등이 생길 수밖에 없는 노사 간 대립 관계를 미리 노출하고 인정하는 것이다. 갈등 자체를 없는 것마냥 무시하거나 덮어버리면 아무것도 시작할 수 없다. 갈등을 인정하면서 서로를 존중하면 원하는 바를 주고받는 타협에 다가갈 수 있다.

덴마크의 사회적 대타협은 유연안정성(Flexicurity)과 황금의 삼각형(Golden Triangle) 모델로 완성했다. 유연안정성이란 이율배반적인 신조어다. 덴마크는 이 신조어의 의미 그대로, 노사 간 갈등을 인정하고 양측이 원하는 것을 절묘하게 결합했다. 사용자가 원하는 자유로운 해고 등 유연성(Flexibility)과 노측이 원하는 실업급여 등을 통한 소득 보장(Security)을 주고받은 대타협이었다. 여기서 유연(Flexi)과 안정성(curity)을 결합한 신조어가 만들어졌다. 게다가 정부의 고용안정성을 위한 적극적인 노동 시장 정책이 더해져 황금의 삼각형 모델이 만들어졌다. 기업 입장에선 노동 유연성으로 해고와 채용이 쉽고, 노동자는 4년간 실업급여를 받아 기본 소득을 보장받았다. 특히 저소득 그룹은 급여의 90%까지 받을 수 있게 했다.

노동자의 20%가 실업을 경험하지만 그래도 장기 실업률은 높지 않다. 기업도 맘대로 해고할 수 있지만 경험 많은 장기 근속자를 원하므로 꼭 필요할 때가 아니면 해고하지 않는다. 하지만 상황에 따라 유연하게 기업이 대응할 수 있어 경쟁력이 높아질 수밖에 없다. 노동자 입장에서도 손해 볼 것은 없다. 해고되어도 정부에서 기본 소득을 보장해주는 적극적인 노동 정책 덕분에 새로운 기술을 배우거나 재충전할 수 있기 때문이다.

양측의 갈등 요소를 인정하고 서로 주고받음으로써 유연안정성이란 신조어를 만들었고 그 원칙은 현재까지 이어지고 있다. 이러한 산업 구조는 해외로부터 많은 기업 투자를 이끌어내는 추가 효과도 얻었다. 소규모 개방 경제 구조인 덴마크에게는 세계화와 개방화 물결에 적합한 모델이라고 할 수 있다. 물론 세계에서 가장 높은 세금 즉, 국민소득 대비 44.0%라는 세율과 30.8%라는 최고의 복지 지출이 뒷받침되어 있기에 가능하다. 그 바탕 위에 세계 최고 수준의 1인당 국민소득과 복지 사회를 완성했다.

노르웨이 역시 격심한 사회 갈등 속에서 사회적 대타협이 이뤄졌다. 노르웨이는 1932년부터 계속된 경제 위기로 실업률이 20%에 육박했다. 이에 대한 해결책이 1935년의 노사정 기초 협약이었다.

스웨덴의 상황은 더 심했다. 1920년대부터 파업과 직장 폐쇄 등 각종 노사 분쟁이 끊이지 않았다. 대공황까지 겹쳐 실업률이 30%에 달했고, 1931년 총파업 때는 진압군의 발포로 5명이 사망하는 참사도 겪었다. 당시 스웨덴은 유럽에서 가장 가난하고 파업과 직장 폐쇄가 거듭되는 갈등의 땅이었다. 미래는 암울하기만 했다. 갈등과 위기가 최고조로 이르렀던 그때 유명한 '살트셰바덴 협약'이란 사회적 대타협이 이뤄졌다.

'살트셰바덴 협약'은 간단했다. 전국 수준의 사용자단체연맹(SAF)과 노조연맹(LO) 간의 정부 개입 없는 '자율조정 원칙'의 협약이었다. 스웨덴도 양측 모두 갈등 요소를 노출하고 인정하면서 시작했다. 사용자는 노조 기본권을 인정했고 노조는 기업의 경영권을 인정했다. 정부 개입 없이 임금과 기본적인 근로 조건을 결정했고 여기서 정해진 조건은 산업별, 지역별 단체 교섭의 기준이 되었다. 노사 양측 연맹은 높은 가입률로 산하 기업과 노조들을 적절하게 통제해 노사 갈등을 최소화시키고 기본 소득을 보장해주었다. 이와 같은 집중화된 자율규제(centralized self-regulation)로 스웨덴은 많은 다국적 대기업을 키우고 고도의 경제 성장을 이뤄 복지국가 선도 모델이 되었다.[3]

수출의존형 노르딕 국가들의 내부 완충장치

사회적 대타협에 성공한 나라들을 보면 대부분 작은 나라다. 노르딕 국가의 경우 모두 인구 500만 명에서 1,000만 명 규모인 소국이다. 그 밖에 아일랜드와 네덜란드 역시 마찬가지다. 사회적 대타협을 선언한 독일만은 예외다.

독일은 상대적으로 늦은 1999년에 '일자리, 직업 훈련 및 경쟁력을 위한 연대'라는 사회적 대타협을 선언했다. 독일 역시 복지 선진국 중의 하나이지만 사회적 대타협에는 소극적이었다. 나름대로 특별한 이유가 있다. 독일은 일찍이 19세기에 사회 협약을 경험했다. 어쩌면 사회 협약이란 개념도 1880년대 프러시아의 경제협의회에서 시작되었을 수 있다. 하지만 이후 독일은 나치즘이란 구 협동조합주의(old corporatism)의 뼈아픈 경험을 했다. 나치가 자본과 노동을 통제하는 방식으로 노사정 3자 조합주의를 취했던 것이다. 따라서 사회 협약에 대한 좋지 않은 기억과 실패의 경험도 있었다.

1966년부터 경기 침체와 고용 불안이 계속되자 1967년에 '협정행동(Konzertierte Aktion)'이란 노사정 3자 협의체를 설치하고 경제안정성장법을 제정하여 '협정행동'의 법률적 기초를 마련했다. 성장을 위해 임금인상을 최대한 억제하는 제도적 장치로 1970년대 경제 성장에 크게 기여했다. 그러나 지나친 임금인상 억제로 결국 노조 측의 불만이 폭발하여 1977년에 폐기되었다.

이후 통일이 되면서 갈등과 위기가 닥쳤다. 막대한 통일 비용을 쏟아부은 결과 11.6%라는 실업률과 함께 경제 성장이 멈추었다. 만일 사회적 대타협이란 조절 장치가 제대로 가동하고 있는 상황에서 통일을 맞이했다면 상황이 많이 달라졌을 것이라는 추측을 해본다. 경제 불황이 심해지자 1996년에 노조의 제안으로 일자리 동맹이라는 노사정이 함께하는 사회적 대타협이 시작되었고, 우여곡절 끝에 1999년에 연대 선언을 하기에 이르렀다.

위기 상황을 타개하는 장치로 사회적 대타협을 활용했지만, 그 배경에는 독일만의 독특한 시스템이 있다. 사회적 시장경제(social market economy)라는 원칙이다. 사회적 시장경제는 시장의 경제적 자유 원칙과 사회적 평등 원칙을 결합한 이념이라 할 수 있다. 다시 말해 시장경제 번영과 복지 사회를 동시에 실현하는 원칙이다. 사회적 시장경제 개념은 쾰른대학교의 뮐러 아르막(A. Müller-Armack, 1901~1978) 교수가 처음 사용했고, 1949년 독일 중도 우파 기독교민주당 (기민당)이 공식 정책으로 채택해, 제2차 세계대전 이후 서독 경제 정책의 근간이 되었다. 전후 폐허에서 세계 정상의 경제 대국으로 발전하는 데 크게 기여한 제도였다.[4]

이처럼 사회적 대타협은 모두 소규모 개방 경제를 가진 나라가 시도했고 또한 성공했다. 대부분이 우리나라 같은 수출 의존형 국가들이다. 국내 내수 시장이 작은 나라들이 경제 성장을 이루려면 해외 시장 진출이 반드시 필요하다. 큰 나라에 비해 자원 등 여러 면에서 불리한 작은 나라들은 수출 주도 개방 경제가 선택이 아니라 필수다. 그런데 모든 것이 그렇듯 양면성이 있다. 수출 주도 개방 경제는 작은 나라에게 경제 성장 동력이 되지만, 개방에 따른 비용도 부담해야만 한다. 개방 비용은 환율 변동이나 급작스런 세계 경기 불황 등 외부에서 오는 충격이다. 대표적인 예가 자유무역협정(FTA)이다. FTA는 수출 산업에 유리한 반면 상대국이 요구하는 수입 물량과 제도 변경 등 충격 역시 흡수해야 한다. 외부에서 오는 충격을 제대로 흡수하지 못하면 경제 위기가 닥치고 사회통합이 위협받는다. 이 때문에 유럽의 작은 나라들은 예외 없이 대외적 개방과 동시에 내부 완충장치를 마련해야 한다는 문제의식을 갖고 있다.

미국, 중국과 같은 경제 대국은 규모가 워낙 크므로 개방에 따른 충격 흡수가 어렵지 않다. 개방 충격을 내수 시장에서 흡수할 수 있는 것이다. 중국도 세계의 공장으로 불리면서 값싼 제품들을 전 세계로 수출하지만 사실 세계 인구의 20%에 달하는 내수 시장을 갖고 있어 외부 충격 흡수가 용이하다. 그러나 소규모 개방형 나라들은 운신의 폭이 좁다. 충격을 흡수할 완충장치를 고안할 수밖에 없다. 그것이 바로 사회적 대타협이다. 사회적 대타협은 핀란드를 비롯한 소규모 노르딕 국가들이 외부 충격에 따른 비용을 최소화할 수 있는 핵심 장치이다.

사회적 약자를 위한 배려에서 출발

사회적 대타협은 갈등 해소와 위기 극복을 위한 제도이자 수출 의존형 소규모 개방 경제에 꼭 필요한 제도인데 이 두 가지는 멀리서 숲 전체를 바라보는 시각이다. 숲 안으로 들어가 보면 다양한 현실이 펼쳐져 있다. 건강하게 자란 나무도 있지만 연약하고 볼품없는 나무도 있다. 또한 깊은 그늘도 있다. 그늘 아래에는 수줍게 피어난 이름 모를 들풀과 들꽃들이 오히려 더 많다. 사회적 약자들이다. 사회적 대타협이 가장 필요한 이유를 꼽으라면 망설임 없이 사회적 약자를 들겠다. 갈등과 위기, 개방 충격에 가장 큰 피해를 입는 이들은 사회적 약자들이다. 제일 앞줄에 노출되어 가장 먼저 피해를 본다. 대타협은 약자를 위한 배려에서부터 출발해야 한다.

대한민국의 경우 갈등이 거의 극한 상황에까지 와 있다 해도 틀린 말이 아니다. 전 세계 170개국에서 70세 이상 노인 자살률이 세번째로 높다. 노인은 우리 미래의 거울인데, 우간다, 남수단 같은 아프리카 최빈국보다 못하다. 청년 실업률은 해마다 역대 최고치를 경신 중이고 양극화와 소득 불평등의 심화, 비정규직 등 곳곳에서 벼랑 끝에 내몰린 약자들의 비명 소리가 높아가고 있다. 그들은 한국 사회가 당면하고 있는 각종 위기와 충격의 제일 앞줄에 노출되어 있는 사람들이다. 사회적 대타협의 기본 조건은 약자에 대한 배려에서부터 출발해야 한다. 약자를 더 힘들게 한다면 이는 대타협 정신에 어긋난다. 한국 경제도 수출 의존도가 높은 소규모 개방형이다. 거기다 지정학적으로 강대국에 둘러싸여 경제 이외에도 정치사회적 충격이 수시로 온다.

노르딕 복지 선진국들이 사회적 대타협이란 안전장치로 개방 비용과 리스크를 최소화해왔듯이 한국 역시 사회적 비용을 최소화하기 위한 필수 장치로 사회적 대타협 도입이 시급하다. 1997년 IMF 외환위기 때 노사정위원회가 긴급히 만들어져 가동된 적은 있었지만, 자발적으로 만들어진 것이 아니라 IMF의 압박으로 정리해고와 구조조정을 목적으로 활용된 측면이 컸다. 이후 노사정위원회가 4차까지 만들어지고 일부 정치권에서 언급되어 왔지만 대타협이라고 불릴만한 가시적 성과는 없었다. 그렇다면 핀란드는 어떤 과정을 거쳐 사회적 대타협을 이뤘는지, 거기서 어떤 힌트를 얻을 수 있을지 좀 더 살펴보자.

좌우 이념 전쟁 후 다시 대타협으로

핀란드의 사회적 대타협 또는 노사정 3자 협의의 씨앗은 20세기 초로 거슬러 올라간다. 20세기 초는 격변기였다. 급속한 산업화와 빈부 격차, 가혹한 노동 조건 등 각종 갈등 요소가 겹겹이 쌓이고 있었다. 농민들은 공장에 일자리를 얻기 위해 고향을 떠나 도시로 몰렸다. 사회 분화에 따른 정치 세력도 생겼다. 기존 보수당인 핀란드당(Finnish Party)과 함께 1899년에 사회민주당이, 1906년에는 농민 중심의 농민연합 등 정당들이 만들어졌다. 노동 조건이 개선되지 못하면서 공장마다 노동조합도 결성되었다. 핀란드 역사 최초로 보통선거가 실시된 1907년에 노조와 사용자를 대표한 단체들이 만들어졌다.

1907년 4월, 노조를 대표하는 단체로 핀란드노조연맹(Finnish Trade Union Confederation: SAJ)이 구성되었다.[5] 핀란드노조연맹은 사민당 산하 기관이었고 모두 사민당 당원으로 구성되었다. 1907년 발족 당시 노조원은 4만 명이었고 노조 조직률은 10%에 불과했다. 그러나 차츰 세력을 키워가면서 1917년에는 11만 명으로 늘었고 노조 조직률도 25%까지 올랐다.

같은 해에 사용자 측 연합체인 핀란드사용자총연맹(The General Confederation of Employers in Finland)도 결성되었다. 첫해에는 9개 협회와 212개 기업이 가입했다.[6] 자본가를 대표하는 핀란드사용자연맹(The Finnish Employer's Confederation: STK)은 당연히 보수파 백군(White Army) 진영을 주도했다.

반대편인 핀란드노조연맹(SAJ)은 적군(Red Army)에 소속되었다. 노조연맹과 사용자연맹은 서로 총부리를 겨누며 싸웠고 이념 전쟁은 핀란드 영웅 만네르하임 장군의 지휘를 받은 백군의 승리로 끝났다. 좌파 군대는 궤멸되고 남은 잔당은 러시아로 도망갔다. 그러나 정권을 잡은 온건보수파는 노조를 궤멸시키지 않았다. 이유는 단 하나, 국민통합 때문이었다. 남은 노조 세력은 폭력적 공산주의와 결별을 선언하고 재기에 나섰다. 노조 조직률도 10%대로 회복했다.

그런데 노조연맹에 시련이 닥친다. 1929년에 극우민족주의 운동인 라푸아 운동(Lapua Movement)이 시작되면서 반공산당법(Anti-communist law, 정확하게는 Protection of the Republic Act)이 제정되었다. 노조 활동도 위축되었다. 1930년에 반공주의자 스빈후부드가 이끄는 보수파가 집권하면서 극우민족주의 바람은 더 거세어졌다. 노조에게는 가장 혹독한 시기였다. 노조연맹은 이름을 SAK(The Central Organization of Finnish Trade Unions)로 바꾸고, 사민당과 관계를 끊는다고 선언, 극우 운동의 파고를 피하고자 했다. 하지만 효과는 없었다. 1931년에 스빈후부드가 대통령에 오르면서 노조에 대한 노골적인 적대감을 드러냈고 노조 활동은 더 위축되었다. 총 조합원이 2만 명으로 줄었고 노조 조직률도 6%로 추락했다.

그런데 1932년 극우 라푸아 세력이 일으킨 쿠데타가 실패하면서 분위기는 달라졌다. 1936년 선거에서 사민당이 전체 200석 중 85석을 얻어 원내 제1당을 얻는 데 성공했다. 사민당은 중도 농민연합, 온건 보수 진보당과 함께 연정에 참여했고 1937년 중도 농민연합 퀴외스티 칼리오(Kyösti Kallio, 1937~1940년 재임)가 대통령으로 당선되었다. 노조 결성도 다시 활기를 띠어 7만 명이 되었다. 노조 조직률도 10%를 다시 넘어섰다.

소련과의 전쟁으로 전우가 된 노조와 사용자

1939년에 소련이 침공, 제1차 소련핀란드전쟁이 일어났다. 이때 핀란드 노조연맹(SAK)은 새로운 전기를 맞게 된다. 그들은 조국의 위기를 방관하지 않고 총을 들고 나섰다. SAK의 뿌리는 좌파 사민당이었고 1918년 좌우 이념 전쟁 때 적군의 핵심 전력이었다. 그런데도 소련이 쳐들어오자 이념 따위는 과감히 벗어 던지고 최전선에 뛰어들어 소련 군대와 맞서 싸웠던 것이다.

핀란드군 총사령관은 국민 영웅 만네르헤임 장군이었다. 그는 1918년 내전 당시 백군 측 사령관이었다. 그리고 SAK는 좌파 사민당 휘하의 적군 주력 부대였다. 좌파 적군 부대가 백군 사령관의 군대가 되어 소련을 상대해 조국 수호에 참여한 것이다. 사민당의 최종 목적지는 사회주의 건설이어서 소련 침공을 기회로 소련과 내통해 사회주의 나라로 만들 수도 있었다. 그러나 그들은 나라를 구하는 일이 먼저였다. 이념 전쟁 직후 폭력적 공산주의와 결별하겠다는 약속을 지켰고, 전쟁이 일어나자 최전선으로 향했던 것이다.

전선에서 노조연맹 군인들은 한때는 적이었던 옛 백군과 어깨를 맞대는 전우가 되었다. 그들은 한겨울의 꽁꽁 얼어붙은 땅을 삽으로 파며 함께 참호를 만들었고, 총알이 빗발치는 전장에서 서로의 목숨을 지켜주는 전우가 되었다. 이는 사민당의 지시에 따른 것이 아니었다. 노조연맹이 독자적으로 먼저 결정해 전선으로 뛰어갔고, 사민당이 뒤이어 찬성 성명을 냈을 뿐이다. 이 경험은 핀란드 국민들에게 신선하면서도 강력한 인상을 남겼고, 훗날 국민통합의 계기로 작용했다. 특히 보수적인 기업 대표와 사용자들이 노조연맹에 대해 갖고 있던 선입견을 없애는 기회가 되었다. 사용자연맹과 노조연맹은 함께 마음을 열고 대화와 타협이라는 길에 올라섰다. 소련 침공의 위기가 국민통합의 단초가 된 것이다.

제1차 소련핀란드전쟁이 한창이던 1940년 1월, 첫 노사정 3자 협의의 기초가 세워졌다. 정부와 함께 사용자 측과 노조연맹이 '1월 협약'을 맺었다. 이 협약으로 노사는 서로를 교섭 상대로 인정했다. 사용자는 노조단결권과 단체교섭권을, 노조 측은 사용자 측의 기업 경영과 분할 권리를 인정했다. 이어 1945년에 핀란드 최초의 노사정 3자 협의 법안이 내각에 의해 입안되었다. 물가 및 가격에 대한 단체협약을 위한 핀란드 최초의 법적 제도였다. 사회적 대타협의 출발을 알리는 역사적 사건이었다. 노조 설립과 가입이 줄을 이었다. 노조 조직률도 10% 중반에서 40%대로 급상승했다. 그러나 대타협은 이뤄지지 못했다. 시련이 다시 찾아왔고 역사는 더 많은 담금질을 요구했다.

다시 분열로

제2차 세계대전이 끝나면서 핀란드는 패전국의 멍에를 썼다. 두 번에 걸친 소련과의 전쟁으로 산업 현장은 폐허로 변했다. 국민소득의 1/3에 해당하는 전쟁배상금도 지불해야 했다. 경제는 어려웠고 모두 다시 허리띠를 졸라매야만 하는 상황에 놓였다. 경제난으로 인해 합의했던 실질소득을 보장받지 못하면서 3자 협의는 깨져버렸다. 노사 관계는 다시 악화되기 시작했다.

1950~60년대의 핀란드는 제2차 세계대전의 폐허를 딛고 경제 부

흥을 이뤄가던 시기였다. 핀란드 특유의 시수정신으로 무장한 그들은 폐허 위에서 경제 부흥의 기적을 이뤄냈다. 1953~1961년 사이 유럽 국가와 미국 등 OECD 국가들의 평균 국민소득 증가율은 4.9%로 높았다. 그런데 핀란드는 5.5%대로 더 높았다.[7] 1960년대에 이르러 경제 발전 성과가 눈에 띄게 드러났다. 그런데 분배는 성장만큼 이뤄지지 않았다. 당시 집권한 케코넨 대통령의 정책 때문이었다.

그는 강력한 성장 위주 정책을 폈다. 케코넨의 경제 성장 모델은 아시아의 용이었던 한국과 대만의 모델과 닮았다.[8] 1960~70년대의 한국과 같이 케코넨은 정부 주도의 강력한 성장 드라이브 정책을 추진하면서 안으로는 저축을 장려했고, 밖으로는 외자 도입을 통해 자본을 모았다. 국가 성장 동력이 되는 기간 산업들, 즉 목재 펄프와 조선 등 기계 공업에 집중 투자해 수출 주도형 경제 구조를 만들어갔다. 그리고 국민들에게는 희생과 인내를 요구했다. 케코넨을 상징하는 말은 "내일의 번영을 위해 오늘을 인내할 수 있는가"였다. 그는 국민들에게 당장의 분배보다 내일을 위한 희생을 요구했다.

그러나 눈부신 경제 성장에 비해 노동자와 서민에게 돌아오는 몫은 적었다. 더 큰 문제는 고속 성장에 따른 과도한 인플레이션이었다. 통화 평가절하로 실질소득은 제자리거나 하락했다. 무역수지도 문제였다. 작은 내수 시장 극복을 위해 1961년 유럽자유무역연합(European Free Trade Association, EFTA)에 가입한 결과 개방 리스크까지 겹쳤다. 핀란드 정부는 위기에 대응하기 위해 1946년에 시작했던 경제위원회(Economic Council)를 다시 만들어 3자 임금협상을 시도했다. 경제위원회는 1945년 6월에 합의했던 노사정 3자 타협의 부활이 필요하다는 점을 강조하고 타협점을 찾기 위해 노력했다. 하지만 20년 넘게 어떤 성과도 얻지 못했다. 위기 극복과 통합을 잘 해온 핀란드가 왜 이렇게 타협하지 못했을까, 하는 의문을 갖게 된다. 이유는 따로 있었다. 바로 정치였다.

친소련 급진 좌파와 혼란

타협을 가로막은 분열과 갈등은 정치적 지형 변화에서 시작되었다. 1944년 패전국이 된 핀란드는 소련의 압박을 받아 반공산당법을 폐지했다. 동시에 사민당보다 더 좌파 색깔이 강한 인민민주연맹(Finnish People's Democratic League: SKDL)이 만들어졌다. 인민민주연맹은 사민당보다 더 왼쪽에 있어 공산당과 비슷했다. 그들은 소련을 등에 업고 세력을 넓혀갔다. 전후 첫 총선에서 급진 좌파 인민민주연맹이 49석을 차지했다. 전체 200석 중 49석은 1/4에 불과하지만 핀란드 정치 지형을 크게 바꾸는 결과를 낳았다. 특히 온건 좌파인 사민당이 입은 타격이 가장 컸다. 1936년 총선에 비해 36석이나 준 50석으로 인민민주연맹보다 한 석이 많을 뿐이었다. 중도 농민연합과 보수정당인 국민연합당(National Coalition Party, KOK)에 비해 많은 의석을 뺏겼다. 이는 진보 좌파의 분열을 뜻했다. 온건 좌파 사민당에게는 큰 위기였다. 소련을 등에 업은 인민민주연맹과 진보 성향의 지지층인 노동자 서민을 두고 경쟁할 수밖에 없었다. 특히 노조연맹은 사민당의 핵심 기반이었다. 그런데 인민민주연맹이 침투하면서 표가 나눠져, 연맹 내부 갈등과 내부 투쟁으로 이어졌다.

급기야 1960년에 노조연맹은 둘로 쪼개졌다. 친사민당파와 친인민민주연맹파로 분열된 것이다. 이 둘이 선명성 경쟁을 하면서 노사분규는 더 심해졌다. 높은 임금인상과 강한 투쟁을 요구했다. 단체협약은 이미 깨졌고 몇몇 노사 협상이 있었지만 결렬되기 일쑤였다. 노조 이탈자도 속출했다. 한때 40%에 달했던 노조 조직률이 30%대 초반까지 떨어졌다. 파업이 끊이지 않았다. 1956년에는 총파업이 일어났다. 핀란드는 노르딕 국가 중 노사분규가 가장 심한 나라가 되었다.

제2차 세계대전 직후 정치권의 위기는 사민당에만 국한되지 않았다. 두 좌파 정당인 인민민주연맹과 사민당이 연정에 참여하면서 다른 정당들도 위기감을 느꼈다. 보수 우파는 국민연합당 소속의 파시키비 대통령(Juho Kusti Paasikivi, 1870~1956)이 균형을 잡고 있었지만, 그는 정치권이 좌파로 급속히 쏠릴 것을 우려했다. 특히 소련식 공산주의가 정치권 내부에 확대될까봐 경계했다. 이런 국민적 우려는 다음 선거에 반영되었다. 1948년 총선에서 중도파 농민연합이 제1당이 되고 인민민주연맹은 38석으로 줄어들었다. 좌파 인민민주연맹 세력이 많이 약화된 것이다. 이때부터 18년간, 1966년 총선까지 인민민주연맹을 배제시킨 연정이 시작되었다. 원내 1당이 되어도 다른 정당들은 인민민주연맹을 연정 파트너로 삼지 않았다. 그들을 제외한 연정이 계속되었다.

제2차 세계대전 전후 핀란드 의회의 의석 분포 변화

항목	패전 이전 총선 결과		패전 이후 총선 결과						
	1936	1939	1945	1948	1951	1954	1958	1962	1966
사민당(온건좌파)	83	86	50	54	53	54	48	38	55
농민연합(중도)	53	56	49	56	51	53	48	53	49
국민연합당(우파)	20	25	28	33	28	24	29	32	26
스웨덴당(중도우파)	21	18	14	14	15	13	14	14	12
국민진보당(개혁우파)	7	6	9	5	10	13	8	13	9
인민민주동맹(급진좌파)	–	–	49	38	43	43	50	47	41
기타 정당	6	9	1	–	–	–	3	3	8
연립정부 형태*	중도 좌파 연정 (농민연합+사민당 등, 국민연합당 제외)	주로 대연정 (농민연합+사민+국민연합)	좌파 중도 연정 또는 우파 연정	중도 보수 연정 또는 좌파 중도 연정 (인민민주당 제외)	좌파 중도 연정 (인민민주당 제외)	주로 중도 좌파 연정 (인민민주당 제외)	좌우 동거 (인민민주당 제외) 또는 과도 정부	중도 우파 연정	좌파 중도 연정

* 연립정부는 같은 기간 내에 여러 변동이 있었지만 기간이 가장 긴 것을 기입함.

인민민주연맹은 1958년에 의석 50석을 차지, 원내 1당이 되었어도 내각 수반인 수상을 배출하지 못했다. 이런 노골적인 배제는 후원 세력인 소련의 불만을 살 만했다. 그러나 친소 중립 정책을 편 파시키비와 1956년부터 장기 집권한 케코넨 대통령의 외교적 노력으로 절묘하게 소련 정권의 불만을 누그러뜨렸다. 소련과 친하게 지내면서 내부로는 공산주의 침투를 경계했던 것이다. 또한 안으로는 자유 시장경제를 지키면서 경제 성장을 이어나갔다. 특히 1961년과 1962년은 극적이다. 1961년 대선 때 케코넨 재선을 막기 위해 야당들이 연합했다. 그들은 케코넨의 최대 정적인 혼카(Olavi Honka,

1894~1988)를 후보로 내세웠다. 좌파 사민당, 우파 국민연합당 등 야당들이 총 단결해 통일전선을 편 것이다. 그렇지만 그때도 그들은 인민민주연맹은 여전히 제외시켰다. 케코넨 정치 일생에 있어서 최대 위기였다. 그런데 소련이 갑자기 핀란드와의 모든 협정을 중단하겠다는 쪽지를 핀란드 정치권에 보내면서 정계는 발칵 뒤집어졌다. 소련의 침공까지 우려되는 상황이었다. 이른바 '노트 위기(Note crisis)'라고 불리는 위기 상황이었다. 이런 위기에서 케코넨은 소련의 위협을 해결할 사람은 자기밖에 없다고 큰소리치며 대선에서 압도적으로 승리했다. 소련 위협을 협박 삼아 재선에 성공한 것이다. 그는 다음해 총선에도 본인이 속한 중도파 농민연합이 최대 의석을 차지하게 해 중도 우파 연정에 성공했다. 물론 이때도 소련이 후원하는 인민민주연맹은 제외시켰다. 케코넨의 교활하기까지 한 정치력이 돋보이는 상황들이다.

소득정책 협약 체결!

1962년에 우파 중도 연정이 이뤄졌다. 사민당과 인민민주연맹은 연정에서 완전히 제외되었다. 두 좌파 정당의 의석을 합쳐도 85석으로 1945년 이후 가장 적은 숫자였다. 좌파 진영 내부에서 반성이 시작되었다. 동시에 정치적 기반인 노조연맹의 재결합 논의도 1964년부터 시작되었다.

1962년 선거 결과는 여당인 농민연합과 우파 국민연합당에 힘을 실어줬다. 그러나 경제 상황은 좋아지지 않았고 노사분규는 여전했다. 그러자 핀란드 국민은 1966년 총선에서 중도와 우파보다 좌파에게 많은 표를 주었다. 그 결과 사민당이 55석으로 원내 1당, 케코넨 대통령이 속해 있는 중도당(Center Party, KESK 1965년 농민연합에서 이름을 바꿈.)이 두 번째 그리고 인민민주연맹이 3위가 되었다. 이들 세 정당이 연합해 좌파 중도 연정이 탄생했다. 내각 수반인 수상직도 사민당이 차지했다.

1966년 총선은 핀란드 정치사에 중요한 획을 그었다. 진보 중도 연정의 탄생이었다. 군소 중도 좌파 정당들이 힘을 합쳐서 전체 200석 가운데 150석이 넘는 절대 다수를 차지했다. 여기에는 소련이 뒤를 봐주는 케코넨 대통령의 중도당도 함께 했다. 이들은 핀란드 역사에 길이 남을 두 가지 개혁을 시작했다. 하나는 교육개혁이고 또 하나는 사회적 대타협 즉, 소득정책 협약이었다.

두 개혁 모두 사회통합과 평등을 목표로 한 개혁이었다. 진보 성향의 두 정당인 사민당과 인민민주연맹은 기본 성향은 다르지만 사회경제적 평등을 중시하는 점에서는 같았다. 여기에 지역 농민이 주요 지지층인 중도당도 가세해 창당 때부터 도시보다 지방과 농민의 이익을 대변하며 지방분권(decentralization)과 도·농 평등을 요구했다. 1966년에 형성된 좌파 중도 연정은 평등이라는 공통분모로 노동자, 농민의 통일전선을 이루었다. 두 개혁안 모두 1968년에 결실을 맺었다.

좌파 중도 연정의 결성으로 둘로 분열되었던 노조연맹의 재통합도 본격적으로 추진되었다. 케코넨 정부도 분열된 두 개의 노조연맹을 상대하는 것보다 하나의 통합된 노조연맹과의 협상을 선호했다. 먼저 정부가 주도권을 쥐고 추진했다. 경제위원회를 중심으로 1945년부터 시작되었던 노사정 3자 협의를 재개했다. 사용자 연맹도 거부하지 않았다. 기업도 끝없는 분규보다 평화가 더 필요했다. 노조연맹에 대한 편견도 많이 허물어졌다. 노조연맹 대표자들은 두 번에 걸친 소련과의 전쟁에서 함께 참호를 파고 적들과 싸운 전우였다. 그들은 노사 측 대표 이전에 옛 전우로서 같은 테이블에 앉아 협상을 시작했다. 정부는 노조 간부 출신 변호사 케이요 리나마(Keijo Liinamaa, 1929~1980)를 대리인으로 임명해 노사 간 중재를 더욱 원활하게 했다. 1968년 1월 사회적 대타협의 산물인 소득정책 협약이 체결되었다.

소득정책 협약은 소득과 관련된 임금, 물가, 실업수당, 연금 그리고 농촌 보조금 등을 포괄했다. 소득정책 협약 이후 노동 조건이 개선되었고 인플레이션이 완화되었으며 물가도 안정되었다. 노조연맹 분열도 1969년에 재통합을 공식 선언하면서 봉합되었다. 노조에 대한 사회 인식이 우호적으로 바뀌면서 노조 가입이 늘었고 노조 조직률도 증가했다.

정부가 노조 가입을 독려하며 공산주의를 막다

흥미로운 사실은 핀란드 정부가 노조 가입을 독려했다는 점이다. 노조 세력이 강해지면 정부와 사용자의 입장이 약화되어 부담스러운 것이 우리가 아는 상식이다. 그런데 핀란드 정부는 오히려 노조 가입을 권장했다. 이유는 단순하다. 노사분규 문제를 사회적 대타협이라는 큰 틀 안으로 넣으면 갈등을 함께 조절할 수 있다고 봤다. 사회적 합의의 틀이 커질수록 즉, 누락되는 노조가 적을수록 갈등 위험도를 최소화할 수 있다는 생각이었다. 핀란드 정부는 사회적 대타협이라는 큰 틀에 소외된 노동자가 없도록 노조 가입을 독려했다.

또 다른 효과도 노렸다. 노조 조직률을 높이면, 노조연맹의 대표성이 높아진다. 대표성이 강화된 노조 측은 책임감을 갖고 협상에 임할 수밖에 없다. 이어 사회적 대타협이 체결되면 실행력과 구속력이 높아지는 효과도 얻는다. 높은 노조 가입률은 연쇄 반응을 가져와 사회적 대타협의 완성도를 높일 수 있다는 계산이었다. 대타협의 틀을 크게 만들고 더 많은 참여를 유도한 결과, 이탈자 없는 노사 안정을 가져왔다.

케코넨 정부는 1967년 노조 가입 독려를 위해 월급에서 조합비를 공제하면 세금 감면도 해주는 특혜를 주었다. 그 결과 1960년대 초 노조 가입률이 30%대이던 것이 1970년대 초에는 80%로 증가했다.[9] 케코넨을 비롯한 핀란드 정치인은 보다 광범위한 사회적 대타협이 국경을 마주한 소련 공산주의를 막아내는 가장 효율적인 보호 장치가 될 것으로 믿었다.

역사는 그들이 옳았음을 증명했다. 사회적 대타협은 소련 공산주의 침투와 위협을 막고 핀란드 자유 시장경제를 지키는 핵심 장치가 되었다. 임금인상을 국가 차원에서 관리하고 노사분규를 최소화하는 데서 온 경제적 이득 또한 막대했다. 동시에 사회 갈등은 최소화되었고 사회통합 수준 또한 세계 최고 수준으로 끌어올렸다. 사회적 대타협 즉, 소득정책 협약은 1968년에 단발로 끝나지 않았다. 2년 단위로 재협상과 개정을 하면서 현재에 이르고 있다. 첫 번째 협약이 체결된 후 임금 인상률이 물가 상승률을 넘어서 핀란드 서민들 삶의 질이 대폭 향상되었다.

사회적 대타협이 고비가 없었던 것은 아니다. 1968년 이후 지금까지 많은 위기가 있었다. 소규모 개방 경제가 갖는 한계 즉, 개방에 따른 비용과 리스크로 경제 위기를 주기적으로 겪었다. 그럴 때마다 사회적 대타협은 핵심 안전장치로 작동했다. 시대에 따라 경제 위기도 달랐다. 많은 경우, 소규모 개방 경제 나라가 피할 수 없는 외부에서 초래된 개방 비용이었다. 1970년대 석유파동이 있었고, 1990년대 동구권 몰락과 함께 통화 가치 평가절하로 재정 적자가 급증했다. 실업률도 20%에 다다랐다. 노사분규도 심해져 연간 500건 이상의 쟁의도 발생했다. 1987년 의회를 장악한 우파 중도 연정은 소득정책 협약의 대폭 개정 또는 폐기까지 거론했으나 우여곡절 끝에 1993년 새로운 소득정책 협약 체결에 성공했다. 일정 기간 임금 수준을 낮추는 대신 소득세를 높이는 데 합의했다. 그 결과 노사분규가 완화되어 경제 위기를 극복할 수 있었다.

사회적 대타협이 처음 성사되었던 1960년대에 비해 직업군도 다양해졌다. 1970년 이후 블루칼라 사무직 노동자가 늘어났고 소득의

노조 조직률의 변화

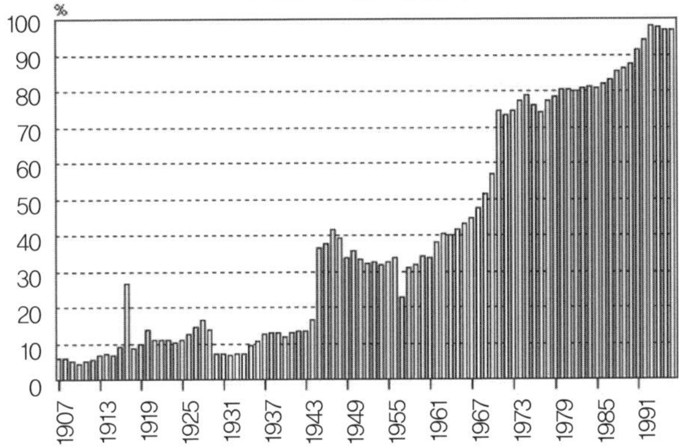

출처: J. Vartianien(1998), The Labour Market in Finland.

노조연맹 가입자 수의 변화

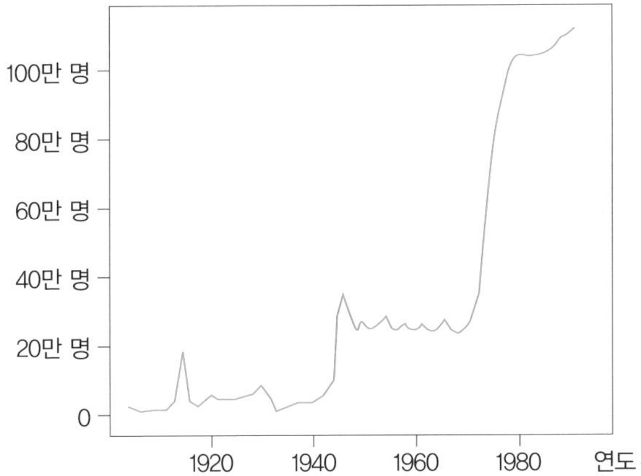

출처: M. Jäntti 등(2005), Growth and equity in Finland.

폭도 더 넓어졌다. 계층 분화와 정파 이해 관계에 따라 소득정책 협약이 일시 중단된 위기도 있었으나 핀란드 사람들은 숱한 고비를 넘기면서 사회적 대타협을 지켜냈다. 그리고 지금의 복지 선진국 핀란드를 만들어왔다. 사회적 대타협이 지금의 핀란드를 있게 한 주춧돌이 되었음은 누구도 부인하지 못한다.

대한민국, 대타협의 씨앗은?

모든 일은 시작이 있다. 아름드리 거목도 좁쌀만한 씨앗에서 시작한다. 핀란드 대타협의 씨앗도 역설적이지만 소련의 침공 때 심어졌다. 소련의 침략에 맞서 영하 20도가 넘는 추위 속에서 좌파나 우파를 가리지 않고 함께 참호를 파고 서로의 목숨을 지켜주는 전우가 되면서부터 생겨났다. 생사를 넘나드는 순간들이 서로를 향한 의심과 편견을 없애주었다. 신뢰가 생겼고 통합의 씨앗이 뿌려졌다.

한국은 핀란드 같은 대타협의 씨앗, 통합을 위한 씨앗을 어디에서 찾을 수 있을까. 6·25전쟁과 이후 남북 대치 상황에서도 핀란드와 같은 극적인 장면은 찾기는 어렵다. 좌파는 빨갱이로, 노조는 과격집단으로 낙인찍힌 채 현재에 머물고 있어 좌우 이념의 넓은 스펙트럼을 찾기 어렵다. 그렇지만 역사를 돌이켜보면 한민족은 위기 때마다 마음을 모아 목숨을 바치면서 나라를 구했다. 오천 년 투쟁의 역사에서 수많은 외침을 막은 사람들도 몇몇 지도자와 장군들이 아니라 천대받던 무지렁이 농민들이었고 천민들이었다. 임진왜란 때 의병들이 그랬고 일제강점기 때도 마찬가지였다

1997년 금융 위기 때도 정·재계가 나라를 위기에 빠뜨렸지만 고난을 이겨낸 이들은 아이 돌 반지를 꺼낸 서민들이었다. 장롱 속 작

은 금붙이들까지 꺼내 들고 위기를 극복하자며 한마음이 되었다. 이는 우리들의 피와 살 안에 통합의 기억으로 잠들어 있다고 본다. 그뿐만이 아니다. 2002년 한일 월드컵 때 광장에 모였던 붉은 티셔츠의 물결은 전 세계로 중계되기까지 했다. 한마음이 되는 것이 곧 통합의 씨앗이다.

대한민국의 갈등과 위기는 극한 상황까지 와 있다. 사회통합지수는 OECD 최하위다. 우리 역시 핀란드처럼 외부 충격에 취약한 수출 위주 소규모 개방형 경제 체제다. 핀란드가 유럽연합과 러시아 시장에 수출을 많이 하듯 우리는 미국, 중국을 비롯한 주변 대국들에 대한 무역의존도가 높다. 특히 중국은 1992년 수교한 이래 교역량이 연평균 24%대로 증가하더니 2009년부터는 미국과 일본을 합친 것보다 많아졌다. 미국과 중국 중 하나라도 경제 상황이 악화되면 한국 경제는 직격탄을 맞는다. 게다가 중국도 최근 정보통신 분야를 비롯한 중국의 과학기술 추격 속도가 만만치 않다. 우리의 경쟁력을 심각히 고민하지 않을 수 없는 시기다.

사회적 대타협은 이중 삼중으로 겹친 위기 상황을 극복하기 위한 최선의 장치다. 이에 대한 반론은 없다고 본다. 당장 사회적 대타협을 해야 한다는 데 공감할 것이다. 정부를 비롯한 시민사회에서도 사회적 대타협의 필요성을 인식하고 있다. 하지만 아직 못하고 있는 이유를 핀란드를 보면서 생각해보자. 두 가지다. 첫 번째는 분열이고 두 번째는 대표성 부재이다. 엄밀하게 말하면 이 둘은 하나로 연결되어 있다.

성장과 분배 둘 다 성취하다

보수는 부패로 망하고 진보는 분열로 망한다고 들 한다. 보수는 기득권을 지켜야 해서 고인 물이 썩는 상황에서 벗어나기 어렵고, 진보는 미래를 꿈꾸기 때문에 각자 다른 꿈을 꾸는 혼란에서 비켜가기 어렵다. 진보는 말 그대로 앞으로 나아가는 발걸음이기에 사람마다 걸어가는 속도가 달라 빨리 가자는 사람이 있고, 천천히 가려는 사람이 있어 거듭 분열될 수 있다.

핀란드는 소련 침공을 함께 막으면서 통합의 씨앗을 심었고 노사정 3자 협의의 기틀이 될 법안도 만들었다. 그러나 정작 사회적 대타협이란 결실을 얻은 것은 그로부터 23년 후인 1968년이었다. 거의 사반세기나 걸렸다. 늦어진 원인은 분열에 있었다. 소련에 패한 후 핀란드에 급진 좌파인 인민민주연맹이 생기면서 좌파 세력도 분열되었다. 지지 세력인 노조연맹 내부도 분열되어 타협보다 투쟁을 내세웠다. 분열은 노사정 협의 자체를 어렵게 했다. 거기다 고도성장이 가져온 높은 인플레이션 즉, 실질소득 감소는 비타협 투쟁을 주장하는 급진 과격파에게 힘을 실어주었다.

핀란드는 1950년대에 제2차 세계대전의 폐허를 딛고 경제 부흥을 이뤄가던 시기였다. 1960년대에 이르러 경제 발전 성과가 눈에 띄게 나타났다. 그런데 분배는 성장한 만큼 이뤄지지 않았다. 좌파는 사회경제적 평등을 우선시했다. 거기에 급진 과격파는 타협보다 투쟁이 먼저였다. 노조 분열은 노사정 협의 자체를 어렵게 했다. 거기다 고도성장으로 인한 실질소득 감소는 비타협 투쟁을 주장하는 급진 과격파에게 힘을 실어주었다. 문제는 노조 내 급진 과격파였다. 몸통을 흔들고 다니는 꼬리들이었다. 이들을 불법으로 몰아 소탕하거나 탄압으로 없앨 수도 없었다. 그들 뒤에는 반공산당법 폐지로 생겨난 인민민주연맹이 있었고 그 뒤에는 또 소련이 있었다. 해결 방법은 단 하나였다.

소멸시킬 수 없다면 희석시키는 것이다. 케코넨 대통령을 비롯한 핀란드 정치권은 '노동자들을 사회적 대타협 구조에 많이 포함시킬수록 국경을 마주한 소련의 공산주의 이념으로부터 그들을 보호할 수 있고 이는 위험한 정치적 압력에 대한 보호 장치(safeguard)가 될 것'으로 봤다.[10] 노동자들에게 노조 가입을 권장했고 노조연맹에 포함시켰다. 둘로 나눠진 노조연맹도 재통합하도록 유도했다. 1960년대 초반에 30%이던 노조 조직률이 대타협 당시 50%로, 1970년대에는 80%까지 올랐다. 결과적으로 비타협 투쟁만을 외치던 급진 과격파는 희석되었다. 그리고 전국 노동자의 과반 이상이 가입해 대표성을 부여받았다. 대표성을 확보한 그들은 책임감을 갖고 협상에 임해 대타협을 성공시켰고 협상안을 현장에서 관철시켰다. 그리고 그들은 성장과 분배 둘 다 성취했다.

꼬리가 몸통을 끌고 다니는 낮은 대표성

한국 노조 조직률은 10%를 갓 넘은 10.2%다.

거기다 노조연맹은 한노총(한국노동조합총연맹, FKTU), 민노총(전국민주노동조합총연맹, KCTU-RDW)으로 분열되어 있다. 노조 조직률이 낮으면 노조가 고립될 수밖에 없고, 두 개로 분열된 노총은 선명성 경쟁을 하게 되어 있다. 노사정 3자 협의를 한다 해도 정부와 사측은 분열된 노조 둘 다 상대해야 한다. 3자 협상을 시작하기도 전에 양쪽 노조와 먼저 의견 조율을 해야 한다. 협상이 길어지고 그 과정에서 선명성 경쟁은 피할 수 없다.

양 노총 중에 하나는 종종 과격함을 보인다. 그럴 수밖에 없는 상황이다. 그들은 고립되고 소외되어 있다. 귀족 노조라고 손가락질도 받는다. 야근, 잔업으로 받는 정당한 임금이라고 주장하지만 듣는 이는 없다. 그들이 거리로 나가면 주장하는 내용과 관계없이 과격한 모습으로 편집되어 방송된다. 물론 급진 과격파도 존재한다. 그들은 세계 어디에 있든 가장 왼쪽에 있는 급진 극좌파이다. 속성 자체가 급진적이고 과격하다. 그러나 그들의 과격한 행동이 언론에 도배하듯이 보도되면 사회 전체가 흔들린다. 그리하여 몸통 전체가 일부분에 불과한 꼬리에 끌려다니는, 소위 '왝더독(wag the dog)' 현상이 벌어진다.

방법은 두 가지다. 하나는 1960년대 핀란드식으로 정부가 나서서 노조 조직률을 높이는 것이다. 현실적으로 어렵고 시간도 많이 걸릴 것이다. 다른 방법은 비노조 노동자에게 대표성을 부여하는 방법이다. 예를 들어 비정규직 노동자에게 대표성을 부여하는 협의체를 구성하는 것이다. 이것 역시 쉬운 일은 아니다.

그런데 1960년대 핀란드 정부는 사회적 대타협이란 큰 용광로를 만들어 과격한 목소리를 녹여버렸다. 대표성이 확보된 사회적 대타협은 지금까지 각종 대내외 위기 상황 때마다 튼튼한 방풍림이 되고 있다. 사회적 대타협은 시장경제를 지키고 글로벌 경쟁력을 올릴 수 있는 가장 강력한 장치다. 쉽지는 않겠지만 우리도 핀란드식 큰 용광로가 필요한 시점이다.

또 하나의 바퀴, 대타협

10%로는 대표성을 확보할 수 없다. 사측 상황은 더 심각하다. 사용자를 대표하는 전국경제인연합회에는 40만 개 법인 중에 0.1%만 가입했을 뿐이다.[11] 최소 과반은 넘겨야 한다. 주류 다수가 참여해서 과격 그룹을 희석시키고 균형을 잡아야 한다. 다수가 소수를 품어야 한다. 다수의 중도층이 적극 개입하여 과격한 급진파를 희석시키면 '실용과 표준'을 중시하는 집단이 될 수 있다. 건전한 그들이 급진 과격 그룹들에 전염되면 어쩌나 하는 걱정도 있을 수 있다. 그것은 기우다.

핀란드는 노조 조직률이 70~80%대이다. 80%가 모두 급진 좌파일까? 당연히 아니다. 80%면 핀란드 근로자 중 대부분을 의미한다. 거기에는 보수 그룹도 있고 중도층도 포함된다. 그들의 투표 성향을 보면 더욱 명확해진다. 모두 진보 정당을 지지하지는 않는다. 단순 계산을 해봐도 사민당 지지율은 1945년 선거 이후 25% 내외이다. 군소 진보 정당 다 합해도 진보는 35% 부근이다. 노조 조직률 80%에서 35%를 뺀 나머지 45%는 중도 또는 보수 성향이다. 다시 말해 노조 안에 이미 좌에서 우, 중도라는 다양한 스펙트럼이 존재하는 것이다. 우리도 마찬가지다. 대한민국의 건전한 다수는 전염되거나 유혹당할 만큼 약하지 않다. 과반 이상 참여와 과반 이상 찬성, 그것이 민주주의 원칙이다. 과반 이상 참여한다면 소수 좌우 극단 그룹은 희석되고 밀어낼 수 있다.

핀란드도 1960년대 대타협 직전에는 노조 가입률이 30%대였다. 정부가 나서서 노조 가입을 권장하고 독려하면서 80%대까지 끌어올렸다. 사회적 대타협 참여 층을 두텁게 하기 위해서였다. 대한민국도 이처럼 노조 가입률을 올려야 한다. 사용자 측인 한국경영자총협회도 마찬가지다. 가입률을 올려서 대표성을 확보해야 한다. 그리하여 최대 다수에게 대표성을 부여받고 사회적 대타협이 진행되어야 한다. 대표성이 확보되어야 책임 있는 대화가 가능하고 타결된 결과물은 실행력과 구속력을 갖게 된다. 상대에 대한 신뢰도 대표성이 확보될 때 높아진다.

대표성이 확보된 사회적 대타협 장치가 완성되면 최악으로 치닫고 있는 여러 갈등 요인을 책상 위에 올려놓고 해결 방법을 찾을 수 있을 것이다. 한꺼번에 해결할 수 없다면 하나씩 단계적으로 현실에 맞게 풀어 가면 된다. 대표성이 확보된 사회적 대타협은 갈등 해소는 물론이고 자본주의 시장경제를 지키면서 글로벌 경쟁력을 올릴 수 있는 가장 강력한 장치다.

핀란드는 복지, 성장 그리고 혁신이라는 세 개의 바퀴가 끊임없이 선순환하며 발전하는 나라이다. 여기에 바퀴 하나를 더하자면 사회적 대타협이란 네 번째 바퀴다. 핀란드는 노조 가입 80%대, 다시 말해 노동자의 80%가 참여하고 사용자의 60%가 참여하는 사회적 대타협이라는 네 번째 바퀴가 있어 복지, 성장, 혁신이 순탄하게 이루어질 수 있다.

현재는 불확실성과 격변의 시대다. 언제 시련과 위기가 닥칠지 모른다. 예상되는 갈등 요소를 미리 제거하고 빠르게 대응해야 한다. 국민 모두가 참여하는 민주적이고 효율적이며 빠른 결정을 내릴 수 있는 통합의 틀이 사회적 대타협이다. 이것이 있는가 없는가에 따라 나라의 미래가 달라진다. 몇 년에 한 번씩은 국민 모두가 자신의 삶을 대표할 수 있는 통로를 통해 의견을 내고 협의할 수 있는 사회적 대타협이란 통합 시스템이 절실히 필요한 시점이다.

핀란드 사회적 대타협, 노사정 3자 협의를 상징하는 동상

FINN VS KOREAN 서로 많이 닮은 4

좌우 대립으로 겪은 동족상잔의 비극

전쟁이 끝났지만 상처는 컸다. 수많은 병사들이 죽었고, 온 국토는 자식을 잃은 여인들의 통곡과 고아들의 울음소리로 가득했다. 인명 피해뿐만이 아니었다. 산업 시설이 파괴되었고 집과 농장도 불에 타 잿더미로 변했다. 포로수용소에는 굶주린 포로들에게 전염병까지 번져 주검들이 쏟아져 나왔다. 그 주검들 모두 한때는 이웃이었고 친구였고 피를 나눈 가족이었다.

우리의 6·25전쟁을 연상시키는 1918년 5월 핀란드 내전의 모습이다. 그리 잘 알려져 있지는 않지만 핀란드도 우리와 비슷하게 동족상잔의 이념 전쟁(1918. 1. 27~1918. 5. 15)으로 큰 상처를 입었다. 6·25전쟁에 비해 희생자가 적었고 기간도 짧았지만 핀란드 내전은 해방 직후 우리 사회의 혼란과 테러, 린치, 남북 간 치열했던 전투, 점령지에서의 처형 그리고 포로수용소 모습까지 마치 축소판처럼 닮아 있다. 심지어 외세 개입 상황까지 유사하다. 물론 차이는 있다. 그들은 통합했고 우리는 아직 분단국이다.

유럽 근현대사를 통틀어 좌우 이념 때문에 내전이 일어난 경우는 러시아혁명 당시의 내전과 스페인 내전 그리고 핀란드뿐이다. 그런데 핀란드 내전은 이념 때문만은 아니었다. 우리의 6·25전쟁은 북의 공산화 야욕으로 시작된 전쟁인데 반해 핀란드는 달랐다. 좌파였던 사회민주당(사민당)은 레닌식 폭력 혁명을 거부하고 공산정권과는 선을 그었다. 레닌의 러시아 또한 혁명에 성공한 지 불과 두 달 밖에 되지 않아 혼란기였다. 다른 나라를 공격할 여력이 없었다. 제1차 세계대전(1914. 7~1918. 11)의 와중이었고 러시아로서는 군사적 요충지인 핀란드를 무리해서라도 차지하고 싶었겠지만 그럴 상황이 못 되었다. 레닌 본인이 핀란드 독립을 주장, 승인해준 직후여서 침략 명분부터 약했다.

내전은 외세 영향보다 내적 요인이 컸다. 1850년대부터 시작된 급속한 산업화와 경제 발전은 큰 변화를 가져왔다. 기계 공업으로 생산성이 증가했고 농민들은 도시로 몰려들었다. 백신 예방주사는 신생아 생존율을 높였고, 감자 덕분에 식량 자급률이 높아져서 19세기 초에 80만 명에 불과했던 인구가 200년 만에 4배 가까운 310만 명으로 급증했다.

그런데 우리나라의 1960~70년대가 그랬던 것처럼 핀란드도 다른 유럽 나라들에 비해 지나친 압축 성장을 이뤘다. 당연히 초기 자본주의의 폐해가 그대로 드러나, 부(富)는 극소수 공장주와 귀족들에게 몰렸다. 노동 조건도 열악했다. 가난한 노동자가 늘어났지만 성장의 충격을 완화할만한 시스템 즉, 사회 복지라 할 그 어떤 것도 없었다.

새로운 사상과 이데올로기도 들어와 넘쳤다. 민족주의를 기반으로 한 자유주의 사상과 사회주의, 사회민주주의 심지어는 왕정 복귀를 외치는 국수적 극단주의까지 스며들었다. 급증한 노동자와 진보적 지식인들을 중심으로 좌파 성향 사민당이 만들어졌다(1899년 창당). 귀족과 상류층 중심의 우파인 핀란드당도 러시아의 1차 강압 정치(1899~1905)가 시작되면서 두 정파로 나뉘어졌다. 이밖에 농민당(Agrarian Party), 스웨덴인당(Swedish Party)도 있었지만 사회주의 이념과는 멀었다.

페노만 운동을 기반으로 한 시민 의식도 오랜 자치 활동과 사회 운동을 경험하면서 더불어 성장했다. 러시아 총독과 중앙 행정부를 상대로 저항하고 타협하면서 자신들의 권리를 확대해가는 방법을 깨우친 것이다. 시민사회가 성숙되면서 민주적 절차를 배우게 되었고 노동운동도 활성화되었다. 1905년에 전국 규모의 동맹 파업이 일어나 성공했다. 이는 모두에게 큰 자신감을 안겨주었다. 1906년에 보통선거에 의한 민주적 의회제가 도입되었다. 이는 크나큰 정치적 사건이었다. 모든 성인이 선거권을 행사할 수 있게 되자 유권자가 12만 6,000명에서 127만 명으로 10배나 확대되었다. 유럽에서는 두 번째로 여성에게도 참정권이 주어졌다. 전 국민이 보통선거권을 획득하면서 동맹파업을 주도하며 정국을 이끌었던 사민당은 폭넓은 지지층을 확보할 수 있었다. 또한 대부분의 노동자가 농촌 출신이라서 노·농 간의 연대감도 강해졌다.

귀족과 상류층으로 이뤄진 보수파들 역시 많은 경험을 갖고 있었다. 스웨덴 지배 하의 자치정부를 이끌며 오랜 시간에 걸쳐 지도력을 키워온 그들이었다. 치안 유지 등 행정 체계를 비롯해 어떻게 각 지방을 통치하고 운영하는 가에 대한 노하우도 갖고 있었다. 무엇보다도 효율적인 명령 체계를 이해하고 있었다. 이 능력은 내전에서 확실한 우위를 가져다주었다.

제1차 세계대전의 와중인 1917년에 러시아 2월혁명이 터지자, 사민당은 임시 정부를 구성해 자주적인 통치권을 확보하려는 움직임을 보였다. 보수파 입장에서는 과반 절대 권력을 차지한 사민당이 임시 정부를 꾸리면 곧 사회주의 국가가 될 것 같은 불안감이 일었다. 보수파에겐 크나큰 재앙이 될 것이었다. 그렇잖아도 의회 밖에서는 8시간 노동시간 확보와 임금인상을 외치는 파업들이 줄을 잇고 있는데, 사민당이 권력을 차지하면 그동안 부와 기득권을 독점해온 보수들에게 또 어떤 요구를 해올지 몰랐다.

그런데 기회는 슬그머니 찾아왔다. 2월혁명의 여파로 러시아로부터 식량 공급이 중단되자 물가가 급등했다. 시민사회는 크게 동요했고, 이는 사민당의 인기 하락으로 이어졌다. 러시아에 임시 자치 정부 구성을 제안한 사민당의 요구가 거부되자, 제1차 세계대전의 전황이 러시아군에게 불리한 틈을 타 보수파는 1917년 10월 선거를 통해 사민당 과반 정권을 무너뜨렸다. 그리고 우파 수반인 반공주의자 스빈후부드가 12월 말 레닌을 찾아가 독립을 인정받았다.

사민당은 허탈했다. 독립은 환영했지만 레닌과 결별하면서까지 선택했던 온건한 방법에 의한 사회주의의 완성 즉, 의회를 통한 사회주의 국가 건설이 눈앞에서 사라지는 것을 목격해야 했다. 아직 제1당을 유지하고는 있었으나 의회를 통해 할 수 있는 일은 거의 없다는 사실에 절망했다. 불신과 분노는 좌파를 과격하게 만들어 일부는 무장하기 시작했다. 러시아 경찰이 유지하던 치안도 공백 상태가 되었다. 좌파나 우파 할 것 없이 자경단을 꾸렸고 곳곳에서 총소리가 들려오기 시작했다.

전쟁이 촉발된 데에는 극단주의자들의 영향이 컸다. 핀란드 정파의 스펙트럼은 다양해 좌파 가운데에도 극좌파 즉, 무정부주의자와 러시아식 폭력 혁명을 꾀하는 과격파들이 있었고, 그 반대편에는 스웨덴식 왕정 복귀를 바라는 일부 지식인과, 독일이라는 또 다른 외세를 끌어들인 극우파들이 있었다. 극우파들은 수년 전부터 독일과 협력해왔다.

독일제국은 동쪽 라이벌이었던 제정러시아의 내부 분열을 꾀하기 위해 그동안 암암리에 레닌의 볼세비키를 지원했다. 러시아 식민지이며 전략적 요충 지대인 핀란드도 그냥 두고 볼 독일이 아니었다. 우호적인 극우 세력을 비밀리에 지원해 비밀 협정을 맺고, 젊은이들을 뽑아 독일 병영으로 보내 군사 훈련을 시켰다. 그 수는 1,900명에 달했다. 이들은 나중에 장교로 활동하며 백군 승리에 결정적인 역할을 한다. 우파는 풍부한 재정으로 독일로부터 신식 소총 등 많은 무기를 사들였다. 처음부터 자국 내 좌파와의 전쟁을 목적으로 독일과 비밀 협정을 맺고 군대를 갖춘 것은 아니었다. 러시아로부터의 완전한 독립이 무장의 목적이었다.

좌파에게도 무기는 충분했다. 핀란드 영토에 주둔하고 있던 7만 명 규모의 러시아 군대가 있었기 때문이다. 러시아가 독일과의 전쟁에 대비해 핀란드에 남긴 군대이니 레닌의 휘하가 되어도 좌파들을 도울 것으로 기대했다. 많은 소총과 대포를 가진 이들을 든든한 지원군으로 여겼다. 그러나 착각이었다. 이들은 오히려 좌파에게 골칫덩이로 변했다. 군기도 엉망이어서 핀란드 양민에게 횡포를 일삼았고 전선에서도 이탈해 전황을 더 불리하게 만들었다. 그렇지만 양 극단주의자들 손에 무기가 들려졌으니 다음 수순으로 벌어지는 것은 암살과 테러였다. 이는 6·25전쟁 직전 해방 공간에서 벌어진 백범 김구, 여운형, 송진우 같은 요인 암살과도 같았다. 과격한 소수에 의해 자행된 암살과 테러 등의 극단적 행동은 더 큰 파장으로 증폭되고 불신으로 이어져 결국 임계점을 넘어서고 말았다.

동족상잔 그리고 폐허

전쟁은 1918년 1월 말 남부 공업 도시들에서 시작되었다. 우파는 1월 25일에 교전 명령을, 좌파는 1월 26일에 내렸다. 교전 명령은 우파가 하루 빨랐지만 실질적인 선제 공격은 좌파가 먼저였다. 좌파 노동자경비대가 헬싱키를 비롯한 주요 도시들을 먼저 점령해 핀란드 사회주의 공화국을 선포했다. 우파 정권은 헬싱키를 탈출하여 서부 해안 도시인 바사로 피해 임시정부를 꾸렸다.

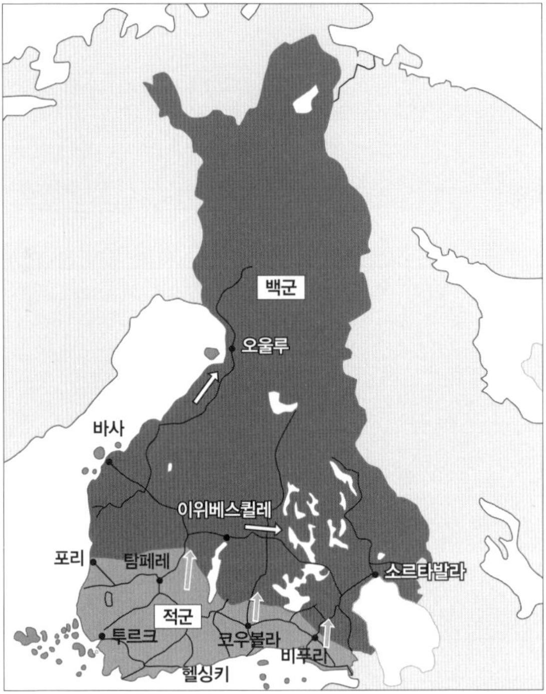

핀란드 내전 당시의 대치 상황

우파인 백군과 좌파인 적군은 남북으로 갈려 전선을 형성했다. 양쪽 군대는 각기 9만 명 규모로 비슷했으나 적군은 도시 노동자와 농민으로 구성되어 있었고, 백군은 부유층과 교육 수준이 높고 경험이 많은 군인 출신으로 이뤄져 있었다. 게다가 백군에는 독일에서 전문적인 군사 훈련을 받은 장교단 '재거(jagger)'도 합류해 있었다. 양쪽 지휘관은 모두 러시아 장교 출신이었다. 백군 지휘관은 만네르헤임으로 지금도 핀란드인이 가장 존경하는 전쟁 영웅이며 대통령을 지낸 인물이었다. 적군 사령관은 알렉시 알토넨(Aleksi Aaltonen, 1884~1918)이었다.

좌파 적군은 선제 공격의 이점을 살려 남부의 주요 도시와 대부분의 공업 시설을 장악하는 데 성공했으나 그것으로 끝이었다. 적군은 한마디로 오합지졸이었다. 병사들은 모든 것을 민주적(?)으로 결정해 지휘관도 투표로 뽑았다. 그러니 규율도 없는 군대가 되었다. 전투 중에도 집에 다녀온다며 전선에서 이탈하기 일쑤였다. 반면에 만네르헤임의 백군은 지휘부와 장교들이 러시아군 복무 경험이 있고 전투 경험도 많아 군대의 명령 체계가 엄격했다. 독일에서 최신 전투 교육을 받고 온 재거 부대의 1,900명의 젊은 장교들도 군대를 효율적으로 이끌었다. 내전이 단기간에 끝난 것도 이러한 양쪽 군의 질적 격차로 인해서였다.

외세의 개입 정도도 극명하게 갈렸다. 독일은 1만 3,000명의 정규군대를 바로 전장에 투입해 적극적으로 개입했지만 러시아는 손을 놓고 있었다. 7만이라는 대규모 러시아 정규군도 거의 무용지물이었다. 군율도 없고 비도덕적이고 문란한 행동을 일삼아 절제와 근면을 기본으로 하는 핀란드 국민들이 싫어했다. 더구나 향수병에 시달리다 대부분 귀국해버렸다. 7만 명 중 1만 명이 핀란드 내전에 참전했다고는 하나 최전선에 뛰어든 병사는 1,000명에 불과했다. 핀란드 적군도 러시아와는 거리를 두었다. 전쟁 초기에 러시아가 좌파 정부와 동맹을 맺자고 제안해왔지만 이를 거절했다. 이유는 러시아가 지원을 이유로 다시 핀란드를 식민지로 만들까 우려했기 때문이었다. 108년간의 식민지 생활과 강압 정치 등은 지긋지긋했을 것이다.

레닌은 전쟁 초기에 단박에 핀란드를 공산화할 수도 있었겠지만 수수방관했다. 핀란드 스스로 공산화를 이룰 것으로 믿었고 또한 민족 자결의 원칙을 내세웠던 레닌이었기에 적극적인 개입을 할 입장이 아니었다. 반면에 독일은 양동 작전을 펼쳤다. 러시아가 머뭇거리고 있을 때, 1월에 맺은 평화 협정도 깨고 러시아를 침공, 우크라이나와 발트해 연안을 빼앗았다. 내부 상황도 어려웠던 레닌은 두 달 만인 3월에 대폭 양보하며 독일과 평화 협정을 다시 맺어야 했다. 핀란드 내전이 막바지로 치닫고 있었지만 레닌은 파병할 수 없었다. 이미 독일군이 핀란드 우파 진영에 진주해 있어서 핀란드 파병은 곧 독일에 대한 선전포고나 다름없었기 때문이다.

5월 2일, 적군의 항복으로 내전은 종결되었다. 4개월간의 짧은 전쟁이었지만 상처는 깊었다. 양쪽 모두 3만 4,000명이 넘는 사망자를 냈다. 당시 인구가 300만 명을 갓 넘긴 핀란드였다. 더구나 희생자의 15%인 6,000명이 14세에서 20세 사이의 청소년들이었고 2만 명의 고아가 남겨졌다. 인명 피해뿐만이 아니었다. 대부분의 산업 시설이 파괴되었고 수많은 집과 농장들이 불에 타 폐허가 되었다.

포로수용소에 가둔 적군의 숫자도 8만 명이 넘었다. 5월 종전 이후부터 10월까지 이 가운데 1만 3,000여 명이 식량 부족으로 굶어 죽

핀란드 내전으로 폐허가 된 탐페레

거나 전염병으로 죽었다. 테러와 처형도 공공연하게 자행되었다. 전쟁 중 포로로 잡힌 적군 9,000명이 처형되었고, 전쟁이 끝난 5월 한 달 동안 4,800명이 공개 처형을 당했다. 백군의 승리였으나 그야말로 상처뿐인 영광이었다. 수많은 인명 피해가 났고 폐허가 된 조국에 당장 처리해야 할 과제들은 산더미 같았다. 독립 직후에 벌어진 전쟁이라서 정치 공백부터 메워야 했다.

한때 믿었던 독일도 제1차 세계대전의 패전국으로 몰락했다. 패전국 독일을 보며 허탈감과 함께 내전이 그들에게 남긴 것이 무엇인지 고뇌하기 시작했다. 독립하자마자 서로 물어뜯는 바람에 남은 것은 죽음과 눈물과 오갈 데 없는 고아들뿐이었다. 동족상잔이라는 씻을 수 없는 비극의 결과물이었다. 그렇다고 침략으로부터 자신을 지켜줄 든든한 보호막 즉 외부 세력을 얻은 것도 아니었다. 650여 년 동안 주인 노릇을 했던 스웨덴은 내전 동안 아무것도 해준 것이 없었고, 러시아는 혁명 후유증으로 자기 안방조차 지키지 못했다. 새로 끌어들였던 독일은 야욕만 내보이다가 무력화되었다. 주변 누구도 그들을 보호해줄 수 없다는 것을 깨달은 그들이 내린 결론은 하나였다.

스스로 일어서서 지켜야 한다는 것뿐이었다. 외세는 결국 그들의 이익과 상황에 따라 움직일 뿐 나라를 지켜야 하는 것은 그들 자신이고 폐허를 딛고 일어서야 할 주체도 그들 자신이라는 자각이 일었다. 희생이 컸지만 깨달음은 더 컸다. 그리고 서로의 상처를 어루만지고 치유하기 시작했다. 서로를 이해하려고 노력했고 자신의 것들을 내려놓기 시작했다. 먼저 좌파는 러시아식 프롤레타리아혁명을 영원히 포기한다고 선언했다. 보수 우파도 좌파에게 손을 내밀었다. 그들을 파트너로 받아들여 새로운 나라를 건설하기 위한 선거에 참여시켰다.

그해 12월 전 국민을 대상으로 한 보통선거가 실시되었고 이듬해 3월에 의회 선거를 실시하여 새로운 민주공화제 정부를 탄생시켰다. 그리고 중도 보수의 스톨베리가 초대 대통령으로 선출되었다.

chapter 5

핀란드의 저력,
그 다섯 번째 이야기

이념 정체성이 뚜렷한 다섯 정당

– 균형과 중심을 잃지 않는 주류들

혁신확산이론(Innovation Diffusion Theory)이 있다. 1962년에 언론정보학자인 에버렛 로저스(Everertt Rogers, 1931~2004)가 처음 주창한 것으로 지금도 지식경영과 마케팅 등 많은 분야에 인용되고 있는 이론이다. 우리가 자주 듣는 얼리어답터(early adopter)란 말도 그가 처음 썼다.[1] 이보다 한 단계 더 심화시킨 이론이 조프리 무어(Geoffrey A. Moore)의 캐즘이론(Chasm Theory)이다.[2] 캐즘이론은 신기술로 무장한 신제품이 주류 시장에 도전하는 과정을 과학적으로 분석한 것으로 신기술 벤처 마케팅의 주요 지침이 되고 있다.

두 개의 혁신 이론은 혁신 과정을 정규분포 곡선을 응용한 다섯 단계로 분류한다. 첫 번째는 정규분포 곡선 가장 왼쪽에 자리잡고 있는 혁신자(Innovator) 그룹이다. 혁신자는 신제품에 가장 적극적이다. 신기술 생산자이기도 하다. 새로운 것이 등장하면 따지지 않고 일단 수용하고 본다. 모험가 정신이 가득하고 실패 위험성을 감수하는 그룹이다. 정규분포 곡선 가장 왼쪽 2.3%에 속한다.

두 번째 그룹은 혁신자 다음의 선각수용자 즉, 얼리어답터다.

13.6%에 해당하는 얼리어답터는 혁신자와 함께 왼쪽 표준 편차 15.9%에 속한다.

혁신확산이론

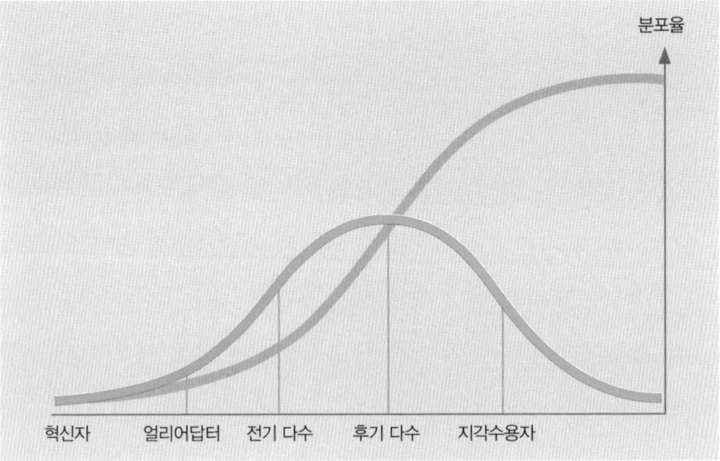

캐즘이론

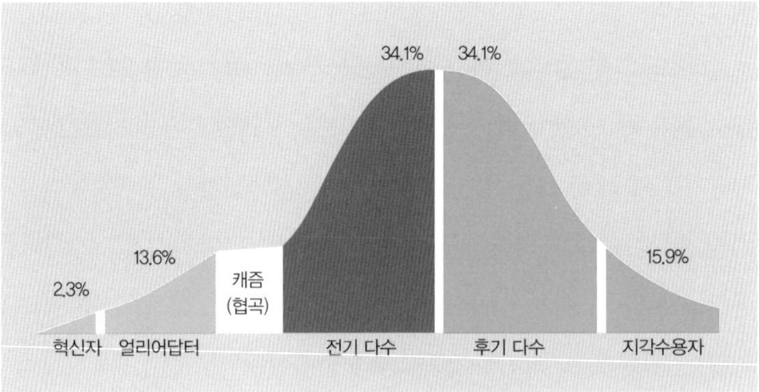

* 백분율은 표준 정규분포 수치로 캐즘이론에 대입한 것임.

그런데 이들은 혁신자와는 좀 다르다. 혁신자는 '묻지 마' 식으로 무조건 수용하지만, 얼리어답터는 좀 더 이성적이다. 그들은 새로움의 미래 가치를 보고 투자한다. 신제품이 시장에 진출하는 데 우호적이고 적극적인 오피니언 리더들이다. 신기술, 신제품의 장점을 공유하고 널리 알리며 주류에 진입하는 주체이기도 하다.

세 번째와 네 번째, 두 개 그룹이 다수를 차지하는 주류(Main) 또는 주류 시장(Major market)이다. 주류는 중간을 기점으로 왼편은 전기 다수(Early Majority), 오른편은 후기 다수(Late Majority)로 나뉜다. 이 둘을 합하면 편차를 제외한 68.2%이다. 평균 정점을 중심으로 각각 34.1%씩 나눠 갖는다. 주류답게 다른 그룹보다 크다.

먼저 세 번째인 전기 다수를 보자. 전기 다수는 주류 왼편에 자리하고 신상품을 검증하는 문지기 역할을 한다. 얼리어답터보다 훨씬 더 신중한 그룹으로 실용적 이익을 중시한다. 얼리어답터들에 의해 미래 가치가 검증된 것만 실용성을 기준으로 채택하고 주류 시장에 진입시킨다. 주류 시장 문 앞을 지키는 수문장인 셈이다. 그들과 얼리어답터 사이에는 캐즘(chasm)이라는 깊은 협곡이 존재한다. 이른바 죽음의 협곡이다.

신제품이 주류 시장에 진입하기 위해서는 그 앞에 도사리고 있는 캐즘이라는 깊은 협곡을 뛰어넘어야 한다. 아무리 뛰어난 신제품이라도 이 단절을 넘지 못하면 시장에서 실패한 제품이 되어 곧 잊혀진다. 캐즘이론은 확산이론에서 진일보한 학문적 성과로 평가받고 있다. 특히 새로운 신기술 또는 신제품이 주류 시장으로의 진입에 성공하려면 어떤 기본을 갖추고 준비를 해야 하는지 벤처 마케팅 관점에서 보여주고 있는 것이다.

네 번째 그룹인 후기 다수는 주류 오른편에 속하는 그룹으로 전기 다수에 비해 회의적이며 비판적이다. 새로운 것이나 첨단기술에 거부감을 갖고 있다. 오래 되고 낡은 것을 대신할 수 있는 것이 자리를 잡은 후에야 관심을 갖는다. 전기 다수에 의해 실용성이 입증되고 검증이라는 꼭짓점을 넘겨야 비로소 수용한다. 후기 다수가 받아들일 때에야 그것은 표준(Standard)이 된다.

다섯 번째는 지각수용자(Laggard)들이다. 오른편 표준편차 15.9%에 속한다. 전통적인 것들을 선호하며 새로운 어떤 것도 원하지 않는다. 근본적으로 변화를 꺼리고 필요성도 느끼지 않는다. 신제품은 귀찮고 거부감만 줄 뿐이다. 옛날 것을 그대로 써도 전혀 불편함을 느끼지 않는 그룹이다. 개발자 입장에서 보면 좋은 반응을 기대할 수 없으므로 마케팅 대상에서 제외하는 편이 좋다.

정당 성향과 캐즘이론

혁신확산이론과 캐즘이론을 정치 성향 스펙트럼에 대비시켜 보면 여러 흥미로운 점을 발견하게 된다. 혁신확산이론 및 캐즘이론의 다섯 그룹에 겹쳐 보면 진보는 좌측 표준편차, 보수는 우측 표준편차 그리고 중도는 주류 시장이라 할 수 있다.

혁신자 그룹과 얼리어답터를 같이 묶으면 진보 집단으로 대입이 가능하다. 왼쪽의 표준편차 즉, 혁신자와 얼리어답터는 신기술 제품에 우호적이듯이, 진보는 새로운 변화를 선호한다. 신기술 제품은 시장에서 기존 제품과 오래된 기술을 무너뜨리고, 진보는 현실에 만족하지 않고 변화된 세상을 추구한다. 혁신자와 얼리어답터 둘 다 시장에서 변화를 만들어내지만 혁신자는 얼리어답터에 비해 모험적이고 급진적이다.

혁신자는 신기술 제품을 추구하는 기술 애호가들이면서 동시에 신기술이나 신제품을 직접 만들어내기도 한다. 그들은 실제 효용과는 상관없이 기술 자체에 더 큰 의미를 두고 혁신에 대한 호기심을 억누르지 못한다. 혁신자 그룹에는 기술을 잘 알고 신기술을 직접 만들 수 있는 기술자가 많다. 그들은 새로운 제품의 실현 가능성에는 별반 관심이 없다. 때로는 현실적 측면을 중요하게 여기는 자들을 경멸하기도 한다. 기술자들이 기술 자체의 완성도에 치우쳐 시장 감각이 떨어지듯, 혁신자 그룹은 이론적 완성도를 중시하는 반면에 실패에 대한 위험은 무시하는 성향이 강하다. 이러한 불균형은 극단적 결과를 불러온다. 신기술을 만들어내는 과학자 가운데 현실을 무시하는 괴짜가 많듯이, 가장 왼쪽에 자리한 정치적 극좌는 변화가 가져올 결과보다 변화 그 자체에 집착한다.

반면에 같은 좌측에 속하더라도 얼리어답터들은 좀 더 현실적이다. 그들은 새로운 변화가 가져올 세상을 디자인하는 그룹이다. 신기술 제품을 직접 체험하면서 그 진가를 내다본다. 그것이 가져다줄 미래상을 제시하고 오피니언 리더가 될 것을 자처한다. 혁신자들이 과학기술자이고 이론가라면 얼리어답터들은 선각자이며 실천가들이다. 일단 신기술 제품에 확신을 가지면 주류 시장에 도전하는 데 주저하지 않는다. 주류 시장은 이미 기존 제품들로 가득 차 있는 포화 상태지만 그 틈을 뚫고 들어가는 데 모든 것을 걸고 투자할 수 있는 용사들이다.

진보 그룹에서 가장 필요한 집단을 꼽는다면 바로 이들 얼리어답터들이다. 새로운 사상으로 세상을 변화시키는 데 가장 중요하고 핵심적인 그룹이라고 할 수 있다. 현실과 이상에 대한 균형 감각을 갖고 전략을 구상하는 전략가이며 실천하는 특공대와 같다.

신제품을 쓰는 얼리어답터가 사용 후기를 올리면서 오피니언 리더가 되는 것처럼, 진보 그룹 얼리어답터들은 새로운 사상이나 정책에 살을 입혀 미래의 비전을 보여준다. 내일을 디자인하고 오피니언 리더가 되어 사람들을 모으고 세력을 키운다. 그리고 적절한 시기라고 판단되면 주류 시장에 도전한다. 그들은 다수의 주류 앞에 놓여 있는 깊은 단절 즉, 캐즘을 넘어 거친 저항을 뚫고 들어가야 하는 선구자적 운명을 타고났다.

그 반대편에 있는 지각수용자는 전형적인 보수층이다. 태생적으로 신기술 제품을 싫어하듯 변화 자체를 거부한다. 전통의 가치를 중시하고, 있는 그대로 지키고자 하는 이들은 어느 사회나 존재한다. 오래되고 전통적이라 해서 무조건 낡은 것이라고 매도해서는 안 된다. 오랫동안 지켜졌다는 것은 그만큼 가치 있음이 증명되어 온 것이다. 인류 공통의 도덕률, 애국심 그리고 대대로 계승해야 할 민족문화 등 지켜야 할 보수적 가치들은 수없이 많다. 그러나 이들은 때때로 외부로부터의 영향을 거부하며, 자기들이 지키는 것을 가장 중요시하는 민족주의 성향 즉, 극우의 행동도 보인다. 절대 일어나서는 안 되지만 전쟁과 같이 극단적인 선택을 해야 할 상황이 온다면 조국을 위해 물불 가리지 않고 가장 선두에 서는 계층이다.

정규분포 곡선의 좌우 각각의 표준편차에서 왼쪽 진보는 두 개-혁신자와 얼리어답터-지만, 오른쪽은 하나로만 분류하는 데는 이유가 있다. 진보는 보수보다 분화가 쉽다. 진보는 곧 변화이고 추구하는 변화와 지향하는 목표가 다 같지 않기 때문이다. 모든 사람이 같은 꿈을 꾸지 않듯이 변화의 지향점도 다를 수 있다. 더 중요한 것은 신기술을 만들어내는 혁신적 기술자와 그것을 검증해보고 오피니언 리더 역할을 하는 얼리어답터는 확연하게 구분된다는 점이다.

정치에서 진보 진영도 마찬가지다. 사상가와 실천가의 역할은 다르다. 사상가는 자신의 사상이 모험적이고 위험 요소가 많다는 것을 알아도 그것은 부차적인 문제일 뿐이다. 그들은 변화 자체에 초점을 둔다. 그러나 실천가는 현실에 적용해야 하는 설계자이고 디자이너다. 실용적 가치를 중시하는 주류 시장에 도전할 수 있도록 위험도를 낮추려 한다. 그러면서 변화를 실천하는 선구자들이다. 두 소그룹은 연속성은 가지지만 역할 측면에서는 확실히 구분된다.

반면에 보수층은 따로 구분이 필요 없다. 보수적 가치는 이미 이론으로 완성되고 실천을 거친 것이다. 주류 시장에서 실용과 표준으로 검증된 것이다. 표준을 중시하는 후기 다수와 그 오른편의 지각수용자 간의 차이는 그 가치들을 좀 더 강고히 하느냐 마느냐에 따른 완성도와 정도의 차이가 있을 뿐이다.

68.2%로 다수를 차지하는 주류는 그들이 갖고 있는 고유한 특성에 의해 전기 다수와 후기 다수로 명확하게 구분된다. 전기 다수의 속성은 '신중'과 '실용'이다. 그들은 새롭다고 무조건 수용하지 않는다. 얼리어답터에서 검증되고 캐즘을 넘어 살아남은 것들만 수용한다. 살아 건너왔다고 해서 다 수용하는 것도 아니다. 그들은 매우 조심스럽다. 행동 양식은 신중하고, 판단 기준은 실용성에 근거한다. 데이터와 경험치를 근거로 과연 현실성이 있는가, 사회 전체에 이로운 가를 세밀하게 살핀다. 전기 다수는 신제품의 기술이 매우 뛰어나도 현실성이 부족하고 적절한 타이밍이 아니면 받아들이지 않는다. 새로운 정책도 아무리 명분이 훌륭하더라도 실용적이지 않고 시대에 맞지 않으면 사장된다.

후기 다수의 고유한 특성은 전기 다수와 다르다. 전기 다수가 신중하고 실용성을 중시한다면 후기 다수는 '의심'과 '표준'으로 상징된다. 같은 주류에 속한 전기 다수 그룹이 실용성을 검증해주어도 회의적 시선을 거두지 않는다. 그 판단 기준은 표준이다. '실용'과 '표준'은 다른 기준이다. 아무리 실용적인 정책이더라도 지속 가능하고 사회 전체에서 통하는 표준이 되지 않으면 수용하지 않는다. 표준이란 보수적일 수밖에 없고 또 그래야 한다. 표준이 자주 바뀌면 사회 전체에 혼란이 온다. 그럴듯한 이익과 명분을 내세워도 그들은 표준을 흔드는 것은 용납하지 않는다. 새로운 표준을 세우는 것은 새로운 것을 만들어내는 것 이상으로 어렵지만, 후기 다수가 받아들이면 그것은 비로소 표준으로 완성된다.

이념 스펙트럼에 따른 다섯 그룹

핀란드는 이념 스펙트럼이 뚜렷한 다당제이며 계층뿐만 아니라 직능별, 도 · 농 간의 대표성도 분명하다. 이느 나라든 계층, 직능, 노사, 도시와 농촌, 수도권과 지방, 노인과 젊은이 등 각종 스펙트럼들이 존재한다. 문제는 각 스펙트럼이 대표성을 확보하지 못하면 제대로 된 민의가 전달, 실행되지 못해 대의 민주주의의 의미를 잃게 된다는 사실이다.

핀란드를 포함한 노르딕 5개 국가는 5개 정당 체제라는 독특한 다당제 구조를 갖고 있다. 진보와 보수의 이념 스펙트럼에 따른 5개 정당이 자리하고 있는 것이다. 가장 왼쪽에는 극좌에 해당하는 공산당이, 그 오른쪽은 온건한 사회민주주의 정당(사민당)이, 반대편 제일 오른쪽은 극우 보수 정당이, 그 옆에는 자유주의 보수당이 자리하고 있다. 보수당 왼편에는 중도 성향의 정당이 차지하고 있다. 핀란드에서는 이름도 중도당이다.

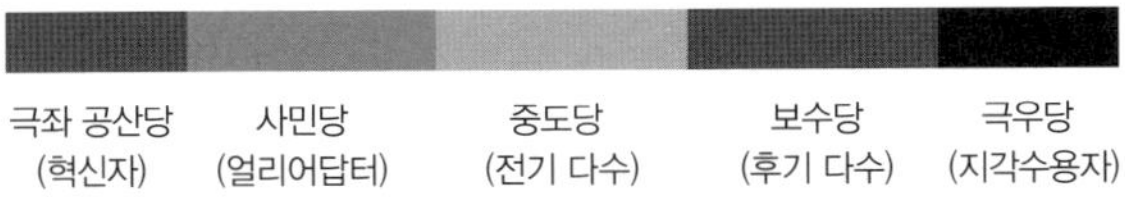

노르딕 5개국 정당 분포

핀란드의 경우 가장 왼쪽에 있는 극좌공산당은 1918년 내전 이후 1944년까지 불법이었다. 사민당 초기에는 내부의 소수 과격파에 속했지만 내전에 패한 다음 잔당은 모두 러시아로 망명했다. 훗날 스탈린에 의해 숙청되었다. 제2차 세계대전에 패한 후 소련의 압박으로 인민민주연맹이 만들어졌지만 정국을 주도하지는 못했다. 소련 몰락 이후 세력이 약화되어 다른 좌파 군소 정당들과 합당, 좌파연합(Left Wing Alliance, LEFT 또는 Vas.)으로 통합했고 현재는 군소 정당 수준이다.

얼리어답터에 대입할 수 있는 핀란드 사민당은 1899년 도시 노동자들의 지지를 업고 출발했다. 사민당은 이웃 스웨덴과 독일의 사민주의 영향을 많이 받았다. 폭력 혁명을 선호하는 급진 공산주의와는 달리 의회민주주의를 통한 현실적 온건 노선을 견지했고 소련과는 대립 관계였다. 제2차 세계대전 당시 소련과 전쟁할 때 그들은 앞장서서 참전했고, 이후 20%대 지지율을 유지하면서 유력 정당의 대열에 끼었다. 1960년대 중반에 연정을 주도하면서 복지국가를 완성하는 데 중요한 역할을 했다. 3명의 대통령을 배출했으나 최근 극우 포퓰리즘 정당인 핀란드인당의 출현으로 2015년 총선에서는 16.5%까지 떨어져 4위로 밀려났다.

핀란드 중도당은 실용성을 중시하는 전기 주류에 대비되는 당으로 27년 장기 집권한 케코넨을 비롯해 8명의 대통령을 배출한 유력 정당이다. 중도당의 전신은 1906년에 결성된 농민연합이다. 20세기 초, 초기 산업화 시대에 도시 노동자들이 주도한 사민당이 등장하자

이에 맞서 농민 중심으로 창당된 정당이다. 중도당은 농민연합 시절부터 우파인 국민연합당과 연합해 사민당과 대적해왔다. 1918년 내전 때도 백군에 속했다. 중도당은 정치 중앙 무대에서 밀려난 적이 거의 없다. 보수 우파 국민연합당 아니면 사민당과 연합정부를 이루면서 정국을 주도해왔다. 중도당은 뚜렷한 이념보다 탈중앙, 지방분권에 더 중점을 두고 있다. 성장, 분배 같은 이념적 이슈에 대해서는 유연한 편이다. 다시 말해 이념에 치우치지 않고 실용성을 중시하는 전기 다수의 역할을 해왔다.

핀란드에서 후기 주류, 즉 보수는 국민연합당이다. 국민연합당은 핀란드를 대표하는 보수 정당이다. 중산층의 지지를 받고 자유 시장 경제를 추구하고 있다. 러시아 속국 시절부터 존재했던, 가장 오래된 정당인 핀란드당이 그 뿌리다. 보수 정통성을 이어받아 내전에서 백군의 주력이 되었고 승리 직후 지금의 국민연합당으로 재창당했다. 건국 초기 유명 보수 정객인 스빈후부드 대통령과 파시키비-케코넨 노선으로 유명한 파시키비 대통령이 정당의 대표적인 인물이다. 1930년대 들어 내부에 있던 극우 세력을 배격하고 이후 온건 우파 정당 노선을 걷고 있다. 창당 때부터 사민당과 반대편에 서 왔으며 보수 연합 연정을 주도해왔다. 1917년 선거에서 단 한 번 좌파 사민당에게 단독 과반을 넘겨준 이래 줄곧 정국을 주도하며 표준을 만들어왔다. 2015년 선거에서 18.2%의 지지를 얻어 제1당에서 밀려났으나 중도당 등과 함께 우파 연합에 의한 연정 구성에 성공했다.

가장 오른쪽에 위치한 극우당은 1930년대 라푸아 운동이란 이름으로 잠깐 나타났으나 이후 자취를 감췄다. 그런데 1995년에 창당한 핀란드인당이 극우 성향 정당으로 급부상, 유럽의 다른 극우파와 유사하게 반이민 정서를 이용, 우파 유권자들 표를 끌어 모으고 있다. 짧은 역사지만 2011년 총선에서 중도당을 제치고 제3당으로 자리하더니 2015년 선거에서는 정통 우파인 국민연합당까지 넘어 제2당으로 올라섰다. 유럽 전체에 민족주의 극우파가 득세를 하고 있지만 단기간에 제2당 자리를 차지한 것은 이례적이다. 흥미로운 점은 극우파로 주목받고 있는 핀란드인당의 경제 정책은 좌파 성향의 것들이다. 심지어 사민당보다 더 급진적이다. 부자들의 소득세를 더 올리고 2006년에 폐지되었던 부유세를 재도입하자는 등 소득 분배를 더 과감하게 해야 한다며 진보 성향의 유권자들 마음까지 흔들고 있다. 그 결과 2015년 선거에서 제2당이던 사민당을 4위로 밀어냈다. 핀란드인당은 좌파나 우파를 가리지 않고 인기 정책만을 택하는 전형적인 포퓰리즘 정당이라고 할 수 있다.

핀란드를 비롯한 복지 선진국의 주류 사회는 뿌리가 깊고 튼튼하다. 복지 선진국들의 주류는 오랜 역사를 거쳐 완성되었고 지금도 진화 중이다. 복지국가에서 복지는 어느 특정 정파의 전유물이 아니기 때문에 어느 정파나 정당도 복지를 공약으로 내세우지는 않는다. 20세기 초, 핀란드의 복지는 사민당 등 진보 정파들에 의해 동력을 얻고 추진되었지만, 원래 유럽에서 복지는 19세기 말 유럽 우파를 대표하는 철혈재상 비스마르크에 의해 시작되었다. 그러나 이제 복지는 누가 시작했고 어느 정파의 전유물인가 하는 논쟁은 먼 옛날의 이야기다. 모두의 성과인 동시에 공동의 책임이고 의무이기 때문이다.

핀란드에서 복지는 실용성이 증명되어 표준으로 자리한 지 오래다. 복지는 안정된 유효 수요를 창출하여 위기 관리에 유리하고, 창의력이 요구되는 미래 성장 동력을 뒷받침해왔기 때문이다. 하루하루 먹거리를 걱정해야 하는 빈곤한 삶에서는 창조적인 아이디어가 나오기 어렵다. 복지 시스템이 일정한 수입을 보장하고 노후에 대한 불안을 제거하면서 핀란드도 비로소 혁신적 국가 체계가 완성되었다. 한때 국민총생산의 25%를 담당했던 노키아가 몰락해 위기가 닥쳤어도 복지 인프라로 확보된 안정적 유효 수요와 창의적 생태계가 든든히 버텨주어 최고 수준의 국가 경쟁력을 유지했다.

복지는 사회적 비용을 미리 줄여준다. 복지 인프라가 허약한 사회에서 발생하는 빈부 격차와 그로 인한 각종 사회 갈등에 소요되는 사회적 비용을 사전에 제거해 절약할 수 있게 된다. 이런 것들이 바로 주류 사회가 원하는 실용성이며 표준이다. 복지가 실용성 입증을 하지 못했다면 오래전에 파기되어 주류로 자리잡지 못했을 것이다. 복지는 궁핍과 고난을 이겨내고 사회 화합과 안정을 가져오는 동시에 경제 성장의 기반이 되었다.

핀란드에서 '복지'와 '성장'은 하나를 고르면 하나를 버려야 하는 선택이 아니라 서로를 필요로 하는 상호 의존, 상호 보완의 관계다. 복지는 왼편 편차 범위에 있는 혁신자와 얼리어답터만의 신제품도 아니었고, 성장 역시 우측 지각수용자만의 독점물도 아니었다. 복지와 성장 둘 다, 주류 사회에서 실용성과 표준이 되어 왔고, 업그레이드 또한 좌우 양편에서 새로운 동력과 영양분을 계속 공급하면서 이루어져 왔다.

정당 측면에서 보면, 전기 다수 영역에 있는 사민당이 복지와 평등을, 후기 다수 영역에 있는 보수당인 국민연합당이 성장과 자유 시장을 선도해왔다. 이들은 기본 이념과 추구하는 정책이 다르므로 당연히 경쟁 관계다. 그러나 양쪽 극단에서 뛰쳐나와 치고받고 싸우는 것이 아니라, 국민의 선택에 따라 여당 또는 야당이 되어 자리를 바꿀 때도 있고, 같이 연정도 이루면서 복지와 성장을 함께 이루어 온 파트너 관계이다. 둘 다 주류 영역에서 나란히 경쟁해온 것이다.

왼쪽 끝, 혁신자와 얼리어답터 영역 역시 어느 정치 그룹 하나가 독점하는 방식이 아니다. 옛 공산당과 지금의 좌파연합 등 선명성이 강한 좌파 정당들은 좌파의 고유 이념인 분배와 평등을 기본 당령으로 삼지만 폭력 혁명 등 구시대의 공산주의 사상은 청산한 지 오래다. 이들은 시대에 맞는 새로운 진보 사상을 연구하고 분배와 평등을 실현하기 위한 보다 세련된 정책을 고안하고 있다.

최근 들어서는 오른쪽 표준편차의 끝에 있는 극우 포퓰리즘 정당인 핀란드인당이 시선을 끌고 있다. 이들은 오히려 사민당보다 분배와 복지를 더 강하게 내세우고 있다. 이런 현상은 복지와 분배가 이미 주류에서 실용과 표준으로 완전히 자리잡고 있다는 방증이다. 핀란드인당이 극우로 분류되는 것은 민족주의 성향 때문이다. 핀란드뿐만 아니라 전 유럽 국가들은 유럽연합의 정체성과 민족주의 이슈 같은 정치적 사안들을 이념적 스펙트럼에 강하게 반영해왔다. 유럽연합의 기본 이념인 통합을 중요시 하는 그룹을 진보로 본다면, 이에 반발하는 전통적 민족주의는 우파 보수로 구분된다. 국경을 허물면서 시장 효율성과 평등주의 확산을 추구하는 유럽연합 정신과 수천 년을 이어온 민족주의 정신의 대결은 전 유럽의 핵심적 사안으로 부각되고 있고 앞으로도 더 심화될 것이다.

핀란드 정계의 다섯 그룹은 높은 수준으로 성숙되어 모두 자기 역할을 충실히 하고 있다. 왼쪽에서 새로운 아이디어와 정책을 만들고 실용성을 검증하여 표준으로 자리잡게 하면, 오른쪽에서는 지킬 것은 확실하게 지켜낸다. 각자가 맡은 역할에 따라 다른 목소리를 내고, 이는 국가와 사회 전체로 전달된다. 모든 사안들을 같은 테이블에 올려놓고 토론하고 타협하여 합의점을 찾아내는 데 익숙하다. 다섯 그룹이 서로 소통하며 선순환을 이루고 있는 것이다.

새로운 아이디어와 정책이 시작되려면 우선 테이블에 올려놔야 한다. 골방에서 독불장군처럼 떠들거나 거리에서 팻말을 들고 서 있는 일은 거의 없다. 대표성을 가진 모두가 같은 테이블에 마주보고 앉아 차 한잔을 나누며 함께 토론한다. 이는 정당이나 국회에서만 일어나는 일이 아니다. 평범한 마을 사람들이 모인 마을회관 거실에서도 공장 휴게실 또는 회사 사무실에서도 일상처럼 차 한 잔을 나누면서 의견을 나눈다.

누군가 나를 위해 일을 하고 있음을 믿기에 대표권을 이양하고 그 결과를 되돌려 받는다. 대표권을 주었으므로 결과에 대한 책임과 결과물에 대한 권리는 당연히 내 몫이다. 의도적으로 배척되거나 무시

당하는 일은 있을 수 없다. 상대방의 주장이 아무리 터무니없고 황당해도 같은 모임에 앉아 있는 한 모두 끝까지 다 듣는다. 직위가 높다해서 발언 시간을 독점하거나 신입이라고 해서 침묵하지 않는다.

핀란드의 다섯 그룹은 대표성을 갖고 서로의 입장을 이해하고 있다. 또한 새로움을 만들어내는 것이나 오래된 가치를 지키는 것 모두가 중요하다는 사실도 잘 알아 각자의 입장에서 소통하고 결정하며 실행한다. 정치 구조도 다섯 그룹이 함께 할 수 있는 연정 즉, 연립정부 시스템으로 잘 구축되어 있다.

핀란드는 이념 스펙트럼이 뚜렷한 정당들이 다섯 그룹을 대표하지만 대한민국은 어떨까? 정당 체제부터 이념적 구분이 어렵고 대표성도 희박하다. 우리 정치 구도도 여러 우여곡절을 겪어왔지만 여야 중심 양당 체제에서 크게 벗어난 적은 없다. 그리고 기본이 보수다. 중도 개혁, 중도 보수를 표방해도 기저에 깔린 본류는 보수 이념일 수밖에 없다. 남북 분단 상황이라는 역사의 산물이다.

어느 사회나 이 다섯 그룹은 존재하지만 각 그룹의 대표성이 발현되지 못하거나 정책으로 반영되지 못하면, 그 시대나 그 사회가 요구하는 사안들을 해소하지 못해 소모적인 이슈들에 휩쓸릴 수밖에 없다. 한국 사회의 문제 또한 정당들이 각 스펙트럼의 대표성을 갖지 못한 결과 친북 좌파, 포퓰리즘, 강남 좌파, 수구꼴통 같은 불투명하고 소모적인 언어들만 유령처럼 떠돌고 있다. 비정규직, 청년 실업, 고령사회 같은 각 계층이 처한 시급한 문제가 쌓여가도 어느 누구 하나 확실한 대답을 내놓지 못한다. 구호와 선언은 있지만 결국 정쟁으로 귀결되고 시간이 흐를수록 사태의 심각성만 더 깊어갈 뿐이다.

복지주의 평등

진보가 진보답지 못하면 그 사회는 쇠퇴할 수밖에 없다. 신기술 신제품을 만드는 기업이 존재하지 않는 나라에 미래가 없듯이, 새로운 변화를 생산하는 진보가 없는 나라는 퇴보하고 경쟁력을 상실한다. 캐즘이론에서 신기술 제품들이 얼리어답터와 전기 다수 사이에 놓여 있는 깊은 협곡을 뛰어넘는 도전을 하듯이, 목숨을 건 도전 없이는 주류 시장에 절대 진입하지 못한다. 새로운 사상과 미래 비전을 생산하는 '혁신자'들은 밤낮으로 더 나은 내일을 상상하고 새로운 사상과 비전을 생산해야 하는 것이다. 얼리어답터들은 새로운 사상과 미래 비전을 현실에 맞게 설계하고 주류 시장 도전을 위한 전략을 짜야 한다. 또한 실천가가 되어야 한다. 그들은 주류 시장을 향한 특공대들이다. 단 한걸음이라도 앞으로 나아가야 하는 것이 진보의 운명이다. 앞으로 나가지 못하는 진보는 진보라 부를 수 없으며 이미 죽은 진보다.

만들어 놓기만 하면 잘 팔리던 시대는 끝났다. 공장에서 물건만 잘 만들면 창고에 옮겨 놓자마자 술술 팔리던 산업화 시대는 지났다. 국경 없이 경쟁하는 무한 경쟁 시대이고 급변하는 지식 산업 시대이다. 변화의 폭은 크고 주기는 갈수록 짧아져 당장 코앞의 일도 예측하기 어려운 불확실성의 시대다. 급변하는 시대에 맞게 미리 예측된 설계가 필요하고, 치열한 마케팅 전쟁도 벌여야 한다. 진보도 마찬가지다. 좌파는 우파와 달리 '평등과 분배'를 지향한다. 진보의 제1원칙이 '변하지 않는 것은 없다'이듯이 '평등과 분배'의 가치 또한 시대에 따라 변해왔다. 복지 선진국들이 지향하는 평등과 분배는 과거 공산주의 방식과는 전혀 다르다.

고전적 사회주의 또는 마르크스-레닌주의 아래의 평등은 무산 계급의 평등이었다. 함께 생산하고 소유한다는 공산 사상으로 사적 소유를 금하고 무산 계급에 의한 완전한 평등을 추구했다. 무산 계급의 평등은 모두가 가난해지는 평등이 되어 경쟁력을 잃고 망하는 것이었다.

그러나 복지 선진국들이 지향한 평등은 자본주의 체제의 제1원칙인 튼튼한 사적 소유를 구축하는 동시에 새로운 평등 가치를 만들어냈다. 높낮이가 없는 얼어붙은 겨울 벌판의 공산주의식 평등이 아니라 모두에게 온기를 나누어주는 따스한 평등 즉, 복지주의 평등을 만들어냈다. 복지주의 평등은 높은 수준의 평등으로 '누군가 특별한 것을 가졌다 해도 보통 사람과 다를 바 없는 상태'를 의미한다.[3] 평균 이상의 돈 많은 부자도 있고 평균 이하의 가난한 사람들도 있지만 그들은 모두를 다 같은 평범한 사람들이라고 생각한다. 나만이 특별하다는 선민의식이나 특권의식이 전혀 없다.

왝더독 현상과 깨어 있는 주류

핀란드는 새로운 실용과 표준을 만들기 위한 시도를 계속하고 있다. 최근 세계적 관심을 끌었던 기본소득 실험도 그중 하나다. 기본소득 실험은 모든 국민에게 예외 없이 일정액을 무조건 지급하는 시도다. 매월 560유로(약 70만 원)를 국민 모두에게 주는 것이다.

흔히 사회가 건강하려면 진보와 보수라는 양 날개가 공존해야 한다고 말한다. 사회 발전을 위해서는 진보와 보수 둘 다 필요하다는 뜻이다. 그런데 양 날개 이상으로 중요한 것이 몸통이다. 몸통이 중심을 잘 잡아야 양 날개로 잘 날 수 있는 것이다. 몸통은 곧 주류, 메이저다. 주류가 중심을 놓치면 사회 전체가 흔들린다. 흔히 중도를 상황에 따라 진보, 보수를 오가는 아무런 특색 없는 회색지대로 보는데 이런 모호함은 중도의 정체성을 오도하는 잘못된 것이다.

정규분포 곡선 중앙에서 68.2%를 차지하는 다수이니 만큼 균형과 중심을 잘 잡아야 한다. 주류는 전기 다수, 후기 다수를 막론하고 다수로서의 책임이 있다. 주류는 '실용과 표준'이라는 절대 가치로 굳건히 중심을 잘 잡고 있어야 한다.

양끝의 표준편차에 대한 자세도 분명해야 한다. 모험적인 혁신자와 얼리어답터 그리고 어떤 변화도 거부하는 지각수용자들은 대부분 자신들의 성향을 선명하게 표출한다. 때문에 그들의 큰 목소리와 선명성에 주류가 흔들리기도 한다. 다수가 중심을 잃고 소수에 의해 휘들리면 사회 전체가 흔들리는 심각한 일이 발생한다. 양쪽의 표준편차는 말 그대로 편차이다. 주류에 비해 각각 15.9%인 소수다. 그런데 중앙에 자리한 다수가 양쪽에 있는 소수, 특히 2.3%의 극단적인 모험주의 극좌 또는 오른쪽의 극우들에게 흔들리는 일이 종종 발생한다. 꼬리가 몸통을 흔드는 '왝더독' 현상이다.

우리가 각종 미디어 매체에서 보는 자극적이고 극단적인 장면 즉, 극우 세력이 군복을 입고 시위를 벌이는 모습이나 폭력적인 과격 시위대의 장면들이 그러한 것이다. 그들은 극단적인 소수들이고 편차에서도 양 극단에 속한다. 그런데 안타깝게도 이런 장면들이 자주 보이면 주류 사회 전체가 오염된다. 마치 극단적인 소수가 세상을 다 덮고 있는 것 같은 착시에 빠진다.

어디가 앞이고 어디가 뒤인지 모르는, 이른바 꼬리에게 몸통이 흔들리는 상황이 되는 것이다. 대부분의 역사적 비극은 몸통이 꼬리에 끌려가면서 일어났다. 독일 대중도 극소수였던 극우 나치 세력에 끌려 제2차 세계대전과 유대인 학살이라는 비극에 휩쓸렸다. 나치 극우 세력이란 꼬리가 독일 몸통을 끌고 다닌 결과였다.

주류 즉, 전기 다수와 후기 다수의 기본은 '실용과 표준'이다. 이것이 흔들리면 사회 전체가 무너진다. 반대도 마찬가지다. 공정하지 못하고 불투명할수록 양 극단이 주도권을 쥐고 흔들며 분열과 대립을 심화시킨다. 실용과 표준이 무너지는 순간, 양 극단에 의한 흑백 논리와 이분법적 편 가르기 그리고 승자 독식의 지옥이 시작된다. 양쪽 꼬리에 흔들리고 끌려다니는 몸통이 되지 않으려면 무게 중심이 주류 자신에게 있음을 자각하고 깨어 있어야 한다. 실용과 표준이라는 두 발로 굳건히 서 있어야 하는 것이다.

FINN VS KOREAN | 서로 많이 닮은 5

적대국 소련과 독일 사이에서 절묘한 외교전을 펼친 대통령들!

우리 역사에서 가장 존경하는 위인을 꼽으라면 단연 세종대왕과 이순신 장군이다. 핀란드인들은 어떨까? 그들 가슴속 영웅들은 건국의 아버지로 불리는 만네르헤임(C. G. Mannerheim, 1867~1951)과 리티(R. H. Ryti, 1889~1956) 그리고 케코넨(U. K. Kekkonen, 1956~1982 대통령 재임)이다. 먼 과거가 아닌 모두 근현대사의 인물들이다. 만네르헤임은 전쟁 영웅이며 철저한 반공주의자였다. 리티 역시 반공주의자로 만네르헤임과 함께 소련과의 전쟁을 수행하며 국난을 극복한 인물이다. 케코넨은 우리에게 정말 많은 시사점을 주는 인물인데 302쪽에서 따로 다루겠다.

만네르헤임은 핀란드 내전 당시 백군 사령관이었다. 187cm의 키에 몸집이 큰 전형적인 군인이었다. 러일전쟁에 장교로 참전해 무공 훈장을 받았고, 제1차 세계대전 때는 군단장을, 또한 러시아 황제의 호위 기마대장도 맡을 만큼 능력이 출중한 인물이었다.

그런 그가 1917년 러시아가 2월혁명으로 혼란에 빠지고 조국에서 내전이 일어나자, 우파 백군의 사령관에 올라 전쟁을 승리로 이끈다. 그러나 내전 후 독일군이 핀란드에 주둔하면서 득세하자 미련 없이 사령관직을 내놓았다. 독일 군대가 물러간 뒤 임시정부가 군주제를 추진하는 과정에서 핀란드인 모두에게 존경을 받던 그를 왕으로 추대했으나 이 또한 단호히 거절했다. 곧이어 치러진 초대 대통령 선거에서 만네르헤임은 군주파의 추대를 받아 출마했으나 간선제 아래 농민연합과 연합 전선을 폈던 공화파의 스톨베리(K. J. Ståhlberg, 1865~1952)에게 패하고 정치 일선에서 물러난다.

재야에서 여행을 즐기며 소일하던 중에 그의 정치적 동지였던 우파 스빈후부드(P. E. Svinhufvud, 1861~1944)가 대통령에 당선되어 그를 국방장관에 임명했다(1931년).

만네르헤임 장군 동상(헬싱키 소재)

만네르헤임은 만일을 대비하여 국방력을 키우는 데 총력을 기울였다. 제2차 세계대전이 터진 직후인 1939년 12월에 소련이 핀란드를 침공해왔다. 그는 총사령관에 임명되어 전장으로 향했다. 그의 나이 73세였다.

소련의 침공 이유는 1918년 내전 직후의 영토 문제 때문이었다. 당시 공산주의자를 몰아낸 핀란드와 공산화된 소련은 둘 다 신생 국가나 다름없었다. 두 나라는 일단 평화 협정을 맺고 각자 내부 안정

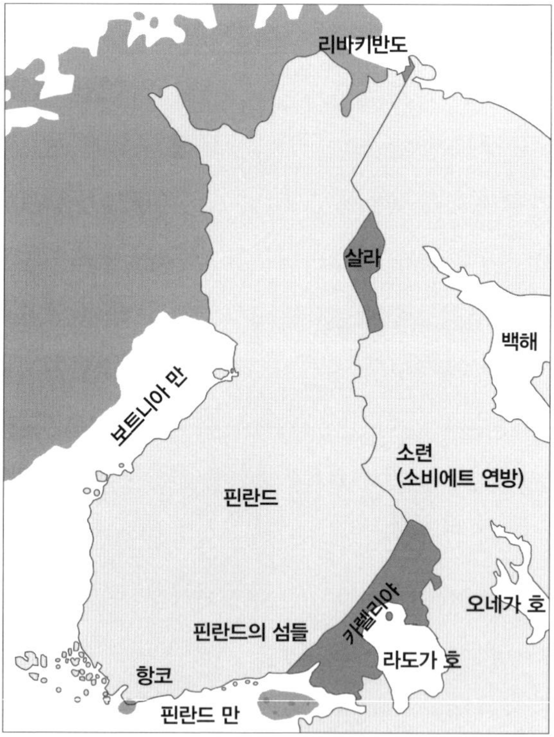

소련과의 전쟁으로 상실한 핀란드 영토(진한 부분)

부터 도모했다. 평화 협상 과정에서 국경도 새롭게 그어졌다. 그런데 새로운 국경이 핀란드에 유리했다. 북극 연안의 항구이자 니켈 생산지인 페차모(Petsemo)와 카렐리야지협(Kareliyan Isthmus)을 핀란드가 얻어냈던 것이다. 카렐리야지협은 러시아의 옛 수도였던 상트페테르부르크(당시는 레닌그라드) 코앞에 있는 요충지였다. 이 협상으로 핀란드는 역사상 가장 넓은 영토를 차지하게 되었다.

소련은 안정을 되찾은 후 보니 아차 싶었다. 카렐리야지협을 포함한 핀란드 남부는 제정 러시아 시절부터 전략적, 경제적 요충지였다. 산업이 가장 발달된 지역 중의 하나였고 유럽으로 통하는 물류 중심지였다.

게다가 과거 자기네 속국이었던 핀란드도 내전 이후 180도로 달라져 소련에 적대적 태도를 보이고 있었다. 공산당을 불법화하고, 소련과의 경제 교류도 줄이고 대신 스웨덴과 영국 등 서방 세계로 고개를 돌렸다. 소련과의 교역량은 전체의 1%에 불과했다. 식량 등 많은 부분을 러시아에 의존해왔던 시절과 달라도 너무 달랐다. 군사적으로는 더 심각했다. 만약에 어떤 강력한 적대 국가가 핀란드를 점령한다면, 유럽으로 통하는 발트해가 봉쇄를 당해 소련에겐 강력한 위협이 될 수 있었다.

1930년대 들어 소련의 독재자 스탈린은 내부적으로는 중공업 중심의 경제 개발 5개년 계획(1928~1938년)으로 국력을 키우고 공포 철권 정치로 체제를 안정시키면서 밖으로는 옛 영토였던 발트해 연안의 소국들과 핀란드를 호시탐탐 노렸다. 스탈린은 1인 독재 체제를 강화시키는 과정에서 200만 명에 가까운 정적들을 숙청했다. 희생자 가운데는 핀란드에서 망명한 공산주의자들도 포함돼 있었다. 핀란드 사민주의자들은 옛 동지들을 숙청한 스탈린을 맹비난했고, 스탈린도 핀란드를 야비하고 악질적인 파시스트라고 악담을 퍼부었다.

제1차 소련핀란드전쟁: 소련 침공

1939년 9월 나치 독일이 폴란드를 침공하면서 제2차 세계대전이 시작되었다. 소련은 한 달 전인 8월에 독일과 비밀리에 '독소불가침조약'을 맺어 폴란드를 양분하고 발트해 연안국들과 핀란드를 소련의 영향 아래 둘 것을 합의했다. 소련은 발트해 연안 국가들에게도 최후 통첩을 보내 항복을 받아냈다.

그러나 핀란드는 달랐다. 은근과 끈기, 불굴의 의지로 뭉친 시수 정신의 민족인 핀란드인들은 굴복하지 않고 싸우기로 결정했다. 소련군은 폴란드 동부를 가볍게 점령한 후 1939년 12월에 핀란드로 침략의 총부리를 돌렸다. 이 전쟁은 겨울에 시작되어 겨울전쟁이라 불린다.

당시 핀란드 인구는 380만 명인데 반해, 소련은 1억 6,400만 명으로 약 44배 정도 많았다. 침략군은 45만 명으로 핀란드의 3배였으며, 공군은 30배 규모였다. 탱크도 핀란드에는 구식 탱크 30여 대뿐이었지만 소련은 6,500대나 갖고 있었다. 군사력으로는 도무지 상대가 되지 못했다. 한때 '놈들의 목을 쳐라'는 돌격 함성으로 적들을 공포에 떨게 했던 하카펠리타트(Hakkapeliitat) 기병부대로 위세를 떨쳤던 핀란드였지만 세계는 모두 핀란드가 단 며칠 안에 소련에 점령될 것으로 예상했다.

그러나 그들의 예측은 빗나갔다. 백전노장 만네르헤임은 73세에 총사령관 임명장을 받던 날 첫 번째 명령을 내린다. 그 명령은 병사들을 감동시켜 핀란드군을 더욱 강하고 크게 뭉치게 만들었다.

> "오늘 조국의 명을 받아 총사령관으로 임명받았다. … (중략) … 제군들은 나를 알고 나도 제군들을 안다. 또한 제군들이 죽음으로 조국을 지켜낼 것도 나는 안다. 이 전쟁은 우리 조국의 독립전쟁의 연장이다. 우리 고향집과 신앙 그리고 조국을 위해 싸우자."

만네르헤임은 군사력에서 절대 열세임에도 결코 물러서지 않고, 핀란드의 자연 환경과 계절을 최대한 이용해 적절한 전략을 펼쳐나갔다. 소련군은 대군의 장점을 활용해 핀·소 국경선 전체에 넓게 펴져 공격했다. 그러나 영하 40도 아래로 떨어지는 강추위와 숲속 지형지물에 당황했다. 눈으로 진흙탕이 된 길은 탱크의 발목을 잡았다. 만네르헤임 총사령관의 신출귀몰한 전략 아래 핀란드 군인들은 용맹하게 소련군을 격파해갔다. 소련군 탱크에는 '몰로토프 칵테일'이라 불리는 화염병으로 맞섰다. 몰로토프 칵테일은 우리에게도 익숙한 것이다. 1980년대 거리 시위에서 자주 보았던, 대학생들 사이에서는 꽃병으로 불리던 화염병이 몰로토프 칵테일이다.

몰로토프(V. M. Molotov, 1890~1986)는 당시 소련 외무장관으로 나치 독일과 비밀협정을 맺고 핀란드 침략을 주도한 인물이었다. 그는 소련 폭격기가 수도 헬싱키 등 각지에 대규모 공습을 벌일 때도 "배고픈 핀란드 국민들을 위해 폭탄이 아닌 빵을 떨어뜨려 주었다." 라며 악담을 해댔던 인물이다. 이에 분노한 핀란드 군인들은 화염병을 소련 탱크에 던지며 "몰로토프 이놈! 그 빵에 이 술까지 같이 마셔라!"라고 외쳤다. 그때부터 몰로토프 칵테일이 되었다.

만네르헤임 장군은 소련군 보병 부대가 눈밭에서 고립되도록 유도했고, 스키 부대로 급습해 전멸시키기도 했다. 스키 부대는 핀란드가 세계 최초로 창설했다. 그러나 아무리 만네르헤임 장군이 뛰어난 전략을 구사하고, 군사들이 용감히 싸워도 기본적으로 군사력의 차이가 너무 컸다. 봄이 되고 추위가 풀리면서 핀란드군은 전선에서 조금씩 밀리기 시작했다. 군대 규모나 무기를 비교해 보면 4개월간 버틴 것도 기적 같은 일이었다.

독일 등 주변 국가들은 완전히 점령 당하기 전에 휴전할 것을 권유했다. 스탈린도 휴전을 받아들였다. 소련군도 피해가 예상보다 컸고, 프랑스와 영국 등 연합국들이 핀란드 지원을 위해 파병을 준비하고 있었기 때문이었다. 사실 희생은 소련 측이 훨씬 컸다. 소련군은 13만 명이 죽었고 19만 명이 부상을 당했다. 그리고 3,500대의 탱크를 잃었다. 소련이 핀란드 침공 직전에 폴란드 동부를 점령했을 때는 사

핀란드 스키 부대

상자가 단 1,000명에 불과했었다. 핀란드군은 2만 5,000명의 전사자와 4만 3,000명의 부상자를 냈다. 피해 숫자만 따지면 핀란드 측 승리였다.

1940년 3월 3일 소련과 조약을 맺으면서 제1차 소련핀란드전쟁은 끝이 났다. 그러나 독립을 유지하는 대가는 컸다. 국토의 11%를 양보하고 국가 경제 전체의 30% 규모의 돈을 소련에 배상해야 했다. 빼앗긴 땅은 제2의 도시 비보르크(Vyborg)가 포함된 국가 산업 요충지인 카렐리야 지방이었다. 카렐리야에 살던 핀란드 인구 12%인 42만 명이 정든 고향을 떠나 핀란드 영토로 들어와야 했다.

제1차 소련핀란드전쟁은 끝났지만 제2차 세계대전은 계속되었다. 히틀러의 독일군은 덴마크, 노르웨이에 이어 1941년 5월에 프랑스까지 점령했다. 서유럽을 차지한 히틀러는 동쪽으로 눈을 돌렸다. 소련군이 강력한 줄 알았는데 약소국 핀란드에 고전하는 것을 보니 별것 아닌 것 같았다. 독일 입장에서는 핀란드를 삼키면 소련 북쪽인 발트해를 봉쇄할 수 있었다. 히틀러는 소련과 맺었던 불가침 조약을 깨고 공격, 전 유럽을 집어삼키기로 결정했다.

제2차 소련핀란드전쟁:
핀란드의 반격

핀란드는 굴욕적인 강화조약을 체결한 후, 설욕의 기회를 노렸다. 만네르헤임 장군에게 군사 지휘권을 맡기고 국가 재정의 절반을 투자하여 영국으로부터 무기를 사들였다. 그런데 얼마 후 발트해 주변국들이 모두 독일에게 점령되고 말았다. 심지어 프랑스와 노르웨이까지 굴복하자 핀란드는 더 이상 영국을 비롯한 연합군으로부터 원조를 받을 수 없었다.

소련에게 빼앗긴 땅을 찾을 수 있는 다른 묘안은 없었다. 유일한 선택은 독일과의 협력이었다. 핀란드는 독일과 비밀리에 동맹을 맺고 빼앗긴 영토를 되찾기로 결정했다. 1941년 6월 25일, 독일은 소련을 공격하기 시작했고 핀란드도 동맹국으로 합류했다. 이것이 제2차 소련핀란드전쟁이다. 전쟁 초기에는 독일군과 핀란드군은 승전보를 이어가 빼앗겼던 카렐리야 지방을 되찾고 동쪽 국경도 더 넓혔다. 핀란드 국내에서는 나치를 비방하는 언론이 통제되고 나치 반대 서

적도 금서가 되었다.

하지만 그래도 최소한의 금도는 지켰다. 나치 독일이 유태인 학살을 저지를 때 핀란드에도 500명의 유태인이 피난 와 있었으나 그들 대부분은 학살을 피했다. 극우 세력도 있었지만 독일에 넘겨준 유태인은 단 8명에 불과했다. 그 8명의 목숨을 끝까지 지켜주지 못한 데 대해 핀란드 정부는 지난 2000년에 공식적으로 사과했다.

독일의 목표는 레닌그라드 공략이었다. 소련의 목젖과 같은 레닌그라드를 차지하면 모스크바까지 거칠 것이 없었다. 히틀러는 레닌그라드 공격에 총력을 기울이며 핀란드의 만네르헤임 총사령관에게 레닌그라드 침공 공동 작전을 요청했다. 그러나 만네르헤임은 단호히 거절했다. 만네르헤임의 이 같은 거절은 몇 년 후 핀란드를 구한 매우 현명한 결정이 되었다. 만네르헤임 장군은 제1차 소련핀란드전쟁 때 빼앗긴 영토를 회복하는 것으로 충분했다. 젊은 부하들이 더 이상 피 흘리는 것을 피하고 싶었다. 독일이 집요하게 만네르헤임을 설득했지만 통하지 않았다.

결국 독일 단독으로 침공이 시작되었다. 레닌그라드 전투는 세계 전쟁사에 기록될 정도로 치열했다. 나치 독일의 레닌그라드 포위 공격은 집요했고 소련군의 저항도 처절했다. 포위 공격은 2년 반, 827일간 계속되었다. 33만 명의 소련군이 전사했고, 100만 명의 레닌그라드 시민이 폭격과 굶주림으로 죽었다.

만일 핀란드가 이 전투에 동참했다면 전후 처리 때 승전국인 소련으로부터 더욱 가혹한 대가를 치러야 했을 것이다. 핀란드가 소련의 점령지가 되었거나 아니면 최소한 해방 직후 우리처럼 분할 통치되었을지도 모른다. 독일에 협조했던 발트해 연안국들은 모두 병합되어 소련의 영토가 되었으나 핀란드만은 아니었다. 레닌그라드를 공격하지 않았던 만네르헤임의 거절이 결정적인 도움으로 작용해 독립국으로 온전히 남을 수 있었던 것이다. 전쟁이 끝난 후 1947년에 핀란드 사절단이 모스크바를 방문했을 때도 스탈린은 이렇게 말했다.

"핀란드인은 노장 만네르헤임에게 빚졌다. 만네르헤임 장군 덕분에 점령되지 않았다."

만네르헤임의 활약은 이에 그치지 않았다. 독일의 패전이 확실시되던 1943년 봄부터 핀란드 정부는 전쟁에서 빠져나오기 위해 동분서주하며 외교 활동을 펼쳐나갔다. 그러나 무조건 항복을 요구하는 소련 측의 압박으로 협상은 지지부진했고 갈수록 독일의 패전이 확실시되어 갔다.

1944년 6월 20일, 제2의 도시 비보르크까지 다시 소련군에게 빼앗기고 더 이상 싸울 전력도 식량도 바닥이 났다. 이 급박한 순간에 독일 외무부 장관이 찾아와 제안을 했다. 소련과 평화 협상을 하지 않겠다는 문서에 서명만 하면 군대와 식량을 보내주겠다는 것이었다. 핀란드 바로 코앞까지 다가온 소련군을 막기 위해서는 동맹국 독일의 원조가 절실했다. 동시에 독일 패전이 확실한 이상 소련과의 협상도 필요했다.

만네르헤임 사령관과 리티 대통령은 고민 끝에 묘안을 만들어냈다. 대통령 리티는 독일과의 협정문에 서명을 했다. 그리고 발등의 불인 소련군의 공격을 독일군의 도움으로 막아내는데 성공했다. 그런데 리티가 서명한 그 문서는 법적으로 유효한 문서가 아니었다. 법적 효력을 발휘하려면 의회 인준이 필요했다. 의회 인준이 없다면 대통령 개인 자격으로 서명한 종이 쪽지에 불과했다.

리티 대통령은 7월 중순 독일군이 최전선에서 소련군을 저지하는 것을 확인한 직후, 의회 인준을 받지 않은 협정문을 그대로 둔 채 8월 1일 대통령직을 만네르헤임 장군에게 넘기고 사임했다. 나치 독일과의 협정은 의회 인준을 받지 않았으므로 아직 발효 전이었다. 그리고 바로 소련과의 휴전 협상에 들어갔다. 대통령직을 승계한 만네르헤임이 협상 대표로 나섰다. 만네르헤임은 러시아의 전쟁 영웅으로 핀란드는 물론 당시 적대국이었던 소련 군부에서도 존경받던 인물이었다. 게다가 그는 악명 높던 레닌그라드 전투에도 참가하지 않았다. 소련과의 평화 협상에는 최적의 인물이었다. 만네르헤임은 평화 협상을 성공시키고 전쟁을 종식시켰다(1944. 9.14).

대통령직을 맡았을 때 그의 나이는 77세였다. 2년 후 그는 더 이상 국가를 이끌 수 없다며 스스로 권좌에서 물러났고, 1951년 85세의 나이로 세상을 떴다. 내전에서는 공산주의자들을 몰아냈고 소련과의 두 차례 전쟁에서 핀란드의 독립을 지켜낸 영웅이었던 만네르헤임은 물러날 때를 알았다. 지금도 그는 핀란드인의 국부로 무한한 존경을 받고 있다.

리티 대통령,
두 번째로 존경 받는 인물

만네르헤임에 이어 두 번째로 존경받는 인물은 만네르헤임에게 대통령직을 물려주면서 나라를 위기에서 구한 리티 대통령이다. 리티는 정치 입문 이전에는 법률가이자 금융가로 활약했다. 영국의 명문 옥스포드대학에서 법률을 공부했고 20대에 뛰어난 사업 수완을 보여 초대 대통령인 스톨베리가 약관 32세의 그를 재무장관으로 발탁했다.

1942년 6월 만네르헤임 장군(중앙)의 75세 생일을 축하하기 위해 핀란드를 방문한 독일의 히틀러(왼쪽)와 리티 핀란드 대통령(오른쪽)

이후 핀란드국립은행장을 맡아 내전 이후 경제 부흥에 크게 기여했다. 특히 영국의 금융권으로부터 대규모 자금을 유치하여 적재적소에 투자, 핀란드 산업 발전의 기반을 닦았다. 그는 영국 왕실로부터 양국 관계에 이바지한 공로로 기사 작위도 받았다.

그 당시만 해도 그의 운명이 180도 뒤바뀔 줄은 아무도 몰랐다. 정치 성향은 영미식 자유 경제를 신봉했고 철저한 반소·반공주의자였다. 제1차 소련핀란드전쟁이 끝나고 대통령에 오른 그는 소련에게 빼앗긴 영토를 찾기 위해 나치 독일과 손잡는 것도 마다하지 않았다. 그의 결정은 우호적이었던 영국 정부를 크게 실망시켰다. 영국은 리티를 맹비난하며 핀란드에 선전포고를 했다. 영국은 실제 소련군과 함께 핀란드 북부를 공격하기도 했다.

리티는 독일의 패전이 가까워오자 굴욕을 무릅쓰고 소련과의 휴전 협상에 앞장섰다. 나치 독일 동맹과 전쟁에 대한 책임을 개인 자격으로 떠맡으면서 후임 대통령의 정치적 부담을 최소화시켰다. 나치 독일과의 협정을 무효화시킨 다음, 새 대통령 만네르헤임이 소련과의 휴전 협정에 성공하도록 도왔다.

독일과 협력한 책임은 모두 자기에게 돌렸다. 전쟁이 끝난 후 영국과 소련은 그를 1급 전범으로 규정했다. 두 나라는 핀란드 정부에 압력을 가해 1945년에 그를 재판에 넘겨 10년 금고형을 선고받게 했다. 핀란드 국민에게는 큰 충격이었다. 경제 발전을 주도하고 전쟁을 이끌며 국민의 존경을 온몸에 받아온 그였다. 투옥 중에 위암에 걸려 위를 잘라내는 대수술을 받고 가석방되었지만, 투병 끝에 1956년 10

월에 사망했다. 핀란드 정부는 그의 장례를 국장으로 치렀다. 소련은 국장으로 하지 말라고 강력하게 경고했지만 국장은 진행되었고, 많은 핀란드 국민들이 거리로 나와 눈물을 흘렸다.

chapter 6

핀란드의 저력, 그 여섯 번째 이야기

40% 여성 쿼터제와 성 평등의 디자인

– 단순 · 소박함의 미학

지금의 핀란드를 만든 힘을 측정할 수 있다면 그 절반은 핀란드 여성들에게 있다. 아니 반 이상일 수 있다. 핀란드 여성의 활약상은 세계적으로 유명하다. 정치 참여만 봐도 그렇다. 1906년에 법 개정을 통해 여성에게도 참정권과 선거권이 주어졌는데 두 권리를 동시에 확보한 것은 세계 최초다. 따로 놓고 봐도 여성 참정권은 세계 두 번째, 선거권은 세 번째다. 유럽에서는 둘 다 최초였고 미국이나 다른 유럽 국가에 비해 20여 년이나 앞섰다.

핀란드 양성평등은 세계 최고 수준이다. 세계경제포럼이 2015년에 발표한 '세계성격차지수 보고서(Global Gender Gap Report)'에 의하면 145개국에서 아이슬란드, 노르웨이에 이어 세 번째다. 핀란드는 매년 2~3위를 차지해왔다. 노르딕 국가인 스웨덴이 4위, 덴마크 14위로 모두 상위 10% 안에 들어가 있다. 같은 복지 선진국인 독일은 11위, 프랑스는 15위, 미국과 영국은 각각 28위, 18위다. 대한민국은 145개 나라 중에서 115위다. 같은 아시아권의 필리핀(7위), 라오스(52위), 태국(60위), 중국(90위) 보다 낮다. 아프리카의 저개발 국가들인 케냐(48위), 탄자니아(49위), 우간다(58위) 보다 낮은 것은 낯 뜨거운 일이다.

핀란드의 경우, 2000년 대선에서는 7명 후보 중 4명이 여성이었고 노동인권변호사 출신의 타르야 할로넨(Tarja Halonen)이 핀란드 최초의 여성 대통령에 당선되었다. 결선 투표까지 가서 간신히 과반수를 넘겨 당선되었지만 뛰어난 국정 운영으로 신망이 두터워져 2006년 재선에 성공, 2012년까지 12년간 대통령직을 수행했다. 할로넨 대통령은 복지와 성장을 동시에 이뤄낸 뛰어난 지도자로 평가받고 있다. 재임 시절 핀란드가 각종 국제기관에 의해 국가 경쟁력, 국가 청렴도, 교육 경쟁력 1위로 평가받았고, 작지만 강한 나라 강소국이란 이름으로 불려졌다. 퇴임 시 지지도가 80%에 달했다.

2003년에는 대통령과 수상 모두 여성이 차지했으며 2007년 내각에서는 12:8로 여성이 남성보다 많았다. 입법부에서도 여성의 활약은 대단하다. 2015년 총선에서 200의석 중 83석을 여성 의원들로 채워 41.5%를 기록했다. 2003년 총선에서 37.5%, 2007년 42%, 2011년에는 42.5%가 여성들 차지였다.

정치권뿐만이 아니다. 기업과 정부 기관, 대학과 연구소 그리고 지역 사회 어딜 가도 많은 여성들이 평생 직장으로 일하고 있다. 핀란드 여성 고용률은 OECD 국가들 중에서 상위 수준이다. 1960년대에 이미 60%을 상회했고 2014년에는 68.0%였다. OECD 평균 57.9%에 비해 10%나 높다. 핀란드 남성의 69.5%에 비해 1.5% 정도 낮을 뿐이다. OECD 국가 평균 남녀 간 격차가 15.9%인데 비해 아주 낮은 수준이다. 반면에 한국의 여성 고용률은 54.9%로 OECD 평

균 이하다.[1]

핀란드 여성은 교육 수준도 높다. 핀란드 여성의 대학 학위 취득률은 38.3%로 남성의 27.4%에 비해 높다. 유럽연합 27개국 남녀 학사 취득률 각각 25.8%, 23.1%[2]에 비하면 핀란드 여성의 노동력의 질적 수준은 높다. 남녀 임금 격차는 18.7%로 OECD 평균 15.5% 보다 높은 편이지만, 같은 일을 하면서 임금 차별을 받는 것이 아니라 선택하는 직업 자체가 임금 수준이 상대적으로 낮고 육아를 위한 파트타임이 많아서다. 참고로 한국의 양성 간 임금 격차는 36.6%다.[3] 핀란드 여성의 활약은 기업에서도 빛나고 있어 기업 오너 중에 33%, 고위 간부직은 10%를 차지한다.

이렇듯 여성의 사회 참여가 높은 것은 제도가 아주 잘 뒷받침되어 있어서다. 19세기 말부터 양성평등이 하나씩 이뤄져왔는데 보편적이고 광범위하게 법으로 제도화한 것은 1987년으로 남녀 평등법(Equality Act)이 의회에서 통과되면서부터다. 남녀 차별을 일체 법적으로 금지했고 평등법도 시대에 맞게 계속 개정해왔다. 1990년대 초 금융 개방으로 인한 경기 과열과 소련의 붕괴로 구상무역이 무너지면서 심각한 경제 위기를 맞았을 때도 핀란드 정부는 이 위기를 체질 개선의 기회로 삼았다. 국민 역량을 최대한 끌어올리는 방안을 모색했고 그중 하나가 여성 참여를 적극 유도한 이른바 '40% 여성 쿼터제'였다.

40% 여성 쿼터제는 1995년 기존의 평등법을 개정하면서 마련되었다. 정부 기관과 지방 단체 등 일자리의 40%를 여성에게 의무적으

로 할당하는 획기적인 제도였다. 40% 여성 쿼터제는 양성평등만을 목적으로 한 정책이 아니었다. 국민 역량을 극대화하고 글로벌 경쟁력을 갖추기 위한 노력이었다. 핀란드는 복지를 위해 많은 자원을 투자하는 나라다. 탄생부터 대학 졸업까지 모든 지원이 무상이다. 거기다 각종 보조금으로 사회에 진출할 때까지 완벽한 뒷받침을 해준다. 그런데 투자한 것만큼 사회에 기여해야 한다는 원칙이 있다. 인구의 반을 차지하는 여성이 가사와 육아에만 매달려 자신들의 능력을 발휘하지 못한다면 복지 효율성에서 큰 낭비이고 국가적 손실이다. 기업 입장에서도 출산으로 인한 퇴사는 경력 단절을 초래해 숙련된 인력을 잃게 된다.

또한 전 세계적으로 저출산과 고령화로 생산 가능 인구가 감소되는 추세에서 핀란드의 40% 여성 쿼터제는 생산 가능 인구를 보완하는 최선의 방안이었다. 태어난 순간부터 완벽한 복지 제도로 안정된 성장과 교육을 뒷받침해준 만큼, 국가 발전을 위해 일하게끔 제도화한 것이다. 여성에게 일한 만큼 보수를 지급하여 가계 소득이 증가하면 곧 국민소득 증대의 효과도 가져온다. 물론 출산 휴가와 공공보육제도 등 높은 수준의 복지 시스템은 일과 가정을 양립할 수 있도록 뒷받침하고 있다.

핀란드 여성의 권리는 누구로부터?

이러한 결과물들은 남자들이 마련한 게 아니라

여성 스스로 만들어왔다. 핀란드 여성의 생활력은 유럽에서도 정평이 나 있다. 옛날부터 핀란드는 춥고 가난한 나라였다. 먹거리가 항상 모자라 여성들은 집안에서 아기자기하게 가사일만 할 수는 없었다. 남자들과 함께 숲에 나가 나무를 베고 얼어붙은 땅을 일궈 함께 농사를 지었다. 모진 환경에서 살아남기 위해서는 여성도 남성과 같이 일하는 파트너가 되어야 했다. 수많은 '벨라의 마리아'들이 핀란드 땅을 일구고 공장에서 일하며 지금의 핀란드를 만들어 온 셈이다.

1906년에 여성 참정권과 투표권을 세계 최초로 동시에 획득한 것도 남성의 배려로 인한 것이 아니었다. 처음부터 그녀들 몫이었다. 이듬해 핀란드 역사에 깊이 새겨진 총선거 또한 2년 전인 1905년 총파업의 결과물이었다. 총파업 당시 조직화에 앞장선 것은 여성 노동자들이었고 파업 당일 겁먹고 머뭇거리는 남성 노동자들의 등을 밀어 동참시킨 것도 그들이었다. 1906년 법 개정에 직접 참여했고 이듬해 실시한 총선에도 여성 후보를 내 200명 의원 중 19석의 여성 의원을 당선시켰다.

1918년 비극적인 동족상잔의 이념 전쟁이 났을 때도 핀란드 여성들은 적극 나섰다. 흔히 여성들은 간호병으로 후방 지원을 하는 정도인데 그렇지 않았다. 그녀들은 직접 총을 들고 전선에서 싸웠다. 로타 스벨드(Lotta Svärd)란 준군사 여성 자원 부대도 있다.

'로타'는 어느 시인의 시에서 딴 가상의 여인 이름이고 '스벨드'는 칼이란 뜻이다. 부대 이름은 핀란드의 영웅 만네르헤임 장군이 1918년에 붙였다. 제2차 세계대전 중 소련과의 전쟁 때도 핀란드 여성들은 자원해서 전선으로 향했다. 당시 인구가 400만 명이 채 안 되었는데 '로타 스벨드'에는 24만 명이 넘는 여군이 있었다. 그녀들은 간호 등 간접 지원뿐 아니라 최전선에서 적군의 침공을 감시하는 역할도 했다.

이처럼 앞장서서 스스로의 권리를 획득해 온 핀란드 여성의 전통은 지금도 여전하다. 여자라고 해서 일터나 가정 어디서도 차별받거나 부당한 대우를 받는 일은 상상할 수 없다. 이른바 3D(Dirty, Danger, Difficult) 업종인 버스 기사나 도축장 작업도 거리낌 없이 맡아 일한다.

경제적 이유로 남성들에게 예속 당하는 일이 없으니까 혹 실수로 원하지 않는 아이를 가져 미혼모가 되어도 남자에게 매달리지 않는다. 아이를 고아원에 맡기지도 않는다. 육아는 개인이 아닌 국가가 책임진다. 혼자 키울 수 있으니 아이와 생이별하고 다른 사람에게 의지할 이유가 없다.

미국 드라마를 보면 남녀가 만나 동거해 보고 결혼하는 스토리가 가끔 나온다. 그런데 핀란드는 한발 더 나아가 만나서 동거하고 애까지 낳아 보고 결혼식을 올린다는 우스개 같은 이야기가 있다. 아빠 노릇까지 제대로 하는가 검증해보고 결혼한다는 말이다. 그렇다 보니 북유럽 또는 노르딕 국가 여성들이 성적으로 문란하다는 잘못된 선입견도 있을 수 있다. 바이킹의 후예답게 여성들도 진취적이어서 성적으로 자유롭다고도 한다. 한편으로는 맞고 다른 한편으로는 틀리다. 성적으로 자유롭다는 것은 여성들의 사회적 위치가 한국 사회보다 훨씬 높아 남자들과 대등한 관계인 데서 나온 오해이다.

핀란드는 루터교의 영향이 강하다. 국민의 90%가 루터교 신자다. 루터교는 중세 종교개혁의 선구자 마틴 루터에 의해 시작된 교파로 중세의 사치와 부패에 찌든 기득권 교회를 비판하면서 출발한 만큼 검소와 겸손, 근면, 성실을 강조했다. 사치나 방종은 손가락질 받기 일쑤다.

스칸디나비아 지역에는 '얀테의 법칙(Jante's law)'이라는 보통 사람의 법칙이 있다. 얀테의 법칙은 일상 생활에서 마치 관습법처럼 인식되고 있는 10개의 법칙으로, 1933년 작가 악셀 산데모세(Aksel Sandemose, 1899~1969)가 소설『도망자의 지나온 발자취를(A Fugitive Crosses His Tracks)』에 인용하면서 유명해졌다.

얀테의 법칙(Law of Jante)

1. 당신이 특별하다고 생각하지 말라.
   Don't think you're anything special.

2. 당신이 남들과 같은 위치에 있다고 생각하지 말라.
   Don't think you're as much as us.

3. 당신이 남들보다 똑똑하다고 생각하지 말라.
   Don't think you're wiser than us.

4. 당신이 남들보다 더 나은 위치에 있다고 생각하지 말라.
   Don't convince yourself that you're better than us.

5. 당신이 남들보다 더 많이 안다고 생각하지 말라.
Don't think you know more than us.

6. 당신이 남들보다 중요하다고 생각하지 말라.
Don't think you are more than us.

7. 당신이 모든 것에 능하다고 생각하지 말라.
Don't think you are good at anything.

8. 남들을 비웃지 말라.
Don't laugh at us.

9. 아무도 당신을 신경 쓰지 않는다.
Don't think anyone cares about you.

10. 다른 사람을 가르치려 하지 말라.
Don't think you can teach us anything.

얀테의 법칙은 수준 높은 평등 사상을 잘 드러내고 있다. 핀란드에서 고급 자동차는 부러움의 대상이라기보다 허영의 모습으로 손가락질을 당한다. 고급 명품은 품위를 잃은 사치품이고, 비싼 옷과 요란한 화장은 뭔가 결핍된 인격의 겉포장이라고 느낀다. 근면, 성실, 겸소, 나눔의 자세가 품위와 연결된다고 생각한다. 빈부 격차가 없는 것은 아니지만 자본주의 우등국답게 부자는 존경받고, 가난해도 불행하지 않다. 이것이 복지 선진국의 진보가 만들어낸 새로운 상품으로서의 평등이다.

이런 루터교의 원형을 보려면 도시든 어디든 마을 곳곳에 있는 교회에 들어가 보면 된다. 우리나라 대형 교회처럼 거대하거나 압도적이지 않다. 어디에 있어도 주변 환경과 딱 맞는 적당한 규모이고 건축 양식도 화려함과는 거리가 멀다. 내부도 단순하고 소박함 그 자체다. 그 단순·소박함에서 더 깊은 경건이 느껴진다. 꾸밈없는 검소와 겸손 그리고 근면 성실한 노르딕 특유의 평등 의식은 신앙에 뿌리를 두고 반영된 듯하다.

간결하고 품격 있는 디자인

핀란드 여성들이 남성과 대등한 위치에서 권리를 누린다고 해서 거칠거나 남성적이라는 것은 아니다. 그녀들의 강인함은 핀란드의 시수 정신, 즉 은근과 끈기가 있다는 것일 뿐 여성적이다. 진한 화장이나 성형으로 화려하게 꾸미는 일도 없다.

그녀들에게 고스란히 스며 있는 것이 디자인이다. 핀란드 디자인은 세계적으로 유명하다. 화려하지는 않지만 단아한 모습이 핀란드 여성 같다. 비싼 다이아몬드나 금붙이가 아닌, 유리로 만들었을 뿐인데도 그 어떤 고가의 상품보다 높은 가치를 보인다. 실용적이고 간결하면서도 품격이 느껴지는 디자인은 건축물과 의상 그리고 각종 생활용품에도 고스란히 드러나 있다.

유명 관광 명소가 아니더라도 시청 같은 관공서나 길거리 레스토랑 아니면 기업 연구소 같은 평범한 건물에서 풍기는 느낌은 '돈을 많이 쓴 것 같지 않은 데도 아름답고 편리하다'는 것이다. 억지스러움이 없고, 그저 편안하게 자연의 품에 들어와 있는 듯한 느낌을 준다.

알바 알토는 세계적인 디자이너다. 그는 위대한 건축가이자 실내 가구와 식탁 소품 등에 특유의 디자인을 입힌 대가로 유명하다. 기능적일 뿐만 아니라 미학적이며 '질리지 않는 아름다움'이란 철학이 그의 디자인에 흐른다. '모더니즘의 아버지'라고 불릴 정도로 이 시대를 대표하는 디자이너 중의 한 사람이다.

알바 알토와 아이노 알토 부부

알바 알토와 함께 핀란드를 대표하는 국가 브랜드로 이탈라(iittala)가 있다. 이탈라는 남부의 작은 마을 이름이다. 1881년에 유리 공장을 열면서 가정용 식기들을 생산해왔는데, 이탈라의 제품들은 식기라기보다 거의 예술품에 가깝다.

간결하면서도 자연스러워 어디에 둬도 잘 어울린다. 화려한 것들은 싫증나기 쉽지만 이탈라의 작품들은 오래 두고 써도 품격이 느껴진다.

이탈라에는 알바 알토와 그의 아내 아이노 알토(Aino Aalto, 1894~1949)의 디자인 정신이 많이 반영되어 있다. 특히 아이노 알토 시리즈는 1932년에 태어난 작품인데도 아직까지 전 세계인들의 사랑을 받고 있다. 그들의 작품이 시대를 초월해 애용되는 것은 핀란드 여성성을 그대로 간직하고 있기 때문으로 본다. 핀란드 여성은 화려하게 꾸미지 않아도 품위가 있다. 억지로 꾸미지 않아도 주위를 밝게 하는 그런 아름다움이 핀란드 디자인에도 담겨 있다.

이탈라는 주로 식탁 위 소품들을 만든다. 식탁은 여성이 주인인 세계다. 아내 그리고 어머니의 사랑을 담아내는 곳이다.

간결하고 소박한 디자인의
아이노 알토 시리즈

헬싱키의 마리메코 본점

알토대학의 디자인 팩토리

부엌이나 거실에서 볼 수 있는 일상의 소품들과 앞치마 하나도 예술 작품같이 만들어내니 놀랍다. '자연'의 아름다움을 가장 '자연스럽게' 극대화한다고 할까, '자연'의 모성이 디자인에 잘 투영되어 있다. 핀란드 여성성을 '자연스럽게' 표현하고 있는 것이다.

핀란드를 대표하는 또 다른 브랜드인 마리메코(Marimekko)의 디자인 또한 빼놓을 수 없다. 1949년에 태어난 마리메코는 창립자 아르미 라티아(Armi Ratia, 1912~1979)가 자신의 이름을 딴 것으로 '마리의 원피스'라는 뜻을 담고 있다. 마리메코의 작품들 역시 검소하고 수수하면서 모든 세대를 아우르는 디자인이다. 패션의 빠른 변화에 뒤처지지도 않고 오래 써도 변함이 없는 미학을 보여주고 있다. 이탈리아와 마찬가지로 매일 사용하는 생활 용품에 실용성과 함께 핀란드 자연의 아름다움과 여성성을 그대로 옮겨 놓았다.

그 때문인지 핀란드는 디자인 전문가들에게 유명한 나라다. 위에서 소개한 현대 건축 디자인의 아버지라고 일컫는 알바 알토는 물론이고 150여 년의 역사를 가진 헬싱키예술디자인대학은 우리나라에서도 유학을 많이 가는 대학이다. 현재 알토대학으로 통합되어 그 전통을 이어가고 있으며, 2008년 설립된 디자인 팩토리는 학생과 연구자들이 산·학 파트너와 협력을 통해 기업의 인재로 성장, 각 산업 분야에서 활약하고 있다. 알토대학의 디자인 팩토리는 글로벌 온라인 네트워크를 활성화하고 있고, 해외 각국에서도 유치 경쟁을 벌여 우리나라, 중국, 호주, 스위스 및 칠레 등에서 설치, 운영 중이다.

FINN vs KOREAN | 서로 많이 닮은 6

핀란드의 '한강의 기적', 파시키비 독트린

제2차 세계대전이 끝나고 2년 후에 열린 1947년 파리 평화회의는 핀란드를 호전적인 파시스트 국가로 규정, 소련에 막대한 배상을 하라고 판결했다. 판결에 따라 핀란드는 3억 달러의 배상금과 국토의 11%를 차지하던 산업 요충지 카렐리야 지방과 북쪽의 페차모(Petsamo)와 핀란드만의 여러 섬들을 소련에 내줘야 했다. 소련은 헬싱키 바로 코앞의 섬에 요새를 만들고 군대를 주둔시켰다.

내전의 아픔을 겨우 이겨내고 경제 발전의 기반을 닦고 있던 핀란드였는데 소련과의 두 차례의 전쟁은 또 다시 모든 것을 앗아갔다. 10만 명 가깝게 목숨을 잃었다. 당시 인구 380만 명의 2.6%에 달하는 숫자였다. 핀란드는 전쟁 중 8만 명의 아이들을 이웃 나라로 피신

시켰다. 아이들은 부모들과 생이별하고 스웨덴, 노르웨이, 덴마크로 흩어졌다. 그중 20% 정도는 전쟁이 끝나도 돌아오지 않았다.

수도 헬싱키는 무차별 공습으로 파괴되었고 주요 산업 시설 또한 파괴되거나 빼앗겼다. 거기다 나치에 협력한 국가로 낙인 찍혀 서방 세계로부터 손가락질을 받는 불명예 국가로 전락했다. 제2차 세계대전 이후 강대국으로 급부상한 소련의 내정 간섭도 끊이지 않았다.

소련군의 폭격으로 무너진 건물들(헬싱키)

그러나 핀란드 국민은 불굴의 의지, 시수를 가진 민족이었다. 모든 것이 파괴되고 빼앗긴 최악의 절망적 상황에서도 포기하지 않았다. 그들은 단기간에 전 세계가 놀랄만한 기적을 일구어 냈다. 기적이라는 단어 밖에는 달리 표현할 말이 없을 정도로 초고속 경제 부흥을 이뤘다. 심지어 1952년에는 헬싱키 올림픽을 개최하기까지 했다. 전쟁의 폐허를 딛고 올림픽 개최까지 단 7년 밖에 걸리지 않았다.

헬싱키 올림픽은 매우 조직적이고 성공적인 대회 운영으로 호평을 받았다. 참석한 69개국의 나라 대표단도 핀란드의 기적에 탄성을 금치 못했다. 우리나라도 6·25전쟁의 와중에 6개 종목에 참가해 환영을 받았고 파시키비 핀란드 대통령으로부터 최고체육문화상을 받았다. 한국 국적으로는 처음으로 역도 김성집 선수와 복싱 강준호 선수가 동메달을 따냈다.

우리도 한강의 기적을 이루었지만 핀란드는 1952년에 소련의 배상금은 물론이고 소련과 전쟁 때 미국한테 빌렸던 전시 부채도 다 갚았다. 나치 독일의 동맹국이었던 이탈리아, 헝가리 등 다섯 나라 가운데 배상금과 전시 부채를 다 갚은 나라는 핀란드가 유일했다.

이 놀라운 기적의 중심에는 파시키비 대통령이 있었다. 그는 지금도 핀란드에서 크게 존경받는 인물이다. 대외적으로는 소련이 붕괴될 때까지 핀란드 외교의 기본이 되는 이른바 '파시키비 독트린'을 만들었고, 대내적으로는 국민통합을 이루면서 기적 같은 핀란드 부흥을 이끌어냈다. 만네르헤임의 후임 대통령으로 그의 정치 이력을 보면 한편의 드라마를 보는 것 같다.

파시키비는 원래 보수 우파의 거물이었다. 젊은 시절에는 독립보다 러시아 속국으로 남는 것을 더 선호했다. 내전 직후에도 독일제국의 식민지를 자청했던 군주파의 핵심으로 을사오적 같은 인물이었다. 우파의 거두 스빈후부드의 총선 패배 이후 그의 정치적 후계자가 되어 의회 의장 자리를 이어 맡았다.

동시에 그는 철저한 반소, 반사회주의, 반공산주의자였다. 사민당의 최대 정적이었고 한때는 극우파 민족 운동을 지원하기도 했다. 보수파의 지원으로 스웨덴 대사와 소련 대사를 지냈는데 스웨덴 대사 시절에는 스웨덴의 좌파 성향의 사민당 정권이 보수파의 거두인 그를 요즘 말로 '왕따' 시켰다.

그런 그가 소련과의 전쟁 기간 동안 조금씩 변해갔다. 파시키비는 리티와 함께 뛰어난 영어 실력과 노련함으로 외교를 전담하고 있었다. 그런데 전쟁을 겪으면서 정치 철학도 변해갔다. 그는 제1차 소련 핀란드전쟁 이후 소련 대사로 모스크바에 있으면서 평화 협정을 위해 온갖 노력을 기울였다. 그러나 본국에서 독일을 끌어들여 전쟁을 준비하는 것을 알고는 대사직을 사임했다.

소련과 두 번의 전쟁 후 패전국의 위치에 있을 때 그는 이미 평화주의자로 변해 있었다. 만네르헤임 대통령은 노련한 정치가인 파시키비를 총리에 임명했다. 철저한 현실주의자가 된 파시키비는 25년간의 반소·반공주의에서 탈피해 핀란드 역사상 최초로 공산당 인물을 발탁해 내각에 끌어들였다. 사민당 인사들과도 친하게 지냈다. 초강대국으로 성장한 소련과 적대시하는 것이 핀란드에 전혀 이익이 되지 않는다는 게 그의 신념이었다. 핀란드가 소련에 위협이 되지 않는다는 것을 보여줌으로써 양국 간의 평화를 유지할 수 있다고 믿었다.

그의 정치적 신념이 유명한 '파시키비 독트린'을 만들었다. 그가 주창한 중립 정책은 소련이 붕괴될 때까지 핀란드 외교 정책의 근간이 되었다. 그는 소련이 요구하는 것을 거의 수용했다. 전범 재판도 받아들였다. 핀란드 의회는 만네르헤임 후임으로 그를 대통령에 임명했다(1946년). 파시키비의 나이 77세였다.

대통령에 취임하자 그는 소련과 평화 조약을 맺어 소련으로부터의 위협을 제거했다. 독일과 같은 외세가 핀란드를 통해 그들을 공격하지 않을 것이라고 문서로 약속했다. 소련을 안심시키기 위한 가능한 모든 방법을 동원했다. 서방 진영의 대소련 군사 동맹인 NATO에도 가입하지 않았다. 그러나 소련을 중심으로 동구권 8개국이 체결한 바르샤바조약기구(Warsaw Treaty Organization) 가입 또한 거절함으로써 중립을 유지했다. 초강대국으로 성장한 공산 소련의 위협을 없애고 내적으로는 자유민주주의를 강화시키며 전후 복구에 매진했던 것이다.

전후 복구는 쉬운 일이 아니었다. 전쟁으로 산업 시설은 폐허가 되었고 빼앗긴 영토에서 피난 온 40만 명의 피난민들도 보살펴야 했다. 거기다 소련에 갚아야 할 막대한 전쟁 배상금도 있었다. 국난을 극복하기 위해서는 국민 모두의 역량을 극대화시켜야 했다. 역량을 극대화하기 위해서는 우선 국민의 마음부터 하나로 모아야 했다.

그는 복지와 통합 정책을 최우선으로 펴나갔다. 생존을 위한 통합과 복지였다. 1946년에 집단협의법을 개정하여 노사의 힘을 하나로 묶었다. 1947년에는 전쟁과 피난으로 집을 잃은 사람들을 위해 국가 지원으로 집을 마련해주는 주택공급법안도 통과시켰다. 1948년에는 아동지원금 법안을 통과시켜 나라의 미래가 되는 126만 명의 어린이들에게 일정 금액을 지급했고, 같은 해에 소련과의 전쟁에서 부상당한 군인들을 위해 상이군인법을 제

파시키비 대통령

정했다. 재임 말기인 1956년에는 국민연금법을 대폭 확대하여 복지 사회의 기틀을 만들었다.

내전 당시 둘로 나눠졌던 국민들은 소련과의 전쟁터에서 전우가 되어 생사고락을 같이 하며 하나가 되었다. 전장에서 나눴던 뜨거운 전우애는 노사로 다시 만난 산업 현장으로까지 이어졌다. 복지 정책의 확대는 이들을 뒷받침했고 하나로 뭉쳐진 통합된 힘으로 기적을 만들어갔다.

경제 성장은 급속도로 이루어졌다. 국난을 이겨내고 다시 일어섰던 경험도 큰 자산이었다. 제1차 세계대전 후와 마찬가지로 제2차 세계대전 이후 유럽은 전후 복구를 위해 많은 물자가 필요했다. 핀란드의 목재와 제지 산업은 이 기회를 놓치지 않았다. 밤낮없이 공장을 가동해 수출량이 급속히 늘었다. 많은 국영 기업들도 민영화해서 경쟁력을 키웠다.

소련에 대한 전쟁 배상금은 핀란드의 또 다른 장기인 조선과 기계 산업을 이용, 쇄빙선과 강판보강 선박 등 선박과 제지, 기계 등을 현물로 수출하며 갚아나갔다. 종전 8년 만인 1952년에 전쟁 배상을 끝냈다. 자원과 현금이 부족했던 핀란드로서는 현물로 주고받는 구상무역을 최대한 활용했다. 노키아도 이 무렵 목재 전봇대와 전선 케이블을 생산, 소련에 공급하면서 전자 제품 기업으로 변신했다.

냉전 동안 핀란드는 소련과 서방 세계를 잇는 무역 창구 역할을 하면서 큰 이득을 봤다. 이념 대결이 극단으로 치닫던 냉전 시대에 소련과 서방 세계 사이에서 실리를 추구하며 경제 성장에 박차를 가했던 것이다. 핀란드는 1970년대까지 연간 5% 이상의 성장률을 보였다. 소련 붕괴 이전인 1990년대 초까지 연 평균 4%대로, 유럽에서 가장 높은 성장률을 이어가며 '기적'을 일구어 냈다.

핀란드는 30년 동안 세 번의 전쟁을 겪었는데 모두 공산주의와의 전쟁이었다. 우리 현대사도 이와 비슷해 해방 이후 좌우 대립에 이은 6·25전쟁을 겪었다. 공산주의와 전쟁을 치르며 핀란드는 만네르헤임, 리티 그리고 파시키비 세 사람의 대통령이 나와 기적 같은 경제 성장을 이루었다. 하지만 안타깝게도 우리나라의 초대 대통령 이승만의 대한민국에서는 경제 부흥의 흔적을 찾아보기 어려웠다.

chapter 7

핀란드의 저력,
그 일곱 번째 이야기

환경과 에너지의 혁신클러스터, 클린텍

– 세계 최고의 친환경 국가

핀란드 정부 조직을 보면 특이한 점이 있다. 11개 행정부처 중에 환경부가 있는데 가까이 들여다 보면 우리나라 환경부와는 많이 다르다. 핀란드 환경부는 환경은 물론이고 에너지와 주택도 망라한다. 환경부 장관의 정식 명칭은 환경에너지주택부 장관이다.[1] 우리나라로 치면 환경부에 산업통상자원부의 에너지 분야와 국토교통부의 주택 분야를 다 합쳐 놓은 것과 같다. 가장 힘 있는 두 부처에서 예산을 가장 많이 집행하는 에너지와 주택을 환경에 포함시킨 것이다. 다시 말해 핀란드는 환경을 중심에 두고 에너지와 주택을 소속시켰다고 볼 수 있다.

클린텍(Cleantech)이란 혁신클러스터도 마찬가지다. 클린텍은 핀란드 정부가 2006년에 시작한 혁신 사업 중의 하나로 환경과 에너지 관련 공기업과 대학 그리고 기업들을 하나로 묶어 조직한 혁신 클러스터다. 처음에는 정부 투자 기관인 국민연금개발기금(Finnish National Fund for R&D: SITRA)이 주도했으나 2008년 핀란드 최대 기업 단체인 핀란드공업협회로 바뀌었다. 물론 정부 지원은 계속되고 있다.

클린텍은 바이오에너지, 열병합 발전, 태양에너지, 폐기물, 수처리, 풍력 등 에너지와 환경 분야를 총망라하고 있다. 정부 기관은 물론 2,000개 기업이 참여하고 있는데 총 매출은 258억 유로(약 30조 원, 2013년 기준)에 이른다. 2020년 목표는 500억 유로이다. 약 5만 명이 클린텍에서 일하고 있고 2020년까지 4만 명의 신규 일자리 창출을 계획하고 있다. 핀란드 정부의 연구비 가운데 1/3이나 투입할 만큼 국가 차원의 투자도 많다.

클린텍은 전 세계 1조 6,000억 유로(약 2,000조 원) 환경 관련 시장을 무대로 한다. 핀란드 강점 중 하나인 친환경 최첨단 기술을 활용해 국제 시장에서 꾸준히 매출을 올리고 있다. 총 매출 중 40%가 해외 실적인데 스웨덴, 독일, 러시아 등 인근 국가가 대부분이고 최근 중국 시장에도 진출하고 있다. 반면에 우리나라의 신재생 에너지 산업 기업체는 473개이고, 고용 인원은 1만 6,000명, 매출 총액은 11조 3,000억 원 규모다.[2] 핀란드 클린텍의 30조 원에 비하면 1/3 수준이다.

본질과 경제 논리

환경 · 에너지 분야는 사업과 연결되어 많은 수익을 얻을 수 있으면 가장 이상적이다. 지구 온난화를 막고 미세먼지 같은 환경 문제도 해결하면서 수출 사업으로 키운다면 그만한 일석이조도 없을 것이다. 그런데 기업 이익을 위한 경제 논리가 우선이면 둘 다 놓치게 된다. 환경 · 에너지 분야가 갖는 본질인 '국민이 안심하고 살 수 있는 깨끗한 환경을 만든다'는 원칙에서 벗어나지 말아야 한다.

핀란드는 이러한 본질과 원칙에서 시작한다. 핀란드 거리에서 내국인과 외국인을 구분하는 방법은 생수병이다. 생수병을 들고 다니면 백 퍼센트 외국인이다. 편의점에서 생수인줄 알고 고르면 탄산수다. 어디서나 깨끗한 물을 마실 수 있기 때문에 굳이 생수를 사 마실 필요가 없다. 수도꼭지를 틀기만 하면 된다. 예외라면 리사이클 공정을 거친 청소용 물은 마시면 안 된다. 물론 마시지 말라는 경고가 붙어 있다.

그만큼 핀란드의 수질 관리는 세계적으로 유명하다. 원래 깨끗한 나라라서 그럴 것이라고 말할 수 있겠지만 그들도 도시에 모여 살아 환경오염이 생길 수밖에 없다. 오래된 수도관도 생긴다. 하지만 수자원 관리가 엄격하다. 물뿐만 아니라 공기, 산림 등 자연 환경도 마찬가지다. 때로는 경제개발 같은 다른 이슈보다 환경이 최우선이라는 생각까지 들 정도다.

환경성과지수 세계 1위를 유지하고 있는 저변에는 깨끗한 환경을 보존해야 한다는 국민적 합의가 깔려 있다. 아무리 많은 돈을 벌 수 있어도 내 가족과 후손들이 살아갈 자연 환경을 해치는 사업이라면 처음부터 제외한다. 돈벌이가 먼저고 환경은 다음에 어찌 되겠지 하는 식으로 대충 넘어가는 편법이 핀란드에서는 통하지 않는다. 환경을 최우선으로 한다고 해서 경제 발전을 포기하는 것은 아니다.

세계 최고의 친환경 국가로 만드는 과정에서 핀란드는 30조 원의 매출이 뒤따르고 있다. 환경은 국가가 추진하는 수백 개 사업 중 하나가 아니다. 환경은 사업이 아니라 국가 저변에 깔려 있는 공통분모다. 세계 1위의 깨끗한 환경을 지키기 위한 고민과 노력에서 세계 최고의 기술이 탄생했고 국제 경쟁력을 가지게 된 것이다.

현대 사회에서 깨끗한 환경은 선진국의 필수 조건 중 하나다. 산업화 초기 단계에서는 높은 국민소득과 경제력만이 기준이었다. 그러나 지금은 다르다. 깨끗한 공기와 물, 그리고 자연 생태계 보존이 선진국의 필수 불가결한 조건이다. 국민소득이 아무리 높아도 푸른 하늘을 볼 수 없고 미세먼지와 매연이 가득한 공기 그리고 녹조로 덮인 강을 가진 나라면 어느 누구도 선진국이라고 하지 않는다. 현대적 의미의 선진국은 사람이 살기 좋은 나라인가, 깨끗한 공기와 물, 자연이 살아 있고 이와 더불어 경제적으로 풍족한 나라인가 여부로 측정된다.

세계 환경평가 핀란드 1위, 한국 80위

세계 환경 수준을 평가하는 지표로 환경성과지수(Environmental Performance Index, EPI)가 있다.[3] EPI는 예일대학, 컬럼비아대학 그리고 세계경제포럼이 협력해 2005년부터 2년 단위로 발표하는데 에너지, 수자원, 물과 위생, 공기, 숲, 농업, 수산업, 생물 다양성과 서식지, 건강에 미치는 영향 등 환경에 관한 모든 요소를 기준으로 평가한다.

2016년 발표에서 180개국 가운데 핀란드가 역시 1위였다. 미국은 26위, 독일 30위, 일본 39위고, 한국은 80위다. 2005년 결과도 조사 대상 146개국 중에 핀란드가 1위, 한국은 122위였다. 특히 한국은 미세먼지와 공기 오염으로 인한 질병 부담이 높은 나라로 지적받았다. 공기 청정도는 180개국에서 174위로 꼴찌 수준이다. 세계인구 절반인 35억 명이 안전하지 못한 공기에 노출되어 있는데, 한국은 중국, 인도와 함께 대기오염이 위험 수준에 가까운 나라로 경고했다. 영국의 파이낸셜타임즈도 서울을 중국 베이징, 인도 델리와 함께 가장 공기 오염이 심한 도시로 뽑았다.[4] 중국에서 건너온 황사와 미세먼지 영향도 크지만 공기 오염의 주범인 석탄 화력 발전소가 전체 에너지 생산의 40%를 차지하는 등 국내 원인도 적지 않다.

우리나라의 화석연료 의존율은 82.4%에 달하는데 비해 핀란드는 42.6%이다.[5] 한국은 급속한 산업화와 높은 화석연료 의존율로 온실가스 배출이 다른 나라에 비해 빠르게 증가하고 있다. 1인당 화석연료 연소에 의한 온실가스 배출 증가율이 1990년 대비 2011년은 156%나 늘었다. 이 수치는 OECD 국가 중 1위다.[6] OECD 회원국들은 1992년 유엔에서 기후변화 문제가 공식 이슈화된 이후 유럽 국가들 중심으로 온실가스 배출 감축 노력을 꾸준히 해왔다. 그 결과 1인당 이산화탄소 배출량 평균이 1990년 10.29톤에서 2013년 9.55톤으로 7.2% 감소했다. 그런데 같은 기간 우리나라는 1인당 5.41톤에서

11.39톤으로 110.8% 급증했다. 이는 OECD 회원국 중 가장 많이 늘어난 것이다.[7] 우리나라는 칠레(108.2%), 터키(62.4%)와 함께 온실가스 배출 증가율 'Top 3'란 오명을 쓰고 있다.

기후변화 대응과 신재생 에너지

세계 각국은 기후변화의 심각성을 정확히 파악하고 모니터링하면서 다가올 위험을 계속 경고하고 온실가스 배출을 줄이기 위해 노력하고 있다. 대표적인 노력이 유엔기후변화협약(Untied Nations Framework Convention on Climate Change, UNFCCC)이다. 1992년 6월, 154개국이 서명하면서 출범했다. 2010년 멕시코 칸쿤에서 열린 유엔기후변화대책회의(Untied Nation Climate Change Conference, UNCCC)에서 앞으로 기온 상승을 2℃ 이내에서 막아야 지구 생존을 유지할 수 있다는 결론을 내렸다.

2℃ 이내 범위 달성의 첫 번째 대안은 화석연료 사용을 줄이고 친환경 신재생 에너지를 확산시키는 것이다. 신재생 에너지는 이미 세계 각국이 기후변화 규제와 불안정한 국제 유가에 대비해서 치열하게 경쟁하고 있는 분야이다. 유럽연합은 20여 년 전부터 신재생 에너지 의무할당제(Renewable Portfolio Standard, RPS), 세제 혜택 등 다양한 정책을 시행하며 선도하고 있다. 교토의정서는 물론이고 2000년에는 유럽기후변화프로그램(European Climate Change Program, ECCP)을 만들어 온실가스 절감에도 유럽이 앞장서 왔다. 유럽은 중국, 미

국에 이어 세계 3위 온실가스 배출권이지만 적극적 노력으로 꾸준히 감소하고 있다. 2013년 유럽 온실가스 배출량은 1990년 대비 21.2%나 감소했다. 교토의정서의 감축 목표를 초과 달성한 수치다. 유럽연합은 앞으로도, 1990년 대비 온실가스 발생을 최소 40% 줄이는 방법으로, 신재생 에너지 생산을 27%로 올리겠다는 목표도 세웠다. 신재생 에너지는 8개 재생 에너지(태양열, 태양광 발전, 바이오매스, 풍력, 소(小)수력, 지열, 해양 에너지, 폐기물 에너지)와 3개 신에너지(연료전지, 석탄 액화 가스화, 수소 에너지) 등 총 11개 분야가 있다.

핀란드는 유럽연합 28개 국가들 중에서 기후변화 대응 모범 국가로 꼽히고 있다. 온실가스 배출은 1990년 대비 2005년에는 22.4% 감축했고,[8] 신재생 에너지 사용은 유럽연합이 정했던 목표치를 초과 달성했다. 유럽연합이 2009년 '기후 · 에너지 패키지'에서 제시한 2020년 핀란드 신재생 에너지 사용 목표치는 38%다. 그런데 핀란드는 이를 6년 앞당겨 2014년에 38.7%를 달성했다. 2015년에는 핀란드 국가 전체 에너지 소비량 중 신재생 에너지가 39.3%를 차지했다. 2020년 목표도 49.0%로 상향 조정했다.

이에 반해 대한민국은 2015년 4.5%였고, 2020년 목표 5.0%, 2035년 목표가 11.0%다.[9] 2015년 기준 OECD 35개국 중 35위로 꼴찌였다. 핀란드 39.3%와 한국의 4.5% 격차는 매우 컸다. 그뿐 아니다. 2035년 목표치 11%도 핀란드의 2012년 34.4%에 한참 못 미친다. 2035년 목표치마저도 OECD 꼴찌를 예약한 것이다.

핀란드와 한국의 신재생 에너지 공급 비율

구분	2005	2012	2013	2015	2020 (목표)	2035 (목표)	비 고
한국*	2.1%	3.2%	4.0%	4.5%	5.0%	11.0%	미국 6.7%, 독일 11.8% (2013)
핀란드	29.2%	34.4%	36.7%	39.3%	49.0%	-	

출처: 산업통상자원부, 신재생 에너지 백서(2016).

게다가 11.0% 목표치 달성 시기 또한 2030년에서 2035년으로 5년 더 늦추었다. 2030년 목표도 9.7%로 하향 조정했다. 2008년 이후 매년 1조 원에서 8,000억 원이라는 돈을 신재생 에너지에 쏟아 부으면서 조정한 수치다. 핀란드는 조기 달성하고 상향 조정하는 데 반해 한국은 늦추고 하향 조정했다.

한국이 핀란드보다 신재생 에너지를 활용하지 않아도 될 만큼 환경 우등 국가가 아니다. 환경성과지수는 핀란드 1위, 한국 80위다. 더구나 한국의 대기오염은 180개국에서 174위로 위험 수준이다. 미세먼지 발생 주범으로 지목받고 있는 화석연료 감축과 신재생 에너지로의 전환은 핀란드보다 훨씬 더 시급한 우리이다. 그럼에도 미래 목표치마저 낮추니, 국가 주요 정책이 거꾸로 가는 듯하다.

한국 정부가 기후변화에 대해 무관심하거나 투자를 게을리해온 것은 아니다. 국내 기후변화 대책을 논의하기 시작한 것은 20여 년 전부터다. 교토의정서 채택 이후 1999년에 기후변화대책위원회를 설치, 2003년에 마스터플랜을 세웠고 2010년 저탄소녹색성장기본법을 제정했다. 국가 차원의 연구비도 2008년 1,872억 원에서 2013년 7,506억 원으로 해를 거듭하며 증액했다. 자금 투자 역시 1988년

대체에너지개발촉진법이 시행된 이후 2012년까지 1조 7,500억 원이 투입되었다.[10] 2008년 8월에는 2030년까지 111조 원을 투자하겠다고 공표한 바도 있다.

적지 않은 투자가 이뤄졌지만 현재의 4.5%는 핀란드 39.3%와 비교하면 낯 뜨거울 정도로 참담하다. 미래 목표 역시 초라하다. 왜 이런 현상이 생기는 것일까?

바이오에너지 사례 분석

11개 분야 신재생 에너지 중에 바이오에너지가 있다. 바이오에너지는 목재 부산물이나 음식 쓰레기, 축분 등을 이용한 친환경 에너지다. 유엔 산하 기후변화에 관한 정부 간 협의체(Intergovernment Panel on Climate Change, IPCC)는 바이오에너지를 기후변화를 완화시키는 가장 현실성 있고 가능성 높은 대안으로 제시하고 있다.

우리나라도 폐기물을 포함해 바이오에너지가 차지하는 비중이 적지 않다. 폐기물 활용에는 바이오 기술도 들어가므로 폐기물과 바이오 둘을 하나로 묶을 때가 많다. 폐기물에서 얻는 에너지는 도시 쓰레기를 이용한 열병합 발전소가 대표적이다. 2012년 기준, 전체 신재생 에너지 비중에서 폐기물이 68.4%, 바이오가 15.2%를 차지했다. 둘을 합치면 83.6%로 태양광 등 다른 신재생 에너지에 비해 압도적이다. 다음이 수력으로 9.3%, 태양광이 2.7%이다.[11]

핀란드에서 바이오에너지는 전체 신재생 에너지에서 50% 가까이 차지할 정도로 비중이 높다. 한국의 15.2% 보다 훨씬 많다. 핀란드 바이오에너지의 대부분은 목재 칩(wood chip), 목재 펠릿(wood pellet) 같은 산림 부산물을 원료로 이용한다. 목재 칩은 벌목한 나무를 잘게 부숴서 운송을 쉽게 한 것이고, 목재 펠릿은 목재 칩을 더 잘게 톱밥으로 파쇄한 후 밀도를 3배 정도 높게 압축, 성형한 것이다. 목재 펠릿은 열효율이 높고 형태와 크기가 일정해 정량 공급과 물류에 유리하다. 목재 펠릿은 목재 공장에서 나오는 부산물인 톱밥을 압축해서 만들기도 한다.

또한 리이드케너리그라스(Reed Canary Grass) 같은 1년생 풀들도 경작해 바이오에너지 원료로 이용한다. 리이드케너리그라스는 추운 지방에 서식하는 갈대의 일종이다. 에너지 생산자와 농민이 장기 계약하고 핀란드 정부가 일정액을 지원해 리이드케너리그라스 경작을 돕는다. 한번 심으면 15년 동안 수확이 가능하고 심을 때와 여름에 한번만 비료를 줘도 잘 자란다. 수확 때만 노동력이 들어가므로 경제적이다. 추수 후 건조시켜 목재 칩, 목재 펠릿과 함께 바이오매스 전용 열병합 발전소에서 사용되는데 목재 칩 등이 연소될 때 결착률을 높여 보일러 효율을 높인다.

핀란드는 바이오에너지에 사용되는 원료의 대부분이 숲에서 나온다. 핀란드와 우리나라는 숲이 국토에서 차지하는 비중이 70%대로 비슷하다. 그런데 우리나라는 숲 활용도가 매우 낮다. 우리나라 산림 입목 축적량은 약 7억 m^3으로 매년 2,000만 m^3씩 증가한다. 국내에서 벌채와 숲 가꾸기 등에서 발생되는 원목 및 부산물도 매년 640만 m³에 달한다. 그런데 안타깝게도 이중 55%인 340만 m³가 이용되지 못하고 계곡 등에 방치되어 썩고 있다.[12] 그러면서 목재 펠릿 등은 국내 화력 발전소용으로 중국 등지에서 대량 수입하고 있다. 수입 이유는 신재생 에너지 의무 할당량을 채우기 위해서다. 한국의 수요 때문에 중국 현지 목재 펠릿 가격이 급등하고 있을 정도이다. 한편에서는 방치되어 썩고 있고 다른 한편에서는 모자란다고 수입하고 있는 웃지 못할 상황이다.

핀란드 바이오에너지 원료인 리이드케너리그라스 13

포르사와 서대구의 열병합 발전소

헬싱키에서 서북쪽으로 120km 가면 포르사(Forssa)라는 소도시가 나온다. 그 인근에 세계 최초의 목재 부산물 등 바이오매스를 활용한 열병합 발전소가 있다. 1996년에 완공되었는데 160만 유로, 약 200억 원이 투자되었다. 12.5%인 20만 유로는 정부에서 지원받았다. 총 투자비는 공장 건설, 전력 공급망, 소비자와 연결되는 스팀파이프 비용까지 포함된 금액이다.

포르사 바이오 열병합 발전소는 목재 칩, 목재 펠릿 그리고 건조 목초인 리이드케너리그라스를 원료로 사용해 연간 71GWh(기가와트아워)의 전력과 200GWh의 지역 난방용 열원을 생산하고 있다. 연간 가동일은 311일로 점검 기간 이외에는 풀가동한다. 핵심 설비인 열병합 발전용 보일러는 핀란드 제조사인 Foster Wheeler에서 만들었고, 시간당 82톤의 스팀을 생산할 수 있다. 지역 난방용 스팀파이프는 총 52km에 이르고 인근 12만 명 거주지와 20개 공장에 열원을 공급하고 있다. 특히 전력은 유럽 시장 오픈마켓에서 인터넷으로 실시간마다 경매로 판매되는데 품질 대비 좋은 단가로 높은 경쟁력을 갖고 있다.

포르사에 있는 열병합 발전소

우리나라 서대구 산업단지에도 핀란드 포르사와 비슷한 열병합 발전소가 있다. 같은 바이오매스를 원료로 사용하는데 포르사보다 10년 뒤인 2006년 6월에 완공했다. 총 350억 원이 투자되었고 그중

82.3%인 288억 원을 정부에서 융자받았다. 핵심 설비인 보일러는 오스트리아의 Polytenik 회사의 것으로 설치했다. 그런데 생산 능력은 시간당 54톤에 불과하다. 핀란드 포르사의 82톤에 비해 훨씬 적다.

상식적으로 10년 늦게 완공되었으면 앞선 설비보다 더 발전된 기술과 높은 생산성을 보여야 한다. 그런데 거꾸로다. 투자비는 더 들어갔고 정부 지원도 더 많았다. 그런데 보일러 능력 등에서는 핀란드보다 뒤떨어진다. 매출 자료는 찾기 어렵다. 자체 개발에 의한 투자로 유형 무형의 기술 축적이 있었던 것도 아니다. 정확한 이유는 알 수 없지만 잘못된 기술 도입과 빗나간 경제성 예측과 평가 그리고 불분명한 투자 결정으로 많은 혈세가 낭비된 것이 분명하다.

핀란드와 한국의 바이오에너지 열병합 발전소 사례 비교

항목	핀란드	한국
소재지	핀란드 남부 포르사	서대구 산업단지
준공	1996.9	2006.6
핵심 설비	Foster Wheeler (핀란드)	Polytenik (오스트리아)
투자비(정부보조금)	200억 원 (24억 원)	350억 원 (288억원, 산자부 융자)
생산 능력	82톤(T/H)	54톤(T/H)
연매출	120억 원	—

핀란드에서는 바이오매스 열병합 발전소를 건설할 때 기본 원칙이 있다. 먼저 원활한 원료 공급이 전제되어야 한다. 수요처가 많다고 해서 원료 공급보다 우선할 수는 없다. 그들은 소비량과 공급원의 균형을 맞추기 위한 노하우가 있다. 오랜 경험에 의해 만들어진 일종

의 시뮬레이션 공식 같은 것들이다.

예를 들어 발전소 건설 장소에서 일정 지역 이내의 에너지 수요 예상 총량과 바이오매스 공급량에 대한 균형 맞추기 공식이다. 이는 공장 가동 수명과 연관되어 향후 수십 년간의 예상 가능한 모든 변수를 적용시킨다. 기후변화, 강수량, 적설량, 숲 밀도 예측에 따른 바이오매스 공급량 추이 분석 등이 그들 중 하나다. 물류 비용 또한 공장 건설에 중요한 요소로 검토한다. 물론 인근 도시의 소비 예측도 빠지지 않는다.

반면에 서대구의 경우를 보면 원료 수급과 에너지 수요와의 균형이 전혀 맞지 않는 상황에서 사업이 시작되었을 것으로 짐작된다. 서대구 염료 단지에 있는 공장들로부터 많은 스팀열 수요가 있는 것은 맞다. 그런데 원료 수급에 대한 예측이나 대비는 없었다. 인근 산림에서 목재 펠릿을 생산해서 공급받는다는 계획은 있었겠지만 실현되지 않았다. 목재 펠릿 공급이 어렵게 되자 환경 문제가 많은 폐목재를 원료로 하기에 이르렀다. 폐목재는 친환경 신재생 에너지 원료로 쓰기에 원천적으로 문제가 많다. 도시 폐목재는 핀란드에서는 쓰지 않는다. 폐목재는 건설 공사장 등에서 나온 페인트가 묻어 있거나 톱밥과 접착제로 만든 MDF 등이 포함되어 있어 연소 과정에서 유해가스가 나와 대기 환경을 해칠 수 있기 때문이다.

한국의 신재생 에너지 구조

한국의 신재생 에너지 산업 구조를 더 가까이 들여다보면 이상한 점이 눈에 띈다. 먼저 투자를 살펴보자. 다음의 도표를 보면 11개 신재생 에너지 분야에서 태양광 산업이 고용인원(54%), 매출(67%), 투자(67%) 등에서 가장 높은 비중을 차지하고 있다. 그런데 에너지 비중은 전체의 2.7%에 불과하다.

그런가 하면 폐기물이 신재생 에너지에서 차지하는 비중에서 가장 높고(68.4%), 기업체 수도 가장 많지만(27%), 고용 인원은 12%, 매출은 5%에 불과하다. 투자도 19%에 지나지 않는다. 유엔 기구가 말하듯 기후변화를 완화시키는 가장 현실성 있고 가능성 높은 대안인 바이오에너지 투자액은 3%에 지나지 않는다.

한국의 에너지원별 산업 현황과 에너지 비중

구분	기업체 수	고용 인원	매출(억 원)	내수(억 원)	수출(억 원)	투자(억 원)	에너지 비중
태양광	127(27%)	8,698 (54%)	75,637 (67%)	22,975 (46%)	33,892 (83%)	5,324 (67%)	2.7%
폐기물	132(27%)	1,899 (12%)	5,763 (5%)	5,763 (5%)		1,539 (19%)	68.4%
바이오	128(26%)	1,511 (9%)	12,390 (11%)	11,884 (24%)	506(1%)	221 (3%)	15.2%

한마디로 투자와 에너지 비중이 서로 역행하고 있다. 투자 또는 매출이 많으면 그만큼 에너지 보급과 연결이 되어야 하는데 그렇지 않다. 오히려 반대이다. 특히 태양광의 경우는 더 심하다. 태양광에 투

자된 비용과 매출액은 다른 폐기물, 즉 바이오에 비해 6~20배나 큰데 비해 국내 신재생 에너지 보급 비중은 2.7%로 최저 수준이다. 왜 이런 왜곡된 현상이 생기는 걸까?

태양광 발전은 태양광 에너지를 전기로 변환시키는 발전 기술이다. 태양전지 셀(solar cell)과 모듈이 태양에너지를 전력으로 변환한다. 태양광 발전을 하려면 이런 태양전지 모듈이 필요하다. 숫자가 많을수록 많은 전력을 만들 수 있다. 2000년대 초 전 세계가 신재생 에너지에 주목하고 정부가 투자 확대 계획을 세울 당시만 해도 태양광 발전 분야는 연간 성장률이 80%에 이를 정도였다. 특히 친환경 에너지를 선도하는 유럽 시장에서 수요가 급증했다. 이에 정부가 지원하고 국내 대기업들도 태양전지 사업에 너도나도 뛰어들어 대규모 투자가 이뤄졌다.

그런데 문제가 터졌다. 2008년 미국 발 금융 위기에 이은 2010년 유럽 재정 위기로 유럽 국가들의 태양광 투자가 대폭 축소되었다. 태양전지 모듈은 공급 과잉으로 단가가 폭락하면서 거액의 설비 투자를 해왔던 기업들이 구조 조정과 파산 등 한계 상황까지 내몰렸다. 태양광 산업에 대한 국가적 투자가 우리나라 환경과 에너지 인프라 개선보다 소재 수출 중심의 돈벌이에 몰두한 결과다. 유럽 친환경 시장에만 의존하다가 벌어진 몰락이었다.

한국의 신재생 에너지 정책은 신재생 에너지 자체보다 경제 논리 즉, 돈 버는 것이 먼저였다. 화석연료 의존율이 세계 3위로 매우 높고, 온실가스로 인한 기온 상승과 대기환경 오염이 최악으로 치닫고 있음에도 불구하고 깨끗한 환경보다 경제 논리에 의한 수출 산업에 먼저 투자해왔다. 그래서 총 투자 67%, 생산은 2.7%가 된 것이다.

친환경 에너지 정책은 그 본질, 즉 국민이 안심하고 살 수 있는 나라를 만들어야 한다는 기본에서 어긋나서는 안 된다. 환경을 여러 돈벌이 수단 중의 하나로 보면 본질을 놓치게 된다. 핀란드처럼 깨끗한 자연 환경을 지키기 위한 고민과 노력이 먼저일 때 세계 최고의 기술이 탄생하고 경제적 이익도 뒤따르게 되는 것이다.

축적된 기술과 인프라

핀란드는 오랫동안 신재생 에너지, 특히 바이오에너지 분야에서 기술을 쌓아왔다. 1940년대부터 숲 가꾸기와 목재 산업을 현대화하고, 1970년 석유파동 이후 연구개발을 가속화하면서 신재생 에너지 분야에서 세계 최고 기술을 갖추었다. 핀란드는 바이오매스 이용 열병합 발전소와 관련해 세계 최초와 세계 최대 기록을 다 갖고 있다. 최초는 앞서 말한 포르사에 있고 최대는 핀란드 중서부 해안의 피에타르사리(Pietarsaari)에 있다. 피에타르사리 열병합 발전소는 2001년 12월부터 가동 중인데 포르사에 비해 3배나 되는 스팀 생산 능력을 갖고 있다. 열병합 발전소에 필요한 기계 설비 역시 세계 최고다. Metso Power, Foster Wheeler 같은 핀란드 기업들이 세계 바이오매스 전용 보일러 시장의 50%를 차지하고 있다.[14]

산림 자원 관리도 남다르다. 숲과 산업 주체 그리고 지역 사회가 유기적으로 연계해 관리한다. 숲은 적절한 벌채와 수종 관리를 계획적으로 해 최적의 생육 조건을 만들어주고 있다. 각종 자동화 설비를 활용, 벌목 현장에서 바로 자동 설비로 분쇄해서 운반을 쉽게 한다. 또한 임가공 산업에 나온 각종 부산물도 하나도 버려지는 일이 없이 모두 신재생 에너지로 재활용된다.

한줌의 에너지라도 버릴 수 없다

핀란드의 옛 수도 투르크시에도 다른 도시와 마찬가지로 환경 시설인 폐수 처리장이 있다. 도시 폐수를 처리해서 깨끗한 물로 만들어 강으로 내보내는 환경 시설이다. 그런데 그들은 폐수 처리 후 강물로 들어가기 직전의 처리수가 갖고 있는 열 조차 놓치지 않는다. 처리수 온도는 계절에 따라 여름 18℃, 겨울은 10℃로 일정하게 유지한다. 처리수가 일정한 잠열을 지닌 채 방출되기 때문이다.

투르크시는 폐수 처리장 처리수가 갖고 있는 잠열 에너지를 회수하기로 결정했다. 폐수 처리장 인근 지하에 15,000톤 규모의 초대형 저수 탱크를 만들어 열 교환 장치를 이용해 처리수 잠열을 회수, 겨울에는 78℃의 온수를, 여름에는 4℃ 냉수를 만들어 시내로 내보내고 있다. 겨울에는 지하 탱크로 돌아온 43℃의 지역 난방 용수를 78℃로 올려서 내보내고, 여름에는 17℃로 되돌아온 냉각수를 7℃로 낮추어 수요처에 보낸다. 투르크시 전체 겨울철 지역 난방의 10%

를, 여름철 지역 냉방의 80%를 생산하고 있다. 이 시설은 석탄 화력 발전을 기준으로 연간 2만 1,000톤의 석탄 사용을 대신하고 있어 5만 톤의 온실가스와 11톤의 이산화황과 6톤의 미세먼지 발생을 줄이고 있는 것이다.

2009년 가을부터 본격 가동했는데 가동 직전에 견학한 적이 있다. 넓은 지하 세계는 한창 공사 중이었다. 안내했던 프로젝트 책임자 말에 따르면 1,800만 유로(당시 환율로 약 252억 원)가 투자되었지만, 5~6년이면 투자 회수가 가능할 것이라고 했다. 전시용이 아니었다. 정책 입안부터 수익성을 면밀하게 검토했음을 알 수 있었다. 본질과 경제성, 둘 다 확보하고자 하는 노력이 돋보였다.

핀란드는 한줌의 에너지도 허투루 버리지 않는다. 이는 자연 그대로의 환경을 지키려는 의지에서 나온 것이다.

FINN vs KOREAN | 서로 많이 닮은 ⑦

핀란드의 독재자 케코넨, 박정희와는 다른 해법을 찾다

핀란드 사람들이 세 번째로 존경하는 인물은 여러 번 다선으로 대통령을 역임한 케코넨(U.K. Kekkonen, 1900~1986)이다. 밖으로는 소련의 위협을 막아냈고 안으로는 서구식 자유 시장경제를 활성화시켜 오늘의 부유한 핀란드의 기초를 닦은 인물이다. 또한 사회적 대타협을 이끌어내어 국민통합을 이루었고 복지 사회를 완성한 인물이기도 하다. 그런데 그의 이력을 보면 바로 떠오르는 인물이 박정희 전 대통령이다.

박정희와 케코넨, 두 사람은 여러모로 닮았다. 첫 번째 닮은 점은 장기 집권이다. 박정희는 1961년 5·16 군사정변으로 정권을 잡은 후 1979년까지 18년을, 케코넨은 1956년 대통령에 선출된 후 1982년까지 26년 동안 장기 집권을 했다. 18년과 26년, 박정희보다 8년을 더 했으니 케코넨이 한 수 위다.

두 번째, 집권 기간 동안 두 나라는 눈부신 경제 성장을 이루었다. 한 사람은 한강의 기적을, 다른 한 사람은 경제 성장과 동시에 온 세계가 부러워하는 복지국가로 발전시켰다. 둘 다 강력한 지도력을 발휘해 경제 성장을 이끌며 국민들에게 지금의 어려움을 참고 따라줄 것을 요구했다. 박정희는 새마을운동 등을 통해 '우리도 한번 잘살아 보세'라며 내일을 위해 허리띠를 졸라매자고 독려했고, 케코넨은 '우리는 내일의 번영을 위해 오늘을 인내할 수 있는가!'라는 정치 구호로 성장을 이끌었다.

경제 발전을 위한 슬로건뿐 아니라 방식도 비슷했다. 한국과 핀란드 모두 정부 주도의 강력한 성장 드라이브 정책을 추구했다. 두 나라 모두 자원이 부족한 나라다. 석유 한 방울 나지 않고 쓸 만한 자원 역시 모자란다. 주변 국가들에 비해 인구가 적은 소규모 경제 구조다. 부족한 자원과 소규모 경제 구조에서 성장을 촉진시키기 위해서는 자본 축적이 필요하다. 케코넨은 안으로는 저축을 장려하여 8%에 이르는 저축률을 유지했고 적극적인 외자 도입을 통해 자본을 모았다. 그리고 국가 성장의 동력이 될 수 있는 주요 기간 산업에 집중 투자했다.

케코넨 대통령

양국 모두 엘리트 관료들이 중심이 되어 민간 분야를 통제, 관리하면서 경제 파급효과가 큰 중공업 육성 정책을 폈다. 한국이 중화학공업에 치중했다면, 핀란드는 펄프 산업과 조선 등 기계 공업에 집중 투자했다. 두 나라 모두 소규모 시장이라는 한계를 벗어나고자 수출주도형 경제 구조를 정착시켰다.

두 지도자의 재임 기간이었던 1960년대 이후 두 나라는 수출의존율이 계속 증가해 GDP 대비 40%를 상회했다. 지도자의 뛰어난 역량 그리고 국민들의 인내와 노력으로 두 나라 모두 세계에서 기적이라고 부르는 경제 발전을 이뤘다. 두 사람 재임 기간 동안 1인당 국민소득이 핀란드는 4,000달러에서 2만 달러로 5배, 한국은 600달러에서 2,000달러로 약 3.3배 증가했다.

세 번째, 두 사람은 강력한 지도력을 발휘했다. 다시 말해 둘 다 '독재자'였다. 박정희는 18년, 케코넨은 26년을 장기 집권했다. 핀란드 정부가 운영하는 대통령 공식 사이트(http://www.presidentti.fi)에서는 역대 대통령 소개에서 그를 독재자로 명시하고 있다.

네 번째, 장기집권 과정에서 추대 방식을 취했다. 박정희는 유신개헌으로 통일주체국민회의라는 간선제 장치를 만들어 이른바 체육관 선거로 대통령 직을 추대받았다. 케코넨은 유신과 같은 노골적인 방식은 쓰지 않았다. 그렇지만 1973년 의회가 자발적으로 그의 대통령 임기 연장을 위해 긴급조치와 비슷한 방법으로 급히 헌법을 개정, 대통령 직을 4년 더 늘렸다. 마지막 임기였던 1978년 선거에서는 핀란드 정당 모두 그를 대통령으로 추대했다. 핀란드는 강력한 대통령제였으나 의회를 포함한 선거인단에 의해 선출하는 간접투표 방식이었다. 케코넨은 선거인단 300표에서 86.3% 인 259표를 얻었다. 핀란드 정치사에 유래 없는 결과였다. 박정희는 1978년 소위 체육관 선거에서 2,578명 중 반대표는 하나도 없었고 무효표 한 표만 나온 99.96%의 찬성을 받았다.

다섯 번째, 개인숭배 시도도 비슷하다. 박정희는 유신독재 때 전국 관공서와 학교에 자신의 사진을 걸어놓게 했으며, 언론매체 등을 통해 자신을 구국의 영웅으로 미화시켰다. 케코넨도 통치 말년에는 개인숭배를 시도했으나 결과적으로 실패했다.

또한 둘 다 어느 누구도 자신을 대신해서 국가를 이끌 인물이 없다고 여겼다. 박정희는 가난 극복과 북한을 상대할 수 있는 지도자는 자신뿐이라고 여겼고 케코넨 역시 자신만이 공산대국 소련을 상대로 평화를 유지하고 경제 발전을 시킬 수 있다고 큰소리쳤다. 자신 이외에는 어느 누구도 소련을 상대할 수 없다고 하면서 26년 장기집권을 이어갔다. 실제도 그랬다. 소련은 케코넨을 적극 지지했다. 그는 흐루쇼프(N.S. Khrushchey, 1894~1971) 등 소련 지도자들과 사우나를 같이 즐기며 유대 관계를 키워갔다. 케코넨이 마지막 임기의 대통령 직을 연장받은 것도 국민의 합의에 의한 것이라기보다 소련의 협박 때문이었다.

여섯 번째, 두 사람은 말년까지 대통령 직을 유지했다. 한 사람은 궁정동에서 최측근이었던 김재규에게 총을 맞아 세상을 떠났다. 케코넨은 임기 도중에 치매 즉, 알츠하이머병에 걸려 대통령 직을 더 이상 유지할 수 없음을 알고 스스로 사임했다.

일곱 번째, 두 사람 모두 사후 평가는 극과 극으로 달랐다. 핀란드에서 케코넨에 대한 평가는 논란이 끊이지 않는다. 박정희도 마찬가지다. 비판과 찬양의 수준은 다르지만, 경제 성장을 이룬 공적과 장기집권에 대한 부정적 평가는 두 나라가 비슷하다.

60회 생일에 소련 지도자 흐루쇼프(중앙)가 생일을 축하하기 위해 방문, 새벽 5시까지 파티를 했다고 한다(1960년).

두 사람 사후에 정치 구조가 바뀐 것도 일치한다. 우리나라는 1987년 영구 집권을 막기 위해 5년 단임 대통령제로 바뀌었다. 핀란드도 지나친 대통령중심제에 의한 폐단에서 벗어나고자 간접투표 선출과 대통령중심제를 개정했다. 1994년에 대통령은 직접선거로 뽑아 외교와 군사를 맡기고, 의회의 총리에게 내정의 권한을 주는 이원집정제로 바뀌었다.

여덟 번째, 두 대통령은 공산국가의 위협을 정권 유지에 활용했다. 박정희는 북한의 위협을 이유로 강력한 반공정책과 유신독재를 폈다. 케코넨도 소련이라는 초강대국의 위협을 활용했다. 그런데 방식은 달랐다. 케코넨은 오히려 소련과의 친분을 이용했다. 자신이 퇴임하면 소련의 위협으로 나라가 곤란해질 것이라고 큰 소리쳤고 또 사실이 그랬다. 여러 사례가 있지만 그중 하나가 유명한 '노트 위기

(Note crisis)'이다.

1961년 케코넨은 코앞에 다가온 대통령 선거에서 재선을 도모하고 있었다. 대선의 경쟁자는 전 법무부 장관이었던 혼카였다. 그가 의회를 장악하고 있어 케코넨으로서는 눈엣가시였다. 그런데 갑자기 그해 10월 말 소련으로부터 외교문서가 날아왔다. 1948년에 맺은 '핀란드 · 러시아 평화협정'을 파기하겠다는 문서였다. 평화협정 파기란 전쟁 선전포고를 의미할 수 있어 핀란드는 발칵 뒤집혔다.

이른바 '노트 위기'다. 케코넨이 협상에 나섰다. 결과는 의회 해산과 경쟁자인 혼카의 후보 사퇴였다. 케코넨은 대통령 간선투표에서

대통령 케코넨과 박정희의 궤적

항목	케코넨	박정희
집권 기간	26년(1956~1982)	18년(1961~1979)
경제 성장	정부 주도의 강력한 성장 드라이브 경제 파급효과가 큰 중공업 육성 정책 위주 수출 주도형 경제 구도 정착	
	4,000달러에서 20,000달러	600달러에서 2,000달러
강력한 지도력	독재	군사 독재
장기집권 방식	대통령 간선제	3선 개헌, 유신 개헌으로 간선제
집권 중 개인숭배	정권 말기에 시도	구국의 영웅으로 미화
정권 말기	지병으로 스스로 하야	김재규에 의해 피살
공산 정권과 관계	소련의 위협을 활용, 소련과 우호적 관계	북한의 적화통일 위협, 긴장 상태 또는 준전시 상황
과거 경력	내전 때 백군 참전, 비밀경찰	일본육사, 군인
사후 평가	밖으로는 소련의 위협을 막고 안으로는 자유 시장경제 체제를 발전시킨 뛰어난 지도자	한강의 기적을 이끈 위대한 지도자 vs 군사 문화와 정경 유착 의 유산을 물려준 독재자

300표 중 199표를 얻어 압도적으로 재선에 성공했다. 훗날 역사학자들의 분석에 의하면 '노트 위기'는 소련이 케코넨의 재선을 돕기 위한 지원책이었다는 게 정설이다. 흐루쇼프를 만나 같이 사우나를 즐기며 밀약을 했다는 것이다.

의회가 자발적으로 나서서 케코넨의 임기 연장을 추진한 것 역시 소련의 압박 때문이었다고 한다. 1973년 핀란드는 유럽경제공동체(European Economic Community, ECC. 유럽연합의 전신) 가입을 추진하고 있었다. 수출 증대와 경제 발전을 위해 반드시 필요한 국가적 중대 사안으로 케코넨의 반대파도 적극 지지했다. 그런데 소련은 이것이 달갑지 않았다. 유럽경제공동체 가입은 곧 소련을 적대시해 온 서방 세계로 편입되는 것과 같았기 때문이다. 소련은 가입을 용인해주는 대신 케코넨이 대통령 직을 계속 유지해야 된다는 조건을 달았다. 의회는 서둘러 케코넨의 4년간 임기 연장을 승인해주었다. 소련의 공산당 정권은 케코넨이라면 친서방 정책도 용인해주겠다고 할 만큼 전폭적인 지지를 보냈다.

케코넨과 박정희, 그러나 해법이 달랐다

소련이 노골적으로 지원하고 비호할 정도이면 케코넨이 처음부터 골수 공산주의자였을 것으로 생각할 수 있지만, 그는 농민의 아들로 태어났고 어릴 적부터 반공주의자였다. 젊은 시절에는 좌익을 잡아넣는 비밀경찰이었고 극우 운동에 가입하기도 했다. 정치인이 되고 나서도 그는 극단적인 반공주의자였다. 소련과의 전쟁에서도 패전을 앞두고 공산주의자에게 항복하느니 다 같이 죽자며 협상에 홀로 반대했던 인물이다. 그런 골수 반공주의자가 1948년 이후 생각을 바꾸고 변신하게 된 데는 계기가 있었다.

제2차 세계대전에서 나치 독일 편에 섰다가 패전한 핀란드를 소련이 강압적으로 압박하고 있을 때였다. 사회민주당 당수였던 파겔홀름(K. A. Fagerholm, 1901~1984)이 1948년 총선에서 이겨 소수 내각을 구성하자 소련은 파겔홀름 수상을 극렬히 반대했다. 그는 사회주의자였지만 공산당이 적대시해왔던 의회주의 사민주의자였다. 파겔홀름은 중립을 원했고 서구식 시장경제를 지지했다. 그래서 1948년에 서방에서 주도하는 관세무역일반협정(General Agreement on Tariffs and Trade, GATT) 가입을 추진했다. 소련에게는 핀란드의 GATT 가입이 큰 위협이었다. 나치 독일과 손잡았던 핀란드가 다시 서방과 손잡으려 하는 것을 보고 소련은 노골적으로 협박했다. 파겔홀름이 끝까지 버티자 소련은 전쟁 불사까지 언급했고, 결국 그의 사퇴로 상황을 마무리 지었다.

이런 상황을 옆에서 속속들이 지켜본 케코넨은 생각을 바꾸기 시작했다. 그 전까지 케코넨은 사회주의자를 근본적으로 의심했다. 겉으로 아무리 감언이설을 해도 결국 공산 혁명을 꾀할 것이라는 생각이었다. 그런데 사회주의자 파겔홀름이 소련과 맞서면서 조국의 번영을 위해 자유 시장 도입을 추진하는 것을 보았고 또한 강대국 소련의 위협도 목격했다. 그는 고민했다. 소련의 의심을 줄이고 위협에서 벗어나지 않는 한 핀란드의 앞날은 어두워 보였다. 그는 소련의 의심을 줄이는 것이 최우선이라고 판단했다. 목표가 정해지자 바로 행동에 옮겼다. 아주 적극적인 친소주의자로 탈바꿈했다.

박정희는 젊은 시절 한때 일본 육사 장교로 친일과 좌익이었다가 반공주의자가 되었지만, 케코넨은 골수 반공주의자에서 친소주의자로 변신했다. 그러나 공산주의자가 된 것은 아니었다. 밖으로는 친소주의자 행세를 했으나 내부로는 자유 시장경제 체제로 핀란드를 빠르게 성장시켰다.

케코넨은 1950년 현직 대통령이었던 파시키비에 맞서 농민연합을 대표해서 대통령 선거에 나가지만 패배하고 만다. 그런데 파시키비는 수완이 뛰어난 그를 총리로 임명하여 국정 파트너로 삼았다. 이때부터 케코넨은 파시키비 독트린 즉, 친소 정책을 공개적으로 지지했다. 보수 우파의 거두였던 파시키비와 마찬가지로 그 역시 소련과 친해지기 위해 모든 수단을 동원했다.

자신만만한 그를 소련에서도 주목하기 시작했다. 그의 변신은 성과를 거둬 1956년의 대통령 선거에서 소련과의 우호 관계를 인정받아 당선되었다. 이후 26년간의 대통령 재임 기간 동안 중립과 친소 정책은 계속 유지했다. 파시키비가 처음 주창했던 파시키비 독트린은 케코넨의 정책과도 같아 '파시키비-케코넨 라인(Paasikivi-Kekkonen line)'이라 불린다.

박정희와 케코넨의 또 다른 점은 케코넨은 사회통합을 이루었고 복지 정책을 추진했다는 점이다. 경제 성장은 인플레이션을 동반하기 마련이다. 핀란드도 마찬가지였다. 1950년대 이후 경제 성장 부작용으로 임금 소득이 물가 상승을 따라 가지 못했다. 1950년대 후반기 물가 상승은 10%를 상회했다. 수출 증대와 자유무역 여파로 화폐가치가 절하되었고 내수 산업은 침체되고 물가 상승도 꺾일 기미가 보이지 않았다. 제2차 세계대전 직후 만들어진 중앙 협약으로 단체교섭이 일반화되었지만 노사갈등은 여전했고 크고 작은 파업이 끊이지 않았다. 매년 500건이 넘는 노사분규가 계속되었다.

당시 노조는 크게 강경파와 온건파로 나눠져 있었다. 이들 두 노조의 계파 간 갈등과 선명성 경쟁은 노사분규를 더 과격하게 만들었다. 1956년에는 대규모 총파업까지 일어났다. 박정희 시절에도 그랬다. 집권 18년 동안 수출 위주의 성장 드라이브 정책을 쓰면서 경제 성장은 가속화되었다. 그런데 인플레이션의 부작용은 핀란드보다 훨씬 심해 연평균 16.5%의 살인적 물가 인상률로 서민들은 허리띠를 조르고 또 졸라매야 했다. 대기업은 정경유착으로 온갖 특혜를 받았지만 그늘에는 수많은 어린 여공과 노동자들이 하루 12시간 넘는 중노동과 저임금에 시달려야 했다.

그럼에도 불구하고 노사분규는 거의 없었다. 없었던 것이 아니라 처음부터 생길 수 없었다. 노조는 곧 용공으로 간주, 노조 결성 시도 자체부터 싹을 잘랐다. 급기야 1970년 전태일이란 어린 노동자가 노동법을 품에 안고 몸에 불을 붙여야 했다.

사회적 대타협을 이루다

케코넨과 박정희, 둘 다 막강한 권력을 손에 쥐고 있던 독재자였지만 해법이 달랐다. 케코넨은 강력한 리더십을 발휘해 각계 계층의 타협을 이끌어냈다. 이른바 '사회적 대타협'이었다. 케코넨의 가장 큰 업적으로 꼽히는 것이다.

1968년에 그는 유명한 '소득정책 협약' 체결을 이끌어냈다. 소득정책 협약은 매년 2년마다 갱신하고 있는데 협약 내용이 매우 구체적이다. 1차 협약 때부터 임금인상에 대한 노동자의 요구뿐 아니라 농산물, 목재 가격까지 조정했다. 효력 범위도 광범위해 현재도 단체협약 적용률이 90%에 이른다. 물론 비정규직까지 대상으로 하고 있다. 소득정책 협약은 수년간의 준비와 강력한 지도력으로 이끌어낸 결과물이었다.

사회적 대타협은 이해 집단들의 대표성 확보가 최우선 요건이다. 사회적 대타협 주체가 노사정이라면 사측 즉 기업측은 기업을 대표하는 협회가 존재하고 있었고, 정부도 대표성을 확보하고 있었다. 문제는 노조였다. 당시에는 두 계파의 노조였던 온건파와 강경파가 경쟁적으로 노사분규를 벌이며 선명성 다툼을 벌였다. 선명성 다툼은 노사분규를 더욱 격렬하게 만들었다. 케코넨은 특유의 지도력을 발휘해 두 계파의 노조를 하나로 통합시켰다. 1966년 두 노조가 하나로 통합되면서 노동계의 대표성이 뚜렷해졌다.

또한 정부가 앞장서서 노조 가입을 권장했다. 정부가 노조 가입을 독려한 것은 대표성 확보와 합의된 정책의 실현을 위해서였다. 노조에 가입해야 소득정책 협약의 혜택을 받을 수 있도록 했다. 그리하여 노조 조직률도 소득정책 협약 체결을 전후해 30%대에서 80%를 넘어설 만큼 급상승했다. 높아진 조직률은 대표성을 갖게 되었고 사회적 대타협을 강력하게 유지되는 기반이 되었다.

마침내 1968년 1월 노사정이 한자리에 모여 역사적인 소득정책 협약을 체결했다. 지금도 소득정책 협약은 핀란드의 사회적 대타협의 핵심이다. 소득정책 협약은 임금, 물가, 실업수당, 연금 그리고 농촌보조금을 망라했다. 사용자가 노조를 부정하지 못하는 제도적 장치도 마련했다. 고용 상황이 개선되었고 인플레이션도 제어되었다. 노동자의 임금은 지속적으로 인상되었고 연대임금 원칙으로 경제 성장의 열매가 모든 노동자에게 골고루 돌아갔다. 노사정 합의에 의해 갱신되는 소득정책 협약은 핀란드를 복지국가로 만든 핵심적인 기틀이 되었다.

급속한 경제 성장에 따른 사회 갈등의 양상은 두 나라가 비슷했고, 케코넨과 박정희 두 사람 다 강력한 독재자였으나 해결 방법은 극과 극으로 달랐다. 한 사람은 민주적 방식의 대화와 타협을 유도해 복지국가를 정착시켰고, 한쪽은 전체주의와 폭압적 탄압 그리고 비극적 결말이었다.

맺는 글

오래 전 핀란드인 친구 티모 교수와 러시아 모스크바에서 핀란드 헬싱키행 야간열차를 탄 적이 있다. 침대 칸에 걸터앉아 진한 보드카를 마시며 밤새 이런저런 이야기를 나눴다. 그러다가 두 나라 역사 이야기에 이르자 우린 서로 상대국의 지난한 역사에 놀랐고, 또 두 나라 역사가 형제처럼 닮았다는 사실에 다시금 놀랐다.

새벽녘에 술자리를 끝내고 자리에 누웠다. 그런데 잠이 오지 않았다. 숙취와 함께 뭔가 풀다 만 퀴즈처럼 의문들이 머릿속을 맴돌았다. 이리저리 뒤척이며 둘이 나눈 이야기를 되짚어보았다. 두 나라는 시간의 길고 짧음이 있을 뿐 타국의 지배를 겪었고 오랫동안 공산 세력의 위협도 받았다. 우리는 북한과 대치해왔고, 핀란드는 공산주의의 원조인 냉전 시대의 강국 소련의 영향권 안에 있었다. 제2차 세계대전 초엽에는 소련의 침공을 받아 핀란드 국민 모두가 총을 들고 맞서 싸웠고, 1991년 소련이 붕괴되기까지 반세기 가까이 수많은 간섭과 위협을 감내해야 했다.

그런데 지금의 러시아와 핀란드는 어떤가? 180도로 바뀌었다. 러시아 사람들에게 가장 이민 가고 싶은 나라가 어디냐고 물으면 망설임 없이 핀란드를 유력 후보로 꼽는다. 한때 그들의 군홧발 아래 있었지만 지금은 살고 싶은 나라가 된 것이다. 밤새 술잔을 나누다 친구가 된 티모 교수도 자기 연구소에 러시아의 최고급 두뇌들이 몇 명 와 있고 책상 서랍엔 러시아 박사들의 지원서가 쌓여 있다고 자랑했다.

그런데 우리는? 침대 칸에 누워서도 잠들지 못하고 뒤척인 이유는 '우리는?' 이란 질문 때문이었다. 핀란드는 러시아 지배를, 우리는 일제강점기를 겪었다. 그런데 일본인에게 이민 가고 싶은 나라를 묻는다면 한국이라고 대답할까? 핀란드와 우리는 왜 다르게 되었을까? 이 질문이 그 후 20여 년간 핀란드를 오간 내 비즈니스 여정의 화두가 되었다. 핀란드는 우리와 8,000km 떨어진 유라시아 대륙 반대편에 있는 아주 먼 나라다. 물론 그들은 아시아의 유래 민족이 아니다. 그런데 더 알아갈수록 한국인과 핀란드인은 쌍둥이가 아닌가 할 정도로 닮아 있었다.

먼저 기적 같은 경제 발전이 많이 닮았다. 대한민국과 핀란드는 둘 다 가난과 전쟁의 참화를 딛고 단기간에 경제 발전을 이뤄낸, 세계사적으로 사례가 드문 나라들이다. 핀란드는 800년 가깝게 이웃 나라의 지배 하에 있었고, 제2차 세계대전의 패전국이다. 산업 시설이 모두 파괴되었고 폐허 속에서 시작해야 했다. 게다가 국민소득의 1/3에 해당하는 막대한 전쟁 배상금까지 소련에 갚아야 했다. 하지만 이런 참담한 현실 속에서도 핀란드는 놀라운 경제 부흥을 일으켰다. 1952년 전후 7년만에 헬싱키에서 전 세계인의 축제인 올림픽을 성공시키기도 했다. 대한민국도 마찬가지다. 수많은 침략과 일제강점기 등 시련과 고난으로 얼룩진 역사였다. 그러나 그때마다 끈질기게 다시 일어섰다. 6·25전쟁의 폐허에서 일어나 한강의 기적을 이뤄냈고 1988년 서울 올림픽도 성황리에 끝냈다.

두 번째 닮은 점은 두 나라 다 이념 갈등으로 쓰라린 아픔을 겪었다는 사실이다. 우리는 6·25전쟁을, 핀란드는 1918년 동족상잔의 이념 전쟁을 겪었다. 우리는 해방 5년 후에, 핀란드는 독립 직후 전쟁을 겪었다. 전쟁 직전에 벌어진 상대에 대한 린치와 정적 암살 시도도 비슷했다. 외세 개입 또한 닮았다. 6·25전쟁 때 미군과 중공군이 참전했듯이 핀란드도 독일과 소련이 개입했다. 전쟁 직후 포로수용소 상황과 적군 색출에 이은 공개 처형 등의 모습도 비슷했다. 핀란드는 백군이 승리하면서 공산주의자를 몰아내긴 했지만 대부분의 산업 시설이 파괴되었다. 거리는 수많은 고아와 자식 잃은 부모들의 통곡 소리로 뒤덮였다. 대한민국도 마찬가지였다. 전후의 폐허보다 더 모진 것은 고아들의 눈물과 가족을 잃은 사람들의 고통에 찬 신음이었다. 전쟁 이후에도 두 나라는 묘하게도 소련의 양끝에 위치해 같이 냉전을 겪으며 공산 세력의 위협 가운데 살아야 했다.

정치 상황도 비슷해 우리에게 독재자 박정희가 있다면 핀란드에는 케코넨이 있다. 박정희는 18년 동안, 케코넨은 8년이 더 긴 26년 동안 강력한 대통령 직을 유지했다.

경제 성장 과정도 닮았다. 1960~70년대 핀란드는 한국과 유사하게 정부 주도로 강력한 성장 드라이브 정책을 추진했다. 자본 부족을 극복하기 위해 안으로는 저축을 장려했고 외자를 도입해 성장 동력이 되는 기간 산업에 집중 투자했다. 수출주도형 선진국 추격자 모델로 성장을 거듭했다. 성장 과정 중 양국 국민에게 허리띠를 졸라매는 인내와 희생이 요구되었다.

민족성도 비슷하다. 핀란드 민족성을 묘사하는 시수(Sisu)라는 말이 있다. 핀란드 사람에게 무슨 뜻이냐고 물으면 머뭇대며 쉽게 설명하지 못한다. 영어로도 해석이 잘 안 된다. 그런데 다행스럽게 주한 핀란드 대사관 웹사이트는 우리말로 친절한 설명을 해주고 있다. 시수는 '은근과 끈기'이다. 바로 우리 민족성을 상징하는 단어이다.

사우나도 빼놓을 수 없다. 핀란드인의 사우나 사랑은 상상을 초월한다. 인구 550만 명에 사우나 시설이 200만 개가 넘는다. 웬만한 큰 건물에는 사우나 시설이 다 있다. 우리 민족도 예로부터 뜨끈한 온돌에서 살았다. 지금도 사우나와 찜질방을 즐기고 있는 우리들이다.

이렇듯 두 나라는 알면 알수록 닮은 것들이 새록새록 발견되는, 일란성 쌍둥이나 데칼코마니 같다. 지구상에서 핀란드와 가장 닮아 있는 나라를 꼽으라면 대한민국이라고 자신 있게 말할 수 있다.

그런데 지금은 어떤가? 두 나라는 많이 다르다. 핀란드는 복지 천국이라 불리며 전 세계의 부러움을 사고 있지만 한국은 헬조선이라는 자조 섞인 말까지 나온다. 교육 환경도 대한민국은 입시지옥의 고통 가운데 있으나, 핀란드는 15세까지 시험이 없어도 학습 능력은 세계 최고 수준이다. 공기와 물 등 환경 조건도 마찬가지다. 핀란드는 환경 청정도 세계 1위지만 한국은 미세먼지 등으로 매년 악화되고 있다. 에너지 또한 핀란드는 친환경 신재생 에너지가 40% 수준에 달하지만 한국은 4.5%로 최저 수준이다. 시작은 비슷했다. 여러 기억과 흔적은 닮았다. 그러나 지금은 너무도 다른 모습이 되고 말았다.

그러나 현재가 아닌 미래를 그려본다면 나는 핀란드를 우리가 다가갈 수 있는 '가까운 미래'라고 말하고 싶다. 핀란드를 대한민국이 추구하는 가까운 미래상으로 설정할 수 있다는 뜻이다. 전 세계가 인정하는 복지 모범국가, 뛰어난 교육 수준과 높은 글로벌 경쟁력 그리고 깨끗한 환경 등 우리가 본받거나 벤치마킹할 모습은 매우 많다. 일부에서는 좌파 포퓰리즘이라고 손가락질할지 몰라도 최상위급 글로벌 경쟁력을 수십 년째 유지하고 있는 국가이다. 전 세계 모두의 관심 거리인 혁신도 그렇다. 세계 최초로 국가 차원의 혁신 시스템을 시작한 나라가 핀란드다.

복지를 말하면 꼭 따라붙는 말로 '좌파' 또는 '사회주의'가 있다. 그런데 이는 많이 잘못된 오해나 편견이다. 핀란드는 오랫동안 공산 소련의 위협을 슬기롭게 막아내며 자본주의의 핵심인 사유 재산과 시장경제를 지켜온 자본주의 모범국이다. 매년 스위스 다보스에서 개최되는 세계경제포럼이 발표하는 세계경쟁력보고서를 봐도 그러하다. 전 세계 144개 국가에서 자본주의의 첫 번째 원칙인 사유재산권(property right)을 가장 잘 지키는 나라로 핀란드가 뽑혔다(2011년부터 2017년까지 계속 1위, 2016년만 2위). 반면에 한국은 핀란드보다 한참 아래인 37위이다. 사유재산권과 함께 자본주의 원칙 두 개의 기둥으로 여겨지는 시장경제 역시 마찬가지다. 미국의 보수 성향 싱크탱크인 헤리티지재단(The Heritage Foundation)의 전 세계 180개국 경제자유도(Economic Freedom) 조사에 따르면 핀란드는 26위이고, 한국은 한 단계 아래인 27위이다(2018년).

헤리티지 보고서는 핀란드를 "유럽과 세계에서 경제 자유를 추구하는 최상위 국가, 정보통신기술(ICT)의 유럽권 리더로 튼튼한 개방형 내수 시장과 고효율, 유연성을 핵심 경쟁력으로 가진 나라"이며, "강력한 사유재산권 보호와 세계에서 가장 낮은 부패도를 유지하는 국가" 라고 높게 평가하고 있다. 핀란드에 좌파가 없는 것은 아니다. 하지만 그보다 더 강한 우파가 있고 중도가 있다. 그리고 고난을 이겨낸 지혜와 원칙이 있었다.

'핀란드화(Finlandization)'라는 말이 있다. 이는 두 가지 상반된 의미로 전달된다. 먼저 경멸의 의미로 쓰이는 경우는 냉전의 유산 때문이다. 냉전 시대의 핀란드는 국경을 사이에 둔 소련의 영향을 받을 수밖에 없었다. 공산 대국인 소련의 위협과 협박을 슬기롭게 견디면서 자유 시장경제를 유지하고 경제 발전을 이뤄가야 했다. 주요 수입원은 유럽과 소련 사이의 중개 구상무역이었다. 따라서 다른 서방 국가처럼 소련을 적대시할 수 없었다. 핀란드 입장에서는 어쩔 수 없는 선택이었지만 서유럽 자유 진영은 이를 고운 시선으로 보지 않았다. 서독의 어느 정치가가 이런 핀란드를 비꼬듯이 '핀란드화'라는 단어를 처음 썼고, 이는 곧 핀란드를 비하하는 정치적 수사가 되었다. 자존심도 줏대도 없이 소련과 서방 진영 양쪽에 빌붙는 박쥐 같다는 의미였다. 이후 오랫동안 '핀란드화'라는 말은 비웃음이며 모욕이었다. 때문에 핀란드에서는 '핀란드화'란 단어는 쓰지 않는 편이 좋다. 여전히 경멸의 뜻을 지니고 있기 때문이다.

이와 달리 한국인들이 쓰는 '핀란드화'는 전혀 다른 뉘앙스다. 일부 학자들은 중국과 미국 사이에 놓인 한반도를 우려하며, '핀란드화'를 강대국 사이에서 어느 한쪽에도 치우치지 않고 균형을 유지하며 자국의 이익을 극대화한 현명한 정책으로 해석했다. 맞는 말이다. 그들은 상황에 따라 실용적 자세로 지혜롭게 좌우 균형을 맞추며 자본주의 시장을 보호하고 세계 최고의 국가 경쟁력을 키워왔다.

국가 경쟁력을 높인 배경에는 '투명'과 '소통'의 가치관이 작용했다. 보수의 부패는 투명성 강화로, 진보의 분열은 끊임없는 소통으로 해결해왔음을 핀란드는 보여주고 있다. 투명성과 각종 사회적 통합 지표들이 세계 최고 수준임은 이미 잘 알려진 사실이다. 투명하고 소통 가능한 사회는 사회 구성원과 이해 집단 간의 상호 신뢰로 이어진다. 상호 신뢰는 '사회적 대타협'을 이루고, 통합은 혁신의 기반을 제공한다. 국가 차원에서의 혁신 시스템은 각 분야의 경쟁력을 높이고 이는 다시 세계 최고 수준의 글로벌 경쟁력의 원동력이 되었다. 뛰어난 글로벌 경쟁력은 전 세계가 부러워하는 복지라는 열매를 맺는다. 복지는 다시 사회 구성원 모두에게 투명성과 통합의 발판이 되고 혁신과 경쟁력 확보의 원동력이 되어 끊임없이 돌아가는 선순환을 이룬다. 혁신과 높은 경쟁력 그리고 복지라는 선순환이 세계 156개국에서 세계 행복지수 1위 핀란드를 만들어온 것이다(2018 세계행복보고서에서 한국은 57위).

그렇지만 복지 천국이라고는 하지만 핀란드가 날개 달린 천사들이 모여 사는 곳은 아니다. 우리처럼 결점 많고 불완전한 사람들이 모여 살고 있는 곳이다. 이 순간에도 이해 집단 간에 많은 갈등이 일어나고 있을 것이다. 더욱이 인구 550만 명의 소국이기 때문에 대외 환경 변화에도 쉽게 흔들린다. 그럼에도 불구하고 핀란드는 모범적 복지국가라는 평가를 놓친 적이 없었다. 그 명성의 뒤편에서 과거나 지금이나 복지국가 모델을 발전시키기 위해 치열하게 고민하고 혁신 또 혁신을 해온 사람들이 있었기 때문이다.

그들의 해법이 우리의 미래를 핀란드에 더 가까이 다가서게 만들 것으로 믿는다.

끝으로 자료 제공 등 많은 협조를 해주신 주한 핀란드 대사관 한네 리스테비르타(Hanne Ristevirta) 이등서기관께 감사의 뜻을 전한다.

Chapter 1 | 혁신→성장→복지→다시 혁신

1 TEKES, *The Impact of Tekes and Innovation Activities 2015*(Tekes–the Finnish Funding Agency for Innovation, 2015).

2 Freeman, C., *Technology, Policy and Economic Performance: Lesson from Japan*(Pinter Publisher, 1987).

3 Finland Ministry of Education and the Ministry of Employment and the Economy, Evaluation of the Finnish National Innovation System, Full Report(2009)(www.evaluation.fi).

4 Laura Paija, *The ICT clusters the Engine of Knowledge driven growth in Finland*(The Research Institute Of The Finnish Economy, Finland, 2000).

5 과학기술부, 「국가기술혁신체계(NIS) 구축방안 발표 자료」(2004).

6 국가과학기술위원회, 「국가 R&D 사업 도전성 강화 방안(안)」, 《의안보고》 제6호(국가과학기술위원회, 2012).

7 WIPO, *WIPO IP Facts and Figures 2016. World Intellectual Property Organization* (2016).

8 신민수 등, 「국가 연구개발 투자의 성과측정 방법 연구」(국회예산정책처, 2013).

9 OECD, *Main Science and Technology Indicators*(2017).

10 Nikulainen, *Tuomo et.al., Towards demand based innovation policy? The introduction of shocks as innovation policy instrument*(Research Institute of the Finnish Economy(ETLA), Helsinki, 2009).

11 한국산업단지공단, 『2017 1/4분기 전국 산업단지 현황 통계』(산업통상자원부, 2018).

12 한국과학기술기획평가원, 『우리나라의 지역별 연구개발 활동 현황』(미래창조부, 2015).

13 3과 같은 자료.

14 한국과학기술기획평가원, 『과학기술 분야 정부출연 연구기관 재정 지원 방안 개선에 관한 연구』(2012).

Chapter 2 | 우리는 모두 일류

1 법제처, 「공교육 정상화 법제 지원 역량 강화를 위한 국외 출장 결과 보고서: 핀란드의 공교육 법제 동향 및 시사점 연구」(2014.9).
2 허선영 등, 「대학 창업 지원 사업의 문제점 및 개선방안」, 《한국산학기술학회논문지》 18(3)(2017), pp.75~84.
3 Janne Mikkonen, *Education polices: Finland*(2014)
4 The Population Europe Resource Finder and Archive(http://www.perfar.eu/policy/education/finland).
5 핀란드 교육경제부 웹사이트(http://www.oph.fi/english/education_development/current_reforms/curriculum_reform_2016). 동영상은 유트브에 연결 https://youtu.be/KY_LZJkEo28, 해당 내용은 5분 10초에서 5분 45초.

Chapter 3 | 복지가 혁신과 성장의 동력

1 핀란드사회보장협회(Kela, the Social Insurance Institution of Finland) 홈페이지, http://www.kela.fi/web/en/main-page.
2 WHO, *Preventing Suicide: a Global Imperative*(World Health Organization, 2014).
3 Peter H. Lindert, "The Rise of Social Spending: 1880~1930," *Explorations in Economic History(31)*(1994), pp.1~37.
4 보건복지부 복지포털사이트 '복지로'(http://www.bokjiro.go.kr).
5 Helliwell, J., Layard, R., & Sachs, J., *World Happiness Report 2018* 〔New York: Sustainable Development Solutions Network(SDSN), 2018〕.
6 OECD, *Tax Administration 2017: Comparative Information on OECD and Other Advanced and Emerging Economics*(OECD, 2015).
7 한국조세재정연구원, 「주요국의 조세 동향」(한국조세재정연구원, 2014).
8 국세청 공식 블로그 아름다운 세(稅)상, 「핀란드 세금 이야기, 세금은 미래를 위한 저축」(http://m.blog.naver.com/ntscafe/110127538339).

Chapter 4 | 사회적 대타협이란 또 하나의 바퀴

1 정해식 등, 「사회통합지수 개발 연구」(한국보건사회연구원, 2016).
2 이호근 등, 「덴마크 일자리 창출에 대한 연구」(한국노동연구원, 2009).
3 최성수, 「선진국 사회적 합의주의의 특성과 시사점」(한국경제연구원, 2000).
4 김적교 등, 「독일의 사회적 시장경제: 이념, 제도 및 정책」(한국경제연구원, 1999).
5 핀란드노조연맹 웹사이트(https://www.sak.fi/this-is-sak/history/timeline), 2017.5. 인용.
6 Ari, Nieminen, *Finnish Employer Confederation: Streamlining Inner Organization and Regulating National Capitalism, NOAR project by the Nordic Council of Ministers in 2000*(2000).
7 에르끼 야호 등, 『에르끼 야호의 핀란드 개혁보고서』(한울림, 2010).
8 Markus Jäntti, et.al., *Growth and equity in Finland, World Development Report 2006*(2005).
9 Juhana Vartianien, The Labour Market in Finland: Institutions and Outcomes(Finland: Prime Mininister's Office, 1998).
10 위의 책.
11 전종휘, 「노사정 대타협, 무엇을 남겼는가」, 《한국노동사회연구소》 182호(2015).

Chapter 5 | 이념 정체성이 뚜렷한 다섯 정당

1 Rogers, E. M., *Diffusion of innovations*(New York: Free Press, 1962).
2 Geoffrey A. Moore, *Crossing the Chasm: Marketing and Selling High-tech Products to Mainstream Customers*(Harper Business Essentials, 1991).
3 가오렌구이, 『복지사회와 그 적들』(부키, 2015), p.270.

Chapter 6 | 40% 여성 쿼터제와 성 평등의 디자인

1 OECD 홈페이지(http://www.oecd.org)(2015).
2 European Commission, *The current situation of gender equality in Finland: Country Profile*(2013).
3 OECD 홈페이지(http://www.oecd.org/gender/home).

1 핀란드 환경에너지주택부 웹사이트(http://www.ym.fi/en-US/The_Ministry/Organisation/Minister_of_the_Environment_Energy_and_Housing).

2 산업통상자원부, 「2015년 신재생 에너지 산업통계」(산업통상자원부, 한국에너지공단, 2016).

3 Yale Center for Environmental Law & Policy, Yale University, GLOBAL METRICS FOR THE ENVIRONMENT (2016): The Environmental Performance Index ranks countries' performance on high-priority environmental issues. Yale University, Columbia University & World Economic Forum.

4 「서울 공기 세계 최악, 베이징델리와 톱 3: FT」, 《머니투데이》 2017.3.29.

5 The World Bank, 웹사이트(http://data.worldbank.org/indicator/EG.USE.COMM.FO.ZS?locations=AL-FI(2017.4.).

6 온실가스종합정보센터, 「2013 국가 온실가스 인벤토리 보고서」(2014.2).

7 IEA, *CO2 Emissions from Fuel Combustion Highlights*(2015).

8 Statistics Finland, *Finland's Greenhouse Gas Emissions Continue to Decrease*(2016)(http://www.stat.fi/til/khki/2015/khki_2015_2016-12-07_tie_001_en.html).

9 산업통상자원부, 『2016 신재생 에너지 백서』(산업통상자원부, 2016).

10 한국에너지공단, 「2016 신재생 에너지 정책 방향」(한국에너지공단, 2016).

11 이상헌 외, 『기후변화 융합 R&D 핵심 이슈 발굴 및 R&D 사업 추진 방안 연구』(한국과학기술기획평가원, 2014).

12 산림청, 「목재 펠릿의 에너지 활용 대책」(산림청, 2009).

13 TEKES, *Growing Power, Bioenergy Solutions from Finland*[The Finnish Funding Agency for Technology and Innovation(TEKES), 2009].

14 이상헌 외, 앞의 책.

사진 출처

◆ ◆ ◆

57쪽
한국 대덕연구단지(오른쪽) 조감도 | 대전광역시청

87쪽
클래시 오브 클랜 | http://supercell.com/en/

128쪽
람스테드(왼쪽)와 세계 최초의 한국어 문법책(오른쪽) | 주한 핀란드 대사관 제공

134쪽
모성 패키지 | http://www.kela.fi

182쪽
히틀러, 만네르헤임, 리티 | ⓒ Kalle Sjöblom & Finnish Heritage Agency

272쪽
알바 알토와 아이노 알토 부부 | http://finnishdesign.com/aino-aalto/

295쪽
리이드케너리그라스 | TEKES(2009), Growing Power, Bioenergy Solutions from Finland. The Finnish Funding Agency for Technology and Innovation.

위키피디아

172쪽 핀란드 소련과의 겨울전쟁 후 상실 영토 | 176쪽 핀란드 스키 부대 | 223쪽 1835년 발간 된『칼레발레』 속표지 | 225쪽 레닌이 서명한 핀란드 독립문서 | 259쪽 핀란드 내전으로 폐허가 된 탐페레 | 277쪽 폐허가 된 헬싱키 | 280쪽 파시키비 대통령 | 305쪽 케코넨 대통령 | 308쪽 케코넨과 흐루쇼프

핀란드에서 찾은
우리의 미래

지은이 | 강충경

초판 1쇄 발행 | 2018년 7월 30일
초판 2쇄 발행 | 2019년 8월 19일

펴낸이 | 신난향
편집위원 | 박영배
펴낸곳 | (주)맥스교육(맥스미디어)
출판등록 | 2011년 08월 17일(제321-2011-000157호)
주소 | 서울특별시 서초구 마방로 2길 9, 5층
전화 | 02-589-5133(대표전화) 팩스 | 02-589-5088
홈페이지 | www.maxedu.co.kr

기획 · 편집 | 신현영 · 나은비
디자인 | 유지현
영업 · 마케팅 | 김기식 · 김소연
경영지원 | 장주열
인쇄 | 천일문화사

ISBN 979-11-5571-600-7 03300
정가 17,000원

* 이 도서의 국립중앙도서관 출판예정도서목록(CIP)은 서지정보유통지원시스템 홈페이지(http://seoji.nl.go.kr)와 국가자료공동목록시스템(http://www.nl.go.kr/kolisnet)에서 이용하실 수 있습니다.(CIP제어번호: CIP2018022310)
* 잘못된 책은 바꾸어 드립니다.